유아교육개론

김연진 · 박해미 · 연미희 · 최은숙 · 한은경

Introduction to Early Childhood Education

태영출판사

머리말

본 서(書)는 유아교육개론을 강의해 온 저자들이 유아교육을 처음 배우는 학생들에게 '유아교육'이라는 학문에 관한 전반적인 이해를 보다 쉽게 할 수 있도록 구성한 책이다. 그리하여 유아교육 전반을 개괄적으로 조망하고 유아교육의 필수적인 내용을 살펴볼 수 있게 하는데, 그 목적이 있다.

이 책은 총 11장으로 구성되어 있으며, 각 장의 주제는 다음과 같다.

1장은 유아교육의 특성 및 중요성, 유아교육의 개념 및 대상, 유아교육의 중요요소, 유아교육기관에 대하여 살펴보며 유아교육에 대한 이해를 하게 하였고, 2장은 유아교육의 철학적 배경이 되는 국내외 유아교육 사상가들을 살펴봄으로써 과거와 현대의 유아교육사상에 대해 알 수 있게 하였다.

3장은 유아 발달의 특성, 발달의 단계, 발달 이론 및 영·유아 발달 제 측면의 내용으로 구성하였고, 4장에서는 다양한 유아교육 프로그램들, 즉 디스타 프로그램, 카미·드브리스 프로그램, 몬테소리 프로그램, 하이/스코프 교육과정, 발도로프 프로그램과 프로젝트 접근법 및 레지오 에밀리아 접근법 그리고 가드너의 다중지능이론 등 최근 주목받는 이론 및 프로그램을 소개하였다.

5장은 유아교육과정의 특징 및 개념, 유아교육과정 구성 및 운영, 우리나라 유아교육과정의 변천, 그리고 올 해부터 어린이집과 유치원 현장에서 확대 실시되는 연령별 3~5세 누리과정의 내용을 제시하였다. 6장에서는 놀이의 개념 및 특성, 놀이와 영 · 유아의 발달, 놀이발달에 영향을 미치는 요인, 놀이지도 시 교사의 역할에 대하여 살펴보았고, 7장은 유아를 위한 물리적 환경 구성 및 운영, 활동 성격에 적합한 교재 · 교구, 영역별 교재 · 교구의 평가기준에 대하여 제시하였으며, 8장은 교직과 유아교사의 전문성, 유아교사의 역할 및 자질, 유아교사의 자격, 교직 윤리 등을 자세히 안내하고 있다.

9장은 부모-자녀 관계의 특징, 부모의 양육태도 및 바람직한 부모 역할, 그리고 유아교육기관에서의 부모교육에 대해 살펴보았고, 10장에서는 유아교육기관 경영의 개념 및 필요성, 유아교육기관의 인사관리, 재정관리, 사무관리, 시설 · 설비 관리에 대하여 알아보았다. 마지막 11장은 유아교육평가의 개념 및 필요성, 유아교육평가의 목적과 유형, 유아교육평가의 영역 및 방법, 유아교육평가 관리 등 유아교육평가 전반에 대해 살펴보았다.

이 책이 유아교육을 전공하는 학생들에게 있어 '유아교육'이라는 학문을 이해하는 데 꼭 필요한 나침반과 같은 길잡이로 도움을 주었으면 하는 바람이다. 여러 모로 부족한 부분이 있어 조심스러운 면이 있으나 앞으로 시간을 두고 보완해 나갈 계획이다.

끝으로 이 책이 나오기까지 물심양면(物心兩面) 애써 주신 태영출판사 김현태 사장님과 편집 관계자 여러분들의 노고에 진심으로 감사를 드린다.

2013년 2월

대표 저자 씀

차 례

제4장 유아교육 프로그램 97

제 1 장

유아교육에 대한 이해

1. 유아교육의 특성
2. 유아교육의 개념 및 대상
3. 유아교육의 중요 요소들
4. 유아교육의 중요성
5. 유아교육기관

1. 유아교육의 특성

유아교육은 그 대상의 범위의 폭이 광범위하고 관련요소들이 다양함에 따라 그 특성을 찾기란 그리 쉬운 일이 아니다. 그럼에도 불구하고 여러 학자들의 공통된 합의 내용을 기초로 하여 유아교육이 갖는 특성을 양면성, 포괄성, 적기성, 다양성 등으로 설명을 할 수 있다.

1) 유아교육의 양면성

유아교육은 내용과 형식면에서 양면성을 갖는다. 내용 면에서는 유아는 교육의 대상만이 아니라 보호와 양육의 대상이다. 어린 유아들일수록 교육적인 요소도 중요하지만 보호와 양육적인 면이 더욱 강조될 필요가 있다. 형식면에서는 유아들이 속한 각 가정에서 비형식적으로 교육될 수 있으며 유치원이나 어린이집 등과 같은 교육기관에서 형식적으로 교육될 수 있음의 양면성을 갖는다.

2) 유아교육의 포괄성

유아교육은 내용 및 대상 면에서 포괄성을 갖는다. 유아교육의 내용은 양면성에서도 언급되었듯이 양육과 교육의 개념을 포괄하고 있다. 초·중등교육도 교육적인 면만 강조되고 보호와 양육적인 면이 도외시되는 것은 아니지만 특히 유아교육은 교육적인 면 못지않게 양육과 보호의 측면이 강조된다. 교육의 대상이 갖는 포괄성은 교육 대상에 유아들만을 포함하는 것이 아니라 유아가 속한 가정의 부모 및 가족 구성원도 교육의 대상으로 한다. 유아교육은 부모의 유아교육에 대한 바른 인식 없이는 효과적으로 교육하고 그 효과를 기대 할 수 없기 때문에 다른 어떤 교육에서보다도 부모교육의 중요성이 강조된다. 유아교육은 부모, 유아, 교육기관이 삼위일체가 되어 서로 상호작용을 해야만 그 효과를 증대시킬 수 있다.

3) 유아교육의 적기성

유아교육의 적기성은 유아교육의 발달적 측면에서 살펴본 중요성으로 설명되어진다. 정범모는 유아기 교육의 중요성을 네 가지 발달적 원리로 설명을 하였다.

첫째는 적정성의 원리로 일종의 발달에서 결정적 시기를 지칭하는 것으로 각 발달시기에는 어떤 발달 과업을 획득하기 위한 적기가 있으며, 이 기회를 놓치면 교육적 효과가 없다는 것이다. 그 한 예로 Bloom은 지능 발달에 대한 종단연구에서 17세의 지능을 100으로 볼 때 지능발달의 약 50%는 0-4세 사이에 일어나고, 4-8세 사이에 30% 그리고 나머지 20%는 8-17세 사이에 일어나고 있음을 밝혔다. 따라서 유아기가 지능발달의 결정적 시기라고 볼 수 있다. 유아는 8세 이전에 형식적인 학교교육을 받기 이전에 지적성취를 할 수 있는 능력이 결정되어진다. 따라서 인지발달의 결정적 시기에 있는 유아에게 가정 또는 유치원에서 풍부한 자극을 갖춘 환경이 필요하며, 풍부한 자극을 갖춘 환경 속에서 자라지 못한 아동은 자신의 잠재력을 개발시킬 기회를 갖지 못하므로 지적 · 정서적 · 언어적으로 지체현상이 일어나기 마련이다.

둘째는 기초성의 원리로 어릴 때일수록 그때에 갖는 경험은 후기의 경험을 위한 기초와 바탕이 된다는 것이다. 다시 말해, 영 · 유아기의 지적 결핍이나 영양적 결핍은 바로 후기의 제 기능들의 발달을 지체시키거나, 행동적 장애를 유발하게 된다는 것이다.

셋째는 누적성의 원리로 앞의 발달단계에서 잘못되면 다음의 발달단계에서는 그것이 원인이 되어 더욱 잘못되고, 그 잘못이 누적되어 또 다음단계에서 더더욱 잘못된다는 것이다.

넷째는 불가역성의 원리로 어떤 특정시기에 발달이 잘못되면, 그 후기에 충분한 보상이나 보충이 있어도 그 잘못은 교정 또는 수정되지 않는다는 것이다. 유아기가 신체적 · 정서적 · 지적 · 도덕적 · 성격적 발달의 결정적인 시기이며 이 시기에 좋은 문화적 환경과 교육 경험이 중요함을 인식하고 유아기에 전인적인 성장의 기틀을 마련함의 중요성을 적기성으로 설명한다.

4) 유아교육의 다양성

유아교육의 다양성은 유아교육기관 유형의 다양성과 교육프로그램의 다양성을 들 수 있다. Decker와 Decker(1997)는 유아교육기관의 유형을 '재정'에 근거하여 공립(유치원), 사립(유아원, 유치원, 부모협동, 기업체 탁아 프로그램, 교회에서 운영하는 유아 프로그램, 봉사단체 등), 정부 주도 프로그램(헤드스타트와 부모-아동센터), 전국 사립 단체 프로그램(몬테소리 학교 등), 대학 부설/실험 프로그램(유아원, 유치원, 초등학교 저학년 등)의 5가지로 구분하였다. 교육프로그램은 교육철학, 교육심리, 교육장소 등에 따라 많이 개발되었다. 대표적인 프로그램으로 몬테소리 프로그램, 뱅크스트리트 프로그램, 디스타 프로그램, 피아제 이론에 기초한 유아교육과정 프로그램, 프로젝트 접근법, 레지오 에밀리아 접근법, 발도르프식 교육, 생태유아교육 등이 있다.

2. 유아교육의 개념 및 대상

1) OECD의 정의

의무교육 연령 이하의 유아를 위한 모든 서비스로 교육중심 또는 보호중심,

종일제, 또는 반일제, 기관중심 또는 가정중심 서비스를 모두 포함한다.

서로 분리할 수 없는 개념으로 질적 서비스를 위해서는 반드시 함께 제공되어야 한다.

2) Kamerman의 정의

(1) 교육

사회화와 학교준비를 포함한 넓은 의미로 주로 2-3세에서 5-6세가 대상이며, 취학전 프로그램에 있어서는 교육적 목표 아래 보호를 포함한다.

(2) 보호

취업모 자녀가 1차적 대상으로 주로 3세 미만의 영아가 대상이며, 사회화, 발달, 인지적 자극 등이 핵심적 요소로 부각된다.

3) 유아교육법의 정의

(1) 유아

만 3세부터 초등학교 취학전까지의 어린이를 말한다.

(2) 유치원

유아교육을 위하여 이 법에 따라 설립 운영되는 학교를 말한다.

4) 영유아보육법의 정의

(1) 영유아

6세 미만의 취학 전 아동을 말한다.

(2) 보육

영유아를 건강하고 안전하게 보호 양육하고 영유아의 발달특성에 적합한 교육을 제공하는 사회복지 서비스를 말한다.

종합정리하면 Peters는 유아교육이란 어떤 교육 촉진자가 0-8세 사이에 있는 유아들의 도달점 행동의 변화를 가져오기 위하여 어떤 상황 하에서 계획에 따라 어떤 수단을 동원하는 일련의 노력이라고 하였고, Morrison(1998)은 유아교육을 0세에서 8세를 대상으로 하는 교육으로 정의하고 있다. 유아교육 대상의 연령범위를 Morrison이 0세에서 8세까지로 주장한 이후 대체로 대부분의 학자들이 이에 합의하고 있다. 즉 유아교육의 대상은 출생에서 초등학교 저학년 아동까지를 그 대상으로 하고 있다.

3. 유아교육의 중요 요소들

1) 유아

유아교육에서 유아가 차지하는 비중은 크다. 우리는 먼저 유아에 대한 발달적 이해 및 요구를 잘 파악해야 하고, 둘째는 유아의 개인차를 고려한 교육이 잘 이루어지도록 노력해야 한다.

교육을 구성하는 요소로서 학습자, 즉 유아에 대한 관심과 배려는 특히 유아기 어린이를 대상으로 할 때 더욱 중요하다고 본다. 유아가 어떻게 이해되고 취급되어지는가는 무한한 가능성과 잠재적 능력을 갖고 있는 한 인간이 어떤 모습으로 성장하는가와 많은 관련을 갖고 있다. 유아는 환경 속에서 다양한 경험을 통해 성장 · 발달해 가는 과정에 있다. 발달은 완성된 것이 아니며 진행 중에 있고 형성되어진 발달의 특성은 지속성을 가지고 있다. 유아교육자들은 유아의 발달을 진행시키는 과정에서 유아의 흥미와 요구, 개인차 등을 충분히 고려한 교육이 진행될 수 있도록 최선을 다해야 할 것이다.

유아를 잘 이해하기 위해서는 유아에 대한 적합한 연구방법을 적용하여 필요한 자료를 얻어야 한다. 유아에 대한 다양한 정보는 유아의 활동분석을 통해 혹은 관찰, 면접, 질문지를 통해 조사될 수 있다. 또한 유아의 흥미, 유아의 문제를 조사함으로써 유아와 관련된 여러 사실들을 알 수 있으며 그 결과를 교육에 반영할 수 있다. 유아의 인지적, 정서적, 신체적 능력은 교육의 성과를 좌우하는 중요한 요인이며 또한 교육의 궁극적 목표가 되기도 한다. 따라서 교육을 효율적으로 조직하고 운영하기 위해서는 유아에 대한 정확한 정보를 가지고 있을 필요가 있다(곽병선, 1995).

교육에서 유아를 이해하고 그들의 요구를 반영한다는 것은 매우 중요하며 교육의 적용 과정에서 유아의 흥미와 요구, 유아의 발달수준, 유아 개개인의 개성 등이 고려되어져야 한다.

2) 교사

유아교육의 질을 좌우하는 가장 중요한 또 다른 요소 중의 하나는 교사의 자질이다. '유아교육의 질을 결정하는 요소에는 어떤 것들이 있는가?'의 질문에 대해 대부분의 많은 학자들은 유아교육의 질을 결정하는 요소로 교사와 유아의 비율, 학급 규모의 적정성, 유아발달과정의 이해, 잘 훈련받은 유아교사 그리고 질 높은 유아교육 프로그램을 든다. 이 다섯 가지 중에서 잘 훈련받은 유아교사의 자질은 유아교육의 질을 결정하는 핵심요소라는 것에 의견을 달리하는 사람은 없다.

유아교사 교육에서 강조해야 할 점을 이기숙(2008)은 첫째, 유아교육은 전문교육이 아닌 기초 교육이어야 한다.

둘째, 교양과 교직 교육을 통하여 문제를 해결하는 데에 자기 자신이 자유자재로 응용할 수 있는 능력을 신장시켜야 한다.

셋째, 지식과 기술과 태도가 균형잡힌 교사를 양성해야 한다. 유아교사가 고도의 지식을 가지고 있어야 함은 당연하다. 그 지식을 만들어 가는 사고력과 문제해결력, 창조적 활용능력을 길러야함을 지적한다.

교사는 교실에서 유아와 상호작용 함으로써 교육을 실행하고 교육과정을 운영하는 당사자이다. 즉 교사는 교실수준에서 국가수준 교육과정의 목표를 여과하고, 무엇이 가르쳐져야 하는가를 이해하고, 그것을 실현하는 방식을 인지하고 있는 사람이며 그것이 유아에게 도달가능하게 하는 존재이다. 교사는 유아를 가장 잘 알고 있을 뿐 아니라 교과에 대한 지식과 함께 현장 경험 속에서 교육과정의 문제점을 잘 파악할 수 있다. 그러므로 교육은 그것을 운영할 수 있도록 준비된 교사가 확보되었을 때 보다 높은 교육적 성과를 거둘 수 있다.

유아교육의 경우, 교사가 교육과정의 실행에서 차지하는 역할은 초·중등학교의 교사보다는 훨씬 복잡하고 다양하다고 할 수 있다. 왜냐하면 유아는 다른 어느 시기보다도 외부환경의 영향에 크게 좌우되므로 모델링, 안내자, 지도자, 협력자, 준비자, 상호작용자로서의 교사의 역할이 강조되어지고 있다. 또한 유아교육기관에서는 일정하게 정해진 교과서나 시간표에 의해 수업이 진행되는 것이 아니라, 수업의 계획과 진행, 평가 등이 전적으로 교사에 의해 좌우되기 때문이다. 그러므로 유치원 교육과정의 운영에서 가장 중요한 요인은 교사변인이며, 교사가 선택하는 교수·학습 방법은 유아교육의 효과를 결정하는 핵심적인 요인이 될 수 있다.

이영석(1998)은 유아교사의 역할을 첫째 수업활동에 필요한 교구 · 교재를 제작하는 것, 둘째 유아의 흥미, 욕구, 발달수준에 기초하여 수업활동을 계획하는 것, 셋째 폭넓고 다양한 연령층의 유아를 대상으로 상호작용하는 것, 넷째 다양한 교육이론과 발달이론을 잘 이해하는 것, 다섯째 가정 · 지역사회와의 유기적 연계를 유지해야 하는 것, 여섯째 특수아를 조기 진단하여 전문기관에 의뢰하거나 필요시 통합교육을 실행해야하는 것 등으로 지적하였다.

교사는 자신의 가치를 스스로 인정하고 자율성, 다양성, 개방성, 창의성 등의 전문적 교사로서 필요한 여러 요소들을 기르고 발휘하도록 노력해야 할 것이며 적극적인 자기 수양 및 재교육을 통해 항상 새롭게 자신을 갈고 닦을 필요가 있다.

3) 부모

유아의 발달 및 교육에서 부모의 역할을 다른 어떤 요인보다 중요하다. 인간의 발달에서 대부분의 많은 것들, 즉 인성발달, 언어발달, 지적발달 등이 신생아 시기부터 6세에 이르러서 거의 완성되어진다. 신생아부터 6세까지는 형식적 학교교육을 받기 이전의 시기이고 대부분의 많은 대부분의 많은 시간과 경험을 부모와 함께 하게 된다. 많은 사람들은 결혼을 함으로써 자녀를 두게 되고 부모가 된다. 일반적으로 우리는 부모로부터 자녀양육방법이나 교육방법들을 전수받고 있다 하지만 이러한 방법으로의 부모되기에는 여러면에서 한계가 있다. 부모들은 부모가 되기 위한 체계적인 부모교육을 받은 경험이 없기 때문에 자녀를 양육하는 과정에서 많은 시행착오와 어려움을 겪기도 한다. 다양한 대상과 내용을 토대로 한 부모교육 프로그램들이 적극적으로 행해져서 자녀양육에 대한 걱정과 부담을 덜어 줄 필요가 있다.

부모의 역할도 사회와 시대가 변화되어짐에 따라 바뀌고 있다. 과거의 어머니의 역할은 수유와 관련된 양육적인 문제 뿐 아니라 애착과 관련된 사회 정서적 발달, 교육 등의 부분을 책임지고 있었다. 최근에 들어서는 유아의 성장 발달에는 유전적, 환경적 요인이 많이 작용한다는 연구들에 의해 여성에게 지나치게 양육적 역할을 강조함은, 양육적 역할을 제대로 해내지 못하는 여성에게 너무 많은 죄책감을 갖게 하므로 바람직하지 않다고 본다. 하지만 시대가 변화되어져도 어머니가 유아의 초기 사회, 정서 및 언어발달에 미치는 영향 및 역할 등은 간과할 수 없다. 어머니의 양육태도나 행동 및 환경의 제공은 유아의 전반적인 발달에 중요한 요소이다.

아버지의 역할은 과거에는 가족의 생계유지를 책임지는 역할이 주였으며 자녀의 양육에 있어서 미미한 존재였고 최소한의 역할만을 수행해 왔었다. 하지만 21세기의 아버지의 역할은 경제적 의무를 다하는 사람, 성역할 모델, 양육적 역할 등이 요구 되어지고 있다. 여성의 취업률과 이혼율의 증가로 자녀에 대한 아버지의 양육적 역할이 점차 커지고 있다.

4) 또래

유아의 초기발달에서 사회적 상호작용이 원만치 못한 유아들은 일차적으로 사회화에 실패하게 되고 또래 관계에서 얻을 수 있는 많은 교육적 자극과 학습의 기회를 상실하게 된다. 그러므로 원만한 또래 간의 상호작용을 발달시킬 수 있다고 한다는 것은 유아들의 성장발달에 중요한 부분이라고 볼 수 있다(최은숙, 2002). 또래는 유아의 인지적, 정서적, 언어적 발달 및 성장에 중요한 역할을 하며 학습의 측면에서도 또래 교수나 협동학습을 통해 그 역할의 중요성이 부각되어지고 있다.

또래집단은 상호간에 강화와 모방을 통해서 아동에게 영향을 미치며, 그 영향력은 성인의 영향력 보다 크다. 아동은 성인보다 또래집단이 자신과 더 유사하다고 여기기 때문에 또래가 더 적절한 모델이라고 생각하며, 또래로부터 더 많은 영향을 받는다. 특히 또래 집단은 공격성과 친사회적 행동에 중요한 영향을 미치기도 한다.

4. 유아교육의 중요성

1) 아동관의 변화와 유아교육

아동을 바라보는 관점은 시대에 따라 많이 변화되어 왔다.

아동복지를 증진하기 위한 일차적인 과제는 그들의 권리를 인정하고 존중하는 일이다. 아동의 권리에 대한 적극적인 인식은 대체로 20세기 이후에 와서 이루어진 것이다.

중세시대에는 아동이 그 크기만 작을 뿐 성인과 동일하다는 생각이 지배적이었고, 르네상스 시대를 거쳐 17, 8세기로 이어지면서 아동에 대한 개념이 많이 변하였다. 20세기에는 UN 총회에서 아동의 권리 조약을 생존의 권리, 발달의 권리, 보호의 권리, 참여의 권리로 구분하여 발표함으로 아동의 권리를 보호하게 되었다.

(1) 고대-16세기 이전의 아동관

고대 사회에서 아동은 종족 보존의 대상이지 존중의 대상은 아니었다.

고대의 철학자 플라톤은 국가론에서 아동교육에서 놀이에 대한 중요성을 강조하고 남녀 평등에 대한 진보적인 교육관을 보여주고 있으며, 플라톤의 제자 아리스토텔레스는 영아 보육의 중요성을 강조하고 있으며 특히 국가가 영아 교육을 담당해야 한다는 공교육의 개념을 주장하고 있다.

플라톤의 상류계급의 자녀만을 교육해야한다는 주장과 아리스토텔레스의 아동을 독립된 개체로 본 것이 아니라 부모에 속해있는 대상으로 보았다는 점에 지적이 있기 하지만 현대의 아동관에 크게 영향을 미친 주장이라고 보여진다.

중세시대는 기독교사상이 지배적이던 시대로 인간은 원죄를 가지고 태어난 악한 존재로 보았다. 그래서 아동을 혹독하게 다루었다. 이 시기의 아동은 성인의 축소판으로 신체의 크기만 작고 다른 정신적, 기능적 차이는 두지 않았다. 아동은 발달하는 것이 아니라 이미 형성되었다고 믿었던 것이다. 이 시기의 교육은 소수의 상류계층에서만 받을 수 있는 혜택이었다.

(2) 17–18세기의 아동관

17세기 르네상스와 종교개혁으로 인해 아동을 바라보는 관점에 커다란 변화가 일었다. 아동은 성인의 축소판이 아닌 아동 그 자체로의 특성과 독립성이 인정되었으며 근대적인 아동관과 아동 존중의 교육사상이 구축되기 시작하였다.

로크는 인간은 백지 상태로 태어나기 때문에 훈육과 환경에 의해 인간은 만들어질 수 있다고 믿었다. 인격형성을 위해서는 올바른 양육과 습관형성이 필요함을 주장했다. 즉 유전적 요소보다는 경험과 교육의 역할을 중시했다.

루소는 인간의 본성을 선한 것으로 보았기 때문에 자연이 이끄는 대로 그대로 두면 바르고 건강한 발달이 이루어진다고 믿었다. 또한 루소는 아동중심의 교육사상을 전개하면서 아동도 인간답게 살아갈 권리를 가지고 태어났으며 인간답게 살아가기 위한 자유와 권리를 주어야 한다고 주장했다. 이제 아동은 성인의 축소판이 아닌 아동 그 자체로 하나의 인권이 부여되었다.

이러한 새로운 아동관이 대두 되고 있었으나 18세기 까지는 중세의 종교적 이념과 부정적인 아동관이 대세를 이루고 있어 체벌과 훈육의 교육이 전체적인 시대 상황이었다.

(3) 19–20세기의 아동관

18세기에 싹튼 아동존중사상은 19세기에 이르러 페스탈로치의 실천적 교육과 프뢰벨의 낭만적 유아교육관으로 아동교육에 관한 관심과 아동을 대하는 태도가 달라졌다. 프뢰벨은 아동을 교육함에 있어서 감각을 이용한 자기활동과 노작교육 등을 활용하도록 제안한다. 기본 교육철학은 자연합일교육, 직관교육 등 다양한 교육방법이 강조되었다. 이러한 교육사상은 몬테소리, 듀이 등에게 이어졌다.

(4) 21세기의 아동관

20세기 이후 진행된 아동발달 관련 연구물들은 아동을 더 잘 이해할 수 있도록 만들어 주었다. 결정적 시기의 개념, 적절한 환경의 제공과 다양한 경험, 정서적 안정감의 구축을 위한 생애 초기의 애착 관계 형성 등은 부모들에게 부모의 역할에 대한 중요성을 한층 더 부각시키고 있다.

아동의 양육은 한 가정의 문제에 국한된 것이 아니라 이제는 국가적 차원의 문제가 되었다. 아동은 사회의 중요한 구성원으로 인정받고 있으며 아동의 권리가 그 어느 때보다 존중받고 보호받고 있다. 아동의 생존과 교육은 일차적으로 부모에게 의존하고 있지만 현대사회에 와서는 국가나 사회에 많이 이양되었다. 0-5세 무상교육 등의 제도적 지원에서도 알 수 있듯이 나라에서 아동들의 양육과 교육에 책임을 다하고 있다.

2) 아동발달과 유아교육

(1) 결정적 시기

결정적 시기는 어떤 특별한 심리적 특성이나 행동의 획득이 이루어지는 특정한 시기이다.

이 시기가 지나면 지속적인 자극을 제시하여도 특정한 심리적 특성이나 행동의 출현이 매우 어렵기 때문에 이 시기를 결정적 시기라고 한다. 주로 조류의 각인(刻印)과 관련하여 결정적 시기가 설명되는 경향이 있다.

각인은 유기체의 발달 과정에서 어떤 결정적 시기에 유기체가 그 종(種) 특유의 추종 반응을 학습하는 현상이다. 주로 조류의 연구와 관련하여 설명되고 있으며, 로렌츠(K. Lorenz)의 연구에 따르면 알에서 갓 깨어난 오리는 움직이는 대상이 무엇이든 그것에 애착을 가지는 경향이 있으며, 이는 특정한 오리의 개별적 특성이 아니라 모든 오리의 특성이다. 결정적 시기가 지난 후에는 종 특유의 추종 반응이 나타나지 않기 때문에 이 현상은 동물에만 국한된 것이 아니라 아동 초기의 양육 환경의 중요성, 특히 부모와 자녀의 정서적 애착관계 형성에 결정적시기가 있음을 잘 설명해 주는 예로 유아교육의 중요성을 강조하고 있다.

(2) 프로이드와 에릭슨의 심리적 발달

프로이드의 정신분석적 관점에 따르면 성격은 세 가지로 이루어져 있다. 즉, 원초아(id), 자아(ego), 초자아(super ego)이다. 원초아는 쾌락의 원리, 자아는 현실의 원리, 초자아는 양심과 도덕성에 의해서 지배받는 정신구조이다. 프로이드는 성격발달단계를 구강기, 항문기, 남근기, 잠복기, 생식기의 5단계로 설명한다.

에릭슨은 태어나서부터 노년기에 이르기까지 인간성격 발달을 여덟 단계로 나누어 각 단계마다 일반적인 문제점과 여러 가지 갈등에 대해 언급한다. 각 단계는 고정된 순서로 전개되며, 각 단계에서 나타나는 문제나 갈등은 문화와는 상관없이 공통적으로 나타난다. 에릭슨은 어느 한 단계를 성공적으로 통과하지 못해도 다음 단계를 경험한다.

에릭슨의 성격발달 8단계는 다음과 같다.

- 제 1단계 : 신뢰감 대 불신감(출생~생후 1년, 구강기) : 부모나 주위세계의 일관성 있는 지지를 받으면 신뢰감을 얻을 수 있지만, 주위의 보호가 부적절하면 불신감을 갖게 된다.
- 제 2단계 : 자율성 대 수치심 및 의심(2-3세, 항문기) : 양육자(특히 어머니)나 주위의 분별력 있는 도움과 격려는 자율성을 키우게 되지만, 과잉보호나

부적절한 도움은 자신의 능력을 의심하게 된다.

- 제 3단계 : 주도성 대 죄책감(4-5세, 남근기) : 주변세계를 탐색할 수 있는 기회와 자유는 어린이의 주도성을 발달시키지만, 그렇지 않으면 자신의 행동에 죄책감을 갖는다.
- 제 4단계 : 근면성 대 열등감(6-11세, 잠복기) : 무엇을 성취하도록 기회를 부여받으면 그 결과 근면성을 갖게 되지만, 비난이나 좌절감을 경험하면 열등감을 갖게 된다.
- 제 5단계 : 자아정체감 대 역할혼미(청년기, 생식기) : 정서적 안정과 좋은 성역할의 모델이 있으면 자신에 대한 통찰과 자아정체감을 갖게 되지만, 그렇지 않으면 직업선택이나 성역할, 가치관의 확립에 있어 심한 갈등을 야기 시킨다.
- 제 6단계 : 친밀감 대 고립감(성인전기) : 부모, 배우자, 동료 등과 좋은 인간관계를 발전시키면 친밀감을 갖게 되지만, 그렇지 못하면 타인에 대한 두려움과 고립감이 생긴다.
- 제 7단계 : 생산성 대 침체감(성인중기) : 자신에게 몰두하기보다는 자녀와 직업을 통해 생산적인 활동에 참여하는데, 만일 그렇지 못하면 사회 심리적으로 침체된다.
- 제 8단계 : 통합성 대 절망감(성인후기 혹은 노년기) : 지금까지의 인생에 만족하면 생의 유한성도 수용하지만, 그렇지 않으면 공허함과 초조함을 느끼며 절망감을 느낀다.

이상의 성격발달 이론에서 보여주듯이 전단계의 성격발달은 다음단계의 성격발달에 영향을 미치므로 초기 부모의 양육태도와 양육환경의 중요성을 시사한다.

3) 사회의 변화와 유아교육

핵가족화, 여성취업률의 증가, 독신여성 및 남성의 증가, 만혼 현상, 불임 및 이혼율의 증가 등에 따른 사회의 변화는 유아교육의 기능 및 그 중요성을 더욱 부각시키고 있다. 따라서 유아교육자들은 이러한 사회적 변화 및 요구를 적극적으로 받아들이고 융통성 있는 교육을 수행해 나가야 할 것이다.

(1) 핵가족화

가족의 형태가 대가족의 형태에서 핵가족의 형태로 변화되어지고 있다. 통계청에 따르면 자녀의 출산율이 해마다 줄고 있는 실정이다. 표 1-1에 따르면 1970년대에는 평균 4.53명의 자녀를 출산하였으며, 1983년에는 평균 두 명의 자녀를 두었으나 1990년대를 들어서면서 자녀 출산율은 급격히 줄어들고 있다. 2011년 기준 1.24명에 불과한 실정이다. 이러한 출산율의 저하에는 여러 가지 이유가 있겠지만 여성의 취업에 따른 자녀의 출산 및 양육의 부담이 큰 문제로 지적될 수 있다.

표 1-1 출산율

연도	출산율	출산성비(여아100: 남아)
2011	1.24	110
2000	1.47	110.2
1993	1.67	115.3
1983	2.08	107.3
1970	4.53	109.5

출처: http://kostst.go.kr(통계청)

이는 전체 인구성장률의 저하를 가져와 사회의 구성원들의 노령화 현상을 가져오며 경제인구의 급격한 감소는 사회의 문제로 대두되고 있다. 표 1-2에 따르면 추계 인구성장률은 앞으로도 계속적인 인구의 감소를 가져올 것으로 나타났다.

표 1-2 인구성장률(추계인구)

연도	인구(명)	인구총성장률(%)	성비(여자100: 남자)
2002	47,639,618	0.627	101.4
2007	48,948,463	0.489	101.2
2011	49,779,440	0.380	101.1
2017	50,518,349	0.146	100.7
2021	50,671,508	0.042	100.3

출처: http://kostst.go.kr(통계청)

(2) 여성의 사회참여

과거의 어머니는 자녀양육과 가정에서의 가사를 돌보는 일에 대부분 관여하였으나 최근에 와서는 직업을 갖고 사회에 참여하는 여성의 수가 증가 하고 있다. 표 1-3에 따르면 2001-2010년에 여성의 취업률은 지속적으로 상승하고 있으며 2010년은 57%를 넘는 수준의 취업률을 보여주고 있다. 이러한 어머니의 사회참여는 자녀를 더 이상 돌볼 수 없게 만들었고 자녀양육의 문제가 이제는 한 가정의 문제가 아니며 사회적 문제로 등장하게 되었다. 따라서 전통적으로 어머니에게 부과되었던 자녀양육의 기능을 이제는 유치원이나 어린이집에서 부담하지 않으면 안되게 되었다.

표 1-3 여성 취업률

단위: 천명

연도	15세 이상 인구	경제활동인구	경제활동 참가율(%)
2010.12	19,298	9,327	57.9
2002.12	19,123	9,298	48.6
2001.12	18,942	9,226	48.7

출처: http://kostst.go.kr(통계청)

(3) 가족의 위기

개인의 성취가 가족의 가치보다 우위에 있게 됨으로서 현대 사회에서 결혼을 통해서 형성된 가족은 영속적인 결속력을 점차 잃어 가고 있다. 해마다 늘어나는 이혼율로 인해 가족의 형태는 다양화 되어지고 편부모가족이나 재혼가족이 점차 증가 하고 있다.

이혼으로 인한 편부모의 경우 역할 모델로서 어느 한쪽 부모의 결손을 경험하게 되며, 재혼가족의 경우 계부모에 의한 아동학대가 사회문제화 되어지고 있다.

5. 유아교육기관

1) 우리나라 유아교육기관

유아교육기관의 유형은 운영 및 재정주체, 유아교육의 대상, 시간, 장소 등에 따라 구분할 수 있으며 교육을 대표하는 기관으로 유치원이 있고, 보육을 대표하는 기관으로 어린이집이 있다. 유치원과 어린이집은 그 재정의 근거에 따라 국·공립과 사립기관으로 분류가 된다. 유아교육기관의 다양한 유형을 살펴보면 다음과 같다.

(1) 유치원(kindergarten)

우리나라의 유치원은 1992년 제5차 유치원 교육과정 개정령에 따라 만 3세부터 취학 전까지의 유아를 대상으로 교육할 수 있도록 정하였다. 우리나라의 유치원은 「유아교육법」에 근거하여 공립과 사립으로 나뉘어 설치 운영되고 교과부의 관할 하에 있다. 공립의 경우 초등학교 병설유치원과 단설 유치원이 대표적이며 일반적으로 만 3-5세아를 대상으로 교육을 하고 있다. 사립의 경우 개인, 각종 사립학교, 종교단체, 대학 등에서 운영을 하며 주로 만 3세에서 만 5세아를 대상으로 교육을 한다. 유치원의 연간 교육 일수는 180일 이상이며, 수업과정은 1일 3시간 이상 5시간 미만의 반일제, 1일 5시간 이상 8시간 미만의 시간 연장제, 1일 8시간이상의 종일제 등이 있다. 유아의 보호자는 필요에 따라 수업과정을 선택할 수 있고 각 유치원은 부모의 요구와 지역실정에 따라 수업과정을 선택할 수 있도록 한다.

(2) 어린이집(day care center)

우리나라의 보육기관은 보건복지부에서 관할하고 있으며 그 시작은 1926년 부산의 공생 탁아소에서 출발하여 1968년 어린이집, 1982년 새마을 유아원으로 명칭이 바뀌었고 1991년 「영유아보육법」〈개정 2011.6.7, 2011.8.4〉에 근거하여 어린이집의 종류는 설립 주체에 따라 다음과 같다.

① 국 · 공립어린이집 : 국가나 지방자치단체가 설치 · 운영하는 어린이집
② 사회복지법인어린이집 : 「사회복지사업법」에 따른 사회복지법인(이하 "사회복지법인"이라 한다)이 설치 · 운영하는 어린이집
③ 법인 · 단체 등 어린이집: 각종 법인(사회복지법인을 제외한 비영리법인)이나 단체 등이 설치 · 운영하는 어린이집으로서 대통령령으로 정하는 어린이집
④ 직장어린이집 : 사업주가 사업장의 근로자를 위하여 설치 · 운영하는 어린이집(국가나 지방자치단체의 장이 소속 공무원을 위하여 설치 · 운영하는 어린이집을 포함한다)
⑤ 가정어린이집 : 개인이 가정이나 그에 준하는 곳에 설치 · 운영하는 어린이집
⑥ 부모협동어린이집 : 보호자들이 조합을 결성하여 설치 · 운영하는 어린이집
⑦ 민간어린이집 : 제1호부터 제6호까지의 규정에 해당하지 아니하는 어린이집

「영유아보육법」에 의한 어린이집이란 생후 6개월에서 초등학교 저학년까지의 유아들을 대상으로 공휴일을 제외하고 연중 운영되며, 일일 보육 시간은 부모의 근로시간을 참작하여 조정되지만 10시간에서 12시간 이상 운영되고 있다.

최근 몇 년 전부터는 정부의 지원 하에 만 3세 미만의 영아만을 전적으로 맡아서 보육해 주는 영아전담 어린이집이 운영되고 있어 맞벌이 부부들의 자녀 양육에 부담을 덜어주고 있다.

유아교육기관의 유형이란 0-8세를 중심으로 하는 광의의 기관으로 해석되어야 한다는 것이다. 그 유형에서 살펴보았듯이 우리나라의 경우 유아교육기관의 유형은 유치원 및 어린이집이 두 주류를 이루고 있다.

2) 외국의 유아교육기관

외국의 경우 유아교육기관의 유형은 유아, 가족, 그리고 사회적 요구 및 특성에 따라 다양한 형태로 운영되고 있다. 아울러 유아교육기관의 유형은 국가 및 지역에 따라 적지 않은 차이가 있으며, 그것을 논의하는 학자들에 따라서도 견해를 달리하고 있다. 본 장에서는 다양하고 복잡한 기관의 형태를 자세하게 다 다룰 수는 없으며 유아교육을 이해하는데 기초가 되며 우리에게 잘 알려진 유아원(nursrey school), 유치원(kindergarten), 유아학교(infant school), 어린이집(day care center)에 대해서 간단히 살펴보고자 한다.

(1) 유아원(nursery school)

유아원은 1911년 영국의 맥밀런 자매(Rachel & Margaret Macmillan)에 의해 최초로 설립된 기관인데 저소득층 유아들의 건강, 안전, 영양, 신체발달에 역점을 두고 이들을 양육하였다. 따라서 초기 유아원은 경제적으로 어려운 가정의 유아들을 대상으로 이들의 사회적 발달 및 신체적 발달을 지원한 기관으로 볼 수 있을 것이다.

(2) 유치원(kindergarten)

유치원은 프뢰벨(Froebel)이 1840년에 최초로 설립하여 지금까지 이어져 내려오고 있으며 대개 초등학교 입학이전에 다니는 학교를 말한다. 유아를 교육하는 기관을 나타내는 용어는 nursery school, preschool, kindergarten, pre-kindergarten 등이 있으며 preschool은 초등학교에 취학하기 이전에 제공되는 모든 교육적 프로그램을 총칭하는 용어로 사용된다. kindergarten은 초등학교에 들어가기 전 만 5세의 유아들을 교육하는 곳으로 미국의 경우 kindergarten을 초등학교의 기본학제에 포함시켜 K~8th로 운영하는 경우가 많다. 최근에는 만 4세를 위해 nursery 또는 prekindergarten의 용어를 사용하고, 만 5세를 위해 kindergarten의 용어를 사용하는 경우가 많다(Morrison, 1988).

(3) 유아학교(infant school)

유아학교는 영국의 오웬(R. Owen)이 1816년 당시 노동 계층(하루하루의 끼니를 노동을 통해 해결하여야 하는 계층을 노동계층이라 한다.)의 자녀들을 교육시키기 위한 기관을 설립하면서 붙인 명칭이지만 현재는 영국의 5-7세 유아를 위한 교육기관의 공식적인 명칭이다. 영국의 경우 1944년에 제정된 버틀러 교육법(Butler Education Act)에 따라 유아학교(infant school)를 초등학교에 포함시켰는데 그러한 조치는 유아학교가 의무교육의 첫 단계라는 것을 강조하는 과정에서 비롯되었다 하겠다.

독일에서도 유아학교를 초등학교에 편입시켜야 한다는 주장이 제기되었었고, 프랑스에서는 유아를 위한 단순한 신체적 보호만을 담당하는 기관이 아니라 교육적 목적에서 설립된 기관임을 부각시키기 위해 1881년 이후부터 초등이나 중등 등의 급별학교와 마찬가지로 학교라는 명칭을 사용한다.

(4) 어린이집(day care center)

어린이집은 day care center라고 하며 취업 모 자녀를 주 대상으로 하여 장시간 운영하는 프로그램이다. 미국의 경우 보육시설 프로그램은 교육적인 성격이 강한 프로그램에서부터 단순 보호 위주의 프로그램에 이르기까지 다양하며 보육료는 다른 교육대상에 비해 비싸고 부모의 수입정도에 따라서 보육료를 차등 적용시키고 있다.

영아를 집단시설에서 양육하기 위해서는 특별한 시설이나 설비가 갖추어져야 하며, 교사 대 영아의 비율 역시 다른 연령집단에 비해 훨씬 낮아져야 한다. 또한 간호사나 전담의사를 두어야 하는 것과 같은 문제가 제기되기도 한다. 특히 수유나 기저귀, 취침 등의 문제와 각 영아의 기질을 고려한 개별적 양육문제나 연령이 어린 영아를 집단으로 양육할 때 제기되는 건강과 안전의 문제 역시 어려운 과제로 지적되고 있다.

제 2 장

유아교육사상

교육은 역사적 사건이므로 그것을 실천해 온 사회의 사회·문화적 맥락의 변천과 함께 그 교육의 변천과정을 성찰하는 것은 매우 중요하다. 현대 유아교육의 과제는 한국인의 전통적인 유아교육관과 서구의 유아교육사상의 진화과정에 관한 역사적인 성찰을 통하여 우리의 유아교육현상을 올바르게 이해하고, 현재의 특수성을 감안하여 창조적인 형태를 토착화시키는 것이어야 한다.

본 장에서는 유아교육사상에 영향을 준 서양의 유아교육사상 및 우리나라 전통의 유아교육사상을 살펴봄으로써 유아교육의 변천과정을 이해해 보고자 한다.

1. 고대의 유아교육관

현대의 유아교육 이론은 과거의 아동관의 산물이다. 수많은 학자에 의해 아동관은 변화하고 발전되어 왔으나, 우리는 고대의 플라톤을 아동과 유아기의 중요성을 인식했던 선구자로서 인식하고 있다. 따라서 교육의 근원이 되는 고대 그리스의 교육제도와 교육에 밀접한 영향을 미치는 시대적 배경 및 교육 사상가에 대하여 알아볼 필요가 있다.

1) 고대 그리스의 교육제도

(1) 문화

그리스 문화의 특징을 정리하면 다음과 같다.

첫째, 인간본위의 사조를 강조하였다. 휴머니즘에 대한 강조는 그리스의 신화를 통해 잘 나타나고 있는데, 그리스 신화의 신들은 완전히 인간적으로 나타나 있다.

둘째, 현세 본위 즉, 현세주의적 사회라고 말할 수 있다. 이들은 지상세계 안에서 삶의 이상을 찾으려 하고 있다.

셋째, 폴리스에 의한 자유 시민 공동체의 문화를 형성하였다. 시민 공동체에 의해 민주주의 사상이 발달하게 되었다.

넷째, 계급주의, 즉 계급적 사회이다. 소수의 자유민에 의해 사회가 유지되었다.

그리스 교육의 기본적 성격은 자유 교육 사상에 있다. 즉, 자유 시민으로서의 자유를 누리고 선용하는 능력을 주려고 하는 교육이었다. 그리스인은 국가의 정치에 참여하는 정치적 자유, 진리를 탐구하는 지적 자유, 자기의 이성에 따라서 행동하는 도덕적 자유, 미와 조화를 사랑하고 이것을 생활에 실현하려는 예술적 표현의 자유를 갈망하였다. 인간 천부의 성능을 긍정하며 그것을 조화적으로 발전시키려 함으로써 인문주의적 특질을 나타내었으며, 개인의 가치를 존중하고 개인의 발전을 인정하였다.

(2) 교육

그리스 교육의 성격을 정리하면, 첫째, 인간 본위주의 교육 사상의 맥락이다. 둘째, 폴리스 자체의 존립을 위한 대립 항쟁의 민족 교육이다. 셋째, 교육뿐 아니라 정치, 경제, 도덕, 문화 전반에 걸쳐 계급 차별 교육을 실시하였다.

고대 그리스의 수많은 폴리스들은 각각의 체제에 따라 다른 형태의 교육 방침을 가지고 있었다. 그리스의 교육 사상을 정리하면, 스파르타 교육과 아테네 교육으로 대별된다. 아테네와 스파르타는 국가를 위한 시민의 육성이라는 근본 이념에 있어서 공통점을 지니고 있었으나, 그 역사적 배경과 문화적 차이로 인하여 교육의 목적, 방법과 내용에 있어서는 대조적인 모습을 보이고 있다. 스파르타 교육은 강한 시민을 육성하기 위한 '훈련'을, 아테네 교육은 아름답고 선한 인간을 만들기 위한 '자유'를 각각 대변하고 있다.

2) 스파르타의 교육제도

고대 사회에서는 성별과 계층별로 명백하게 다른 교육을 실시하였다. 어린이가 받는 교육이나 경험은 기본적으로 부모들의 신분과 계급에 따라 그리고 성에 따라 극심한 차이를 보였다(이은화, 이정환, 이경우, 이기숙, 홍용희, 김희진, 2001).

(1) 남자의 교육

① 교육 목적

리쿠르고스의 법전에서는 군국주의를 이념으로, 군병의 강력한 신체 훈련을 목표로 했다. 국가는 개인에 대한 절대적 우월성을 지니며, 교육은 국가 통제하의 극단적 군사교육이었다. 교육 목적은 각 개인이 강인한 신체를 갖고, 용감하며, 국가에 대한 절대 복종의 정신을 갖는 우수한 군인을 만드는 것이다.

② 교육 내용

신체 단련을 위한 군대식 훈련으로 각종 운동을 하였다(각종운동: 달리기 투창 투원반, 수영 판크라티움: 레슬링 권투 투기경기). 또한 정신 훈련을 위한 춤과 음악 교육을 하였는데, 애국심과 종교적 감정 용기와 사기를 고취시키기 위한 군대음악이나 군대 춤, 합주 합창이 이루어졌고, 기초적인 읽기, 쓰기, 셈하기는 공교육에서는 가르치지 않고 가정에서 가르쳐졌다.

③ 교육 체계

스파르타 교육은 크게 가정 교육기와 국가 교육기로 구분된다. 가정교육기란 건강한 아동은 출생에서 6세까지 가정에서 어머니에 의해 양육된다. 이 시기에 아동은 합리적인 건강관리를 위해 얇은 옷, 냉수욕, 유제품의 섭취 등을 하게 된다. 장래의 엄격한 훈련을 대비한 습관 형성, 자립심을 배양시킨다. 또한 엄격한 예의범절 교육과 복종심을 배운다.

(2) 여자의 교육

6세까지는 가정에서 교육받고 7세 이후에는 튼튼한 아기를 낳기 위해 건강

교육을 실시한다. 이들은 육아법을 배우고, 유사시에는 국방의 의무도 부여받게 된다. 군인의 아내, 어머니로서의 역할을 담당할 수 있도록 훈련받으며, 비교적 높은 사회적 위치를 가지게 된다.

(3) 노예의 자녀를 위한 교육

노예의 자녀들에게는 일반 어린이와는 판이하게 유아기부터 수습 노예 교육을 시킨 것으로 보인다. 즉, 주인에게 충성심을 갖게 하고, 성인 노예들의 말과 행동을 모방하게 함으로써 사회적인 서열 안에서 자신의 위치를 학습하게 하고, 가사, 노동, 수공예, 농장 일을 배우게 하고, 음식, 안식처, 옷을 갖기 위해 열심히 일하도록 훈련시켰다(이은화 외, 2001).

3) 아테네의 교육제도

(1) 남자의 교육

① 교육 목적

아테네 교육의 근본정신은 '국가를 위한 유용한 시민을 기른다'는 점에서 스파르타와 맥락을 같이한다. 시민이란 모든 능력의 조화로운 발달을 한 사람을 의미하는 것으로 절제력, 용감성, 관대함의 덕목을 갖추고 자기 통제력을 개발하는 것을 목적으로 한다. 아테네는 그들의 성격과 풍토의 영향을 받아 행동인보다는 지혜의 사람을 강조하여 개인의 자유를 인정하고 개인의 신체와 정신이 조화적으로 결합하여 균형 있게 발달하는 미와 선의 융합인이 되게 하는데 교육 목적이 있다.

② 교육 내용

출생부터 7세(가정교육) 까지는 가정에서 교육을 하고, 7-13세 까지는 3R's(읽기, 쓰기, 셈하기)와 음악 및 체육을, 13-16세 까지는 기하, 음악, 천문학, 문법, 수사학을 하며, 또한 16세 이상이 되면 법률, 정치, 경제 역사, 천문학, 변증법, 수사학 등의 고등교육을 실시한다.

③ 교육 체계

아테네의 교육은 출생-6세까지는 가정 교육기라 일컬어진다. 이 시기에는 가정에서 어머니나 유모에 의해 교육받으며, 이 기간에는 신화나 영웅에 관한 전설을 듣고, 영웅 숭배와 조상 숭배 정신을 기르며, 유능한 시민이 되기 위한 생활 습관을 길렀고, 신체를 단련하였다. 아동들은 어머니나 유모의 이야기(그리이스 신화, 이솝 동화, 괴물 이야기 등)를 통해 상상력을 키우고, 습관형성을 이루었다. 또한 예술적, 철학적으로 풍부한 환경 하에서 아름다운 유년기를 보내도록 배려되며, 어른들의 시낭송과 극 상영을 보고 들으며 자랐다.

아테네 학교교육은 어디까지나 자유인을 위한 교육이었다. 원래 학교(schole)라는 말의 어원도 '한가' 라는 의미로, 여가를 가진 자유인들이 '선미로운 인간'이 되기 위한 지식을 추구하였다. 아테네는 아름다운 신화의 세계가 살아있는 소위 이상적인 옥토였다. 아테네는 자유롭고 개방적인 분위기를 유지하고 있었으며 가정에서 양육되는 시기 동안 아동들은 '놀이'를 하도록 배려된다. 유아에게 놀이는 가장 본성적이고, 유희 그 자체 내에 인간 형성의 비밀이 숨어 있음을 알려준 것도 아테네가 선두였다. 본래적 인간, 즉 놀이하고 있는 인간 속에서 자기 발전과 자기 발견이 이루어진다고 보았다. 놀이는 쉬는 것, 기분 전환 등의 수동적 의미가 아닌 그 자체로서 즐거운 일이라는 적극적이고 건전한 인간 통찰이 보인다.

(2) 여자의 교육

가정에서 재봉, 방직 등의 가사 실무와 육아법, 독서, 노래 등을 배우는 정도였다. 사회적 지위도 스파르타보다 낮아 단지 현모양처로서의 정숙과 덕목을 요구했을 뿐이다.

2. 고대 · 중세의 유아교육사상가

1) 소크라테스(Socrates, B.C. 469-399)

아테네에서 태어난 소크라테스는 30세에 철학과 교육에 뜻을 두었으며, 독특한 교수 방법으로 청년들을 교화하였다. 소크라테스의 교육 목적은 인간의 사고능력을 개발하여 근본적인 진리를 스스로 발견하게 하는데 있다. 즉, 대화를 통해 모든 개념을 귀납적으로 정확하게 정의하고 이를 통해 절대적이고 보편적인 진리를 발견하는 방법을 사용하였다. 그는 지식의 보편타당성을 주장하고, 지식이 곧 덕임을 강조하였다.

2) 플라톤(Platon, B.C. 427-347)

플라톤은 유아기는 성격이 형성되고 바람직한 인상을 갖게 되는 중요한 시기라고 하면서 유아기 동안 건강한 신체와 건전한 습관이 형성된다고 믿었다. 또한 교육은 지성도야로서 정신세계를 형상화시킬 수 있도록 조심스럽게 계획되었다. 플라톤의 교육사상이 나타나 있는 '국가론'을 저술하였는데, 이 책은 주로 소크라테스가 주제를 이끌어 나가고, 플라톤의 형제인 글라우콘과 아데이만투스가 응답자로 등장한다. 플라톤은 국가의 이념을 도덕적 실천에 두고, 국가의 임무는 국민의 영양과 교육에 있다고 보았으며, 교육을 통한 철인 정치의 이상을 꿈꾸었다.

플라톤은 유아 교육의 중요성과 유아기가 한 개인의 덕성을 기르는 중요한 시기임을 언급하였는데, "어떤 작업에서든 가장 중요한 것은 출발점이다. 어리고 여린 상태인 경우 그 중요성은 커지게 된다. 그 이유는 성격이 형성되고 바람직한 인상을 갖게 되는 때가 이 시기이기 때문이다"라고 하였다. 국가론에서 그는 정의로운 국가의 실현은 궁극적으로 인간이 갖고 태어난 본성에 따른 직업에 종사함으로써 가능하다고 하였다(금, 은, 동-수호자, 전사자, 생산자).

플라톤이 유아교육론에 정점을 이룬 것은 '유희론'이다. 유아의 유희는 인간의 궁극적인 관조의 기능을 풍부하고 충분하게 발전시키기 위해 절대적으로 필요한 것이라고 하였다. 즉, 놀이가 가장 효과적인 교육방법임을 주장하였다. 또한 영혼의 덕을 키우기 위한 방법으로 음악교육의 중요성을 언급하였고, 건전한 육체의 단련과 절도 있는 습관, 그리고 용기 있는 사람이 되는 방법으로 체육교육의 중요성을 언급하였다.

플라톤 교육사상을 정리하면 다음과 같다. 첫째, 자발성과 각성을 통해 영혼의 본질을 추구하는 것을 강조했던 것은 중요한 의미를 지닌다. 교육의 방법으로 놀이학습을 권유하고 있으며, 자발적 학습유도를 위해 알맞은 환경의 제공을 권유하고 있다. 둘째, 영혼의 조화를 통해 이해와 이성의 발달이 가능하다고 보았다. 셋째, 이성과 열정은 분리되는 것이 아니라 교육에서는 합리적인 열정이 중요하다고 하였다.

3) 아리스토텔레스(Aristoteles, B.C. 384-322)

아리스토텔레스는 그의 정치관에 기초하여 교육을 보는데, 교육의 목표는 모방과 습관의 형성이며 이것은 유년기로부터 시작되어야 한다고 하였다. 유아가 장차 도덕적인 시민이 될 수 있도록 교육하는 가장 좋은 방법은 유아에게 좋은 습관을 갖게 해주는 일이라고 보았다.

아리스토텔레스는 17세가 되던 해에 플라톤의 아카데미아에 들어가서 20년 동안 수학하였다. 플라톤은 제자 아리스토텔레스의 비상함을 일찍이 인식하여 아카데미아의 '정신'이라고 불렀다고 한다. 마케도니아의 필리포스(Philippos)2세는 아리스토텔레스를 아들 알렉산드로스(Alexandros)의 스승으로 지명하였다. 그는 50세 때 아테네로 돌아와 리케이온(Lykeion)이라는 학교를 설립하였다. 아리스토텔레스는 "우리가 할 수 있기 전에 우리가 배워야만 하는 것들이 있다"고 하면서 경험의 중요성을 강조하였다. 또한 교육의 목표를 미덕을 지닌 인간을 기르는 것으로 보고, 이는 항상 착하고 훌륭한 행위를 갈망하는 습관을 지니는 것과 같다고 하였다. 따라서, 유아기에 '덕스러운' 행위를 하고 싶어 하는 좋은 습관에 길들여지도록 도와주어야 한다. 아리스토텔레스의 '유아기 좋은 습관의 중요성'은 근대 교육 사상가 중 로크에게서, 또 '행함으로써 배움'에 대한 주장은 현대 교육 사상가 중 듀이에게서 그 맥이 이어지고 있다(이은화 외, 2001).

아리스토텔레스의 교육사상을 정리하면 다음과 같다.

첫째, 7세가 될 때까지 가정에서 양육을 받아야 함을 강조하였다.

둘째, 교육의 궁극적 목적은 사람들로 하여금 행복한 삶을 살게 하는 것이며, 행복은 기본적으로 교육을 통하여 획득 가능하다. 행복은 훌륭한 행위를 갈망하는 도덕적, 정치적, 관조적 활동을 의미하기 때문이다.

셋째, 유아기는 미덕과 행복을 추구하기 위한 좋은 습관을 지녀야한다. 좋은 습관을 길러주기 위해서는 유아에게 주어지는 활동이 교육적으로 적합한지에 대한 성인의 안내와 지도가 필요하다.

넷째, 유아기는 섭생과 건강에 유의해야 할 때이므로 모유를 먹어야 하고, 건강을 위하여 가능한 많은 신체적 활동을 해야 한다(이기숙 · 장영희 · 정미라 · 엄정애, 2011)고 주장하였다.

고대 그리스, 로마시대 아동관의 정리

- 스파르타의 문화적 배경은 군국주의로 정리할 수 있다. 아동은 군인 양성을 위해 판정관으로부터 건강검사를 받아 약자는 동굴에 버려졌다. 또한, 0-6세까지는 어머니에 의해 양육, 7세가 되면 국립교육기관에서 엄격한 훈련과 유지교육을 받았다. 스파르타의 아동은 국가의 유지, 존속을 위한 군사력의 하나로 인식되었다.

- 아테네의 문화적 배경은 민주주의로 정리할 수 있다. 아동은 7세까지 가정에서 신체를 단련하고 신화, 역사 이야기를 어른들로부터 들었고, 개인의 자유를 소중히 하는 문화였다. 20세에 비로소 완전한 시민의 특권을 얻었다. 아테네는 시민양성을 위한 교육기간으로 아동기를 인식하였다.

- 로마의 문화적 배경은 정치적 계급사회로 정리할 수 있다. 아동은 초기에는 가장의 책임 하에 가정교육이 주로 이루어졌다. 정치가 양성의 필요에 따라 학교에서 변증론과 웅변을 배웠으며, 계급에 따라 상이한 교육 내용 및 방법을 가지고 있었다. 로마는 아동을 정치적 존재로 인식하고, 계층을 구분하여 인식하였다.

4) 아우구스티누스(Augustinus, 354-430)

중세사회에서는 어린이를 성인의 축소판이라고 보았고, 교육은 교회의 기독교 사상에 의해 지배되어 학교를 통제하고 학교의 세속적인 요소를 배제하였다. 또한 어린이의 자발적 표현은 죄악시되었다. 아우구스티누스에 의하면 참된 행복의 범위는 현세에서 보다 정신의 다른 세계인 미래의 삶 속에서 발견되어질 수 있다. 또한, 인간은 은혜와 구원을 받기 위하여 원죄 속에서 발견되는 욕망을 억제해야 한다. 기독교 신앙을 받아들여 은총을 입을 수 있도록 교육하여야 하며, 교육의 가치는 믿음, 희망, 자비, 겸손의 기독교적 가치로 영혼을 채워야 한다. 죽음을 넘는 생을 위한 준비가 강조되었다. 중세사회는 신중심의 사회로 대변되듯이 교육 또한 기독교적 신앙과 가치를 벗어날 수 없었다. 따라서 유아기를 인생의 뚜렷한 발달단계로 인정하지 않았으며, 효과적인 교육을 할 시기가 아니라고 여겼다(이기숙 외, 2011).

5) 코메니우스(Johann Comenius, 1592-1670)

코메니우스는 성직자로서 모든 지식이 성서에 의해 적극적으로 인도되어져야 한다고 할지라도 교육을 통해 어린이들은 그들의 특정한 문화적 여건과 조화를 이룰 수 있음을 역설하고 균등한 교육을 강조하였고, 모든 사람에게 적절한 교육제도와 방법을 확립하고자 노력했다. 최초의 교육학서인 『대교수학』에 그의 교육사상이 잘 나타나 있으며, 교수는 단순한 것에서 복잡한 것으로, 모르는 것에서 아는 것으로의 위계적이고 단계적인 학년별 교육을 주장했다. 그는 인간의 내재적인 가능성을 믿고 바람직한 지식, 덕성, 신앙을 길러 주기 위해서는 기억력이 강한 초년기에 교육해야 한다고 하였다. 실물경험을 통한 감각교육을 주장했고, 교육지침서인 『유아학교』에서 6세까지의 어린 자녀들은 어머니에 의해 교육을 받아야 함을 강조하였고, 교육은 자연 질서를 따르는 것이어야 한다고 유아교육의 중요성과 방법을 제시하였다. 그는 최초로 그림을 곁들인 『세계도회』라는 유아용 그림책을 출판하였다. 이는 세계 최초로 그림을 이용한 교수방법을 적용한 것으로 감각을 통해 지식을 얻고 이해할 수 있다는 교육신념을 반영한 것으로, 시청각 교육의 효시로 평가되고 있다.

코메니우스의 교수이론을 정리하면 다음과 같다.

첫째, 직관의 훈련을 통해 기억하고 판단하며 창조하는 과정을 거쳐 쉬운 것에서 어려운 것을 이해하게 된다.

둘째, 언어 이전에 사물이나 모형을 제시하고, 사물에 대한 언어의 적용은 나중에 할 것을 강조하였다.

셋째, 자연은 비약하지도 중단하지도 않는다. 교육도 점진적으로 이루어진다고 하였다.

넷째, 학습은 직관적이고 감각적이어야 한다.

다섯째, 학습도 생활에 유용하고 가치 있는 것을 선택해야 한다.

여섯째, 어린이의 흥미와 의욕을 환기시켜 유쾌한 생활로 진행되어야 한다.

일곱째, 전 학년에 똑같은 과제를 부과하고 모든 교과와 언어도 동일한 방법에 의해 실시해야 한다.

코메니우스는 교육의 단계를 다음과 같이 구분하였다.

첫째, 유아기(1-6세)이다. 어머니 학교라고 하며, 일상생활이나 사물에 관한 기초 지식, 도덕적인 습관, 신앙에 관한 기초 지식을 습득해야 한다.

둘째, 아동기(7-12세)이다. 모국어 학교라고 하며, 읽기, 쓰기, 셈하기와 일반적 기초 지식을 습득해야 한다.

셋째, 소년기(13-18세)이다. 라틴어 학교라고 하며, 네 가지 언어와 일곱 가지 자유학과, 자연, 과학, 지리, 역사, 종교에 관한 지식을 습득해야 한다.

넷째, 대학과 여행기(19-24세)이다. 신학, 의학, 철학, 법학, 고전을 익히며, 그리고 마지막에 여행을 통해 교양을 쌓도록 할 것을 제시하였다.

6) 로크(John Locke, 1632-1704)

로크는 백지설을 제기하여 어린이의 정신은 진흙덩이처럼 원하는 대로 주조할 수 있다고 보았다. 고로 유아의 학습과 경험은 후일의 지식으로 통하는 길이 되며, 인간정신형성의 요인이 된다고 보았다. 특히 유아기 동안에 인간정신은 가장 유연하여서 유아기의 훈육은 바라는 대로 정신을 형성하는 데 가장 적절한 시기이다.

백지설이란 인간의 정신세계를 아무것도 그려 있지 않은 백지 상태로 보는 것으로, 경험을 통해서 비로소 지식과 관념이 생기게 되며 이성적 능력을 발휘할 수 있게 된다는 것이다. '원하는 모양대로 틀에 부어 만들 수 있는 밀랍'으로 아동관이 표현되기도 한다. 또한 선천적인 능력보다 후천적인 교육의 역할을 강조하였으며, 물리적 사회적 환경을 중요시하였다. '건전한 신체에 건전한 정신이 깃든다'고 하면서 심신의 조화로운 발달을 강조하였다. 훈육을 중시하고, 자주성을 존중하였다.

7) 루소(Jean Jacques Rousseau, 1712-1778)

루소는 그의 저서 『에밀』에서 자연 속에서 자유롭게 이루어지는 발달을 강조했다. 그의 핵심은 자연주의이며, 고로 교육은 건전한 발달을 위하여 자연의 계획에 따라서 이루어져야 한다. 그에 의하면 교육은 가르치는 것이 아니라 안내하는 것이며, 이는 어린이가 비어 있는 그릇이나 백지와 같은 상태가 아니라 그들 나름대로의 특유한 감정이나 사고양식을 갖고 있는 존재라고 보기 때문이다. 즉, 어린이 특유의 삶을 인정하라는 것이다. 루소는 결코 유아를 독촉하거나 교정해 주는 것을 원치 않는다.

스위스 태생으로 어린이 존중 사상과 자연주의 사상으로 대변된다. 그는 악에 물들게 하는 것은 인간의 손에 의해서라고 하면서, 태어난 순간의 아기는 본질적으로 선한 존재임을 강조하였다. 인간존중사상을 기본으로 하고 있으며, 자연법을 교육방법으로 삼았다. 또한 아동관에 있어서도 축소된 어른으로의 아동관을 반대하고 독자적인 인격을 가진 존재로의 아동을 주장하였다.

루소가 주장한 단계별 교육론은 다음과 같다.

첫째, 유아기(0-2세)에는 갓난아이의 양육과정 그대로 수용하고 반응해 준다.

둘째, 아동기(2-12세)에는 건강의 중요성을 강조하였고, 자연환경을 유일한 교육장소로 삼아야 하고, 말보다 사물을 우선하는 자연주의 교육을 주장하였다. 이 시기는 감각기관과 신체활동 위주의 교육에 힘을 쏟아야 하는 시기이다. 즉 어린이를 그 자체로 존중해야 하고 무한한 가능성을 가진 존재로 인식하여 교육해야 한다는 아동중심 교육 사상을 중심에 두고 있다.

셋째, 소년기(12-15세)에는 신체적 발달에 기초를 두되, 지적 발달에 중점을 둔다. 여태까지의 소극적인 교육법에서 벗어나 적극적인 교육법으로 전환시키는 것이다.

넷째, 청년기(15-20세)에는 사춘기를 맞이하는 시기로서 이성이 완전해지도록 도와주어야 한다.

루소는 『에밀』에서 교육은 무엇을 가르쳐 주는 것이 아니라 안내해 주는 것이라고 하였다. 그는 자연의 성장과정을 수용하고 선한 천성을 보존하기 위해서는 불필요한 성인의 간섭을 최소화해야 한다는 소극적인 교육론을 제시하였다. 또한, 유아기는 관념이나 이성보다는 감각을 통해서 세계를 경험하며, 아동기에는 놀이를 통하여 감각을 발달시키고, 직관적 추리력을 갖게 된다고 하였다.

8) 페스탈로치(Johann Heinrich Pestalozzi, 1746-1827)

페스탈로치는 루소의 교육사상을 실천한 사람이라 할 수 있다. 고로 그의 교육실천은 루소의 자연주의 교육론에 기초하고 있으며, 교육목적은 사회적 인간 개조 즉, 사회적 자아실현과 개인적 자아실현 모두에 두고자 했다. 그는 코메니우스의 감각교육을 도입하기도 하였고, 관찰을 통한 사물의 교육이 언어의 교육보다 선행하고, 보고 듣는 것이 판단 · 추리보다 선행한다는 직관의 원리를 소개하였다. 그는 교육의 방법과 원리를 인위적인 방법이 아니라 어린이 자신의 생활에서 느끼는 자연적 요구와 이에 따르는 감각 운동적인 개인 생활 속에서 찾아야 한다고 말하였다.

자연주의적 교육 사상가로서 그의 자연주의적 교육 사상은 일생을 빈민 교육에 힘쓰게 한 원인이 되기도 하였다. 농촌에 들어가 노작 교육을 통한 인간 교육에 힘썼다. 루소의 아동중심 교육 사상에 힘입어 교육은 가장 자연스러운 상태인 아동의 본성에 따라 이루어져야 한다고 하였다. 그는 교육의 목적을 인간 개혁과 사회 개혁에 두고 있다. 가정교육의 중요성을 강조하였고, 종교사상에 기반을 두고 있다.

페스탈로치의 합자연의 원리는 다음과 같다.

첫째, 자발성의 원리—아동의 능력을 내부로부터 스스로 발전시켜야 한다는 것이다.

둘째, 직관의 원리—모든 인식은 직관에 그 근원을 두고 있으며, 판단이나 추리보다 보고 듣고 행하는 직관이 선행한다는 것이다.

셋째, 노작의 원리—노동을 통한 교육을 중시해야 한다는 것이다.

넷째, 균형의 원리—여러 힘이 조화롭고 균형을 이루어야 한다는 것이다.

다섯째, 개성과 사회성의 조화의 원리—개인과 사회적 관계가 조화를 이루어야 한다는 것이다.

9) 오웬(Robert Owen, 1771-1858)

오웬은 영국의 사회주의 선구자이고, 박애주의자이며, 유아학교의 창시자이다. 오웬은 인간의 성격형성은 태어나면서부터 갖고 나온 자연적 자질과 환경에서 받는 후천적 영향과의 상호작용에 의해 형성되며, 이 환경을 정신적 환경인 교육과 외부적인 환경인 사회생활로 구분하였다. 그러므로 성격의 개선은 환경의 개선으로 시작하여야 한다는 것이다. 다시 말하면, 오웬의 사상은 성격형성으로 인한 사회 개조이다. 오웬의 성격형성 학원의 설립이 1816년 유아학교 설립의 계기가 되었다. 최초의 유아학교는 2-6세의 유아를 대상으로 하였으며, 이 학원이 이룩한 성공적 결과는 공장법의 제정을 가져왔다.

오웬의 사상과 교육의 실천은 독창성이 결여되고, 체계가 서 있지 않았다고 비판을 받기도 한다. 그는 국민교육을 제창하였고, 만인의 성격형성이 자본주의 제도 하에서는 불가능하다고 보았다. 또한 어린 시절부터 교육에 의하여 사회개조운동을 전개한 사회주의적 교육자였다. 오웬은 그의 스승인 페스탈로치의 교육정신의 영향을 받았으며, 유아학교를 통하여 자신의 교육을 실천하였다. 그의 교육실천에서 나타난 교육목표를 보면 다음과 같다(한임순, 1999).

첫째, 엄격주의를 배제한 자유주의적 교육

둘째, 주입식 교육 대신 개발교육

셋째, 서적 중심주의 교육이 아닌 실물 또는 직관교육

넷째, 실내교육을 배제한 야외교육

다섯째, 처벌교육을 배제한 획기적인 신교육 등이다.

10) 프뢰벨(Friedrich Wilhelm August Froebel, 1782-1852)

인본주의 사상의 대두로 인간본성에 대한 새로운 해석을 하게 됨과 동시에 인간의 가치가 중요시되자, 교육에서도 새로운 개념과 방법이 전개되기 시작하였다. 즉, 추상적인 이상주의를 모색하던 인간관에서 참된 인간의 가치를 찾으려는 노력이 꾸준하게 계속되었다. 이러한 배경에서 페스탈로치, 피히테, 슐라이어마허, 헤르바르트, 프뢰벨 등의 사상가가 배출되었다.

프뢰벨은 교육사에 있어서 실재론적 시각에서 감각교육의 필요성을 역설한 페스탈로치의 유아교육관을 현실화시킨 유아교육학자이다. 인간을 인간으로서 교육해야 한다는 인간 교육 사상도 역시 페스탈로치의 영향이다. 교육의 목적은 자연스러운 환경을 제공하여 각자가 영원한 법칙에 의거하여 내부로부터 자연스러운 자기 활동적 인간이 되도록 하는데 있으며, 이는 인위가 배제된 유토피아적인 자연을 말하는 루소와는 다른 견해이다. 그에 의하면 놀이는 자기활동의 발현이다. 때문에 놀이는 아동발달의 최고 위상이라고 말한다. 그는 '유치원(kindergarten)'이라는 유아교육기관을 설립하였으며, 설립목적을 유아가 자연스러운 자아활동을 가능하게 하는 놀이를 통해 자아를 실현하고 궁극적으로는 신적인 통일의 법칙에 달하도록 하는데 두었다. 프뢰벨은 유치원(kindergarten)에서 전인발달, 자발적인 놀이, 순응하는 교육을 강조하였고, 교육방법으로 은물과 작업을 사용하였다.

『인간교육』에서 그는 우리들을 어린이와 더불어 살게 하라. 그러면 그들의 생활이 평화와 환희로 화하게 하고 성인들은 비로소 총명하게 된다고 하였다.

인간은 신성이 내재되어 있으며, 교육의 본질은 인간이 자신의 본질인 신성을 깨닫게 하는 것(활동, 창조, 노동)이다. 어린이의 신성은 놀이를 통하여 나타난다고 하였으며, 교육의 과제는 어린이로 하여금 자기활동적 개체로서 자신의 흥미와 요구에 따른 창조적 자기활동을 통해 자기 표현을 하도록 도와주는 것이라고 하면서 창조적인 자기활동을 강조하였다.

프뢰벨의 교육사상을 정리하면 다음과 같다(한임순, 1999).

첫째, 통일의 원리이다. 프뢰벨의 세계관은 신적인 통일에 기초를 두고 있으며, 이 신의 개념은 코메니우스와 같은 종교적인 개념이 아니라, 만물의 활동과 정신력, 창조력과 지력의 근본이며, 끊임없이 발전하고 활동하는 역동적인 개념이다. 그러므로 인간은 자기의 본질인 신성을 충분히 의식하고 통제하여, 자기의 생활 속에서 이것을 체험하고 활동하며, 명료하게 하여야 한다.

둘째, 자기활동의 원리이다. 유아의 교육은 유아의 본질인 왕성한 활동성을 해방시켜서 내면적인 싹을 보호하고 기르며 개발시키는 것을 의미한다. 즉 자기 자신의 내적인 동기에 입각하여 자기의 흥미와 자기 능력으로 활동하며, 그렇기 때문에 교육은 창조적 자기활동의 과정이다. 즉, 자기 속에 숨어 있는 신적인 것의 자기 표현이다.

셋째, 노작의 원리이다. 신성이 숨겨져 있는 인간은 노동을 함으로써 자기의 내적 본질을 표현하게 되고, 행위를 통하여 구체적으로 표현하게 된다. 이 결과 형체가 있는 것으로 나타나는 노작은 매우 가치 있는 것으로 '인간이 살아가는 그 자체이며, 매우 존귀한 것'이라고 설명한다.

넷째, 사회화의 원리이다. 프뢰벨은 인간은 사회적 동물이며, 교육은 사회생활의 한 과정이라고 생각하였다. 그렇기 때문에 협동과 예절이 어린이 교육의 특징이 되어야 한다고 생각하였으며, 이와 같은 교육의 사회적 환경의 강조가 그 후 유치원들의 특징이 되었다.

3. 근대 · 현대의 유아교육사상가

1) 듀이(John Dewey, 1859-1952)

듀이는 경험을 교육과 성장에 있어서 핵심적 요소로 보고 있다. 그에 있어서 교육은 경험의 재구성이요, 교육의 목적인 성장 역시 경험의 성장으로 보고 있는데, 이 경험은 언제나 환경과 상호작용을 하면서 수동적일 뿐 아니라 능동적인 경험을 포괄하는 것이며, 반드시 지적 과정을 수반하는 반성적 경험을 정점으로 하고 있다(김재건, 2004).

듀이(1916)의 성장에서의 상호작용적 이론(interactive theory)이란, 유아는 활동과 놀이, 그리고 전체적 환경과의 상호작용을 통하여 사고에 필요한 기술을 습득한다는 것이다. 즉, 교육의 과정은 상호작용, 변화, 계속성에 의한 경험의 재구성의 과정이라고 하였다. 듀이의 '능동적 경험'(1차적 경험)은 언제나 '반성적 사고'(2차적 경험)에 이르러야 하고, 그것은 반드시 '능동적 경험'으로 되돌아와 '통합성'을 이루고, '능동적 경험'에서부터 시작하는 인식과 삶의 과정이 끊임없이 주고받는 상호작용으로 이루어지고 있다는 것이다(김재건, 2004). 따라서 교육과정은 경험의 재구성에 기초하여야 한다. 즉, 보다 높은 단계의 아이디어를 경험하고 명확히 할 수 있도록 구성되어야 한다.

듀이는 반성적 사고와 탐구를 동의어로 사용한다. 그는 초기부터 『민주주의와 교육』(1916)을 거쳐 『사고하는 방법』(1933)에 이르기까지 반성적 사고라는 말을 주로 사용하였다. 그러나 『논리학; 탐구의 이론』(1938)에서는 탐구라는 말로 대치하여 자기의 논리학을 '탐구의 이론'으로 규정한다. 이러한 용어의 전환 이유를 그는 탐구라는 용어가 반성적 사고라는 용어보다 오해의 소지가 적기 때문이라고 하였다. 반성적 사고라는 용어는 단지 심리적, 정신적인 사고과정만을 지칭하는 것으로 생각되기 쉬운데, 듀이의 반성적 사고라는 개념 속에는 사고작용뿐만 아니라 실험적 조작과정이 포함되어 있다. 듀이는 반성적 사고의 보다 능동적이고 조작적인 특성을 드러내기 위해 탐구하는 말을 사용하게 된 것이다(노진호, 1998).

듀이는 교육에 관한 논의의 핵심을 반성적 사고에 기초한 지식의 획득과정으로 보고 있으며, 지식이 그 자체로서 완전한 것이 아니라 행동을 위한 수단으로 봄으로써 교육에 있어서 과거에 지식이 차지했던 목적으로서의 지위가 아니라 인간이 환경과 주고받는 능동적인 상호작용인 경험을 통해서 지식획득 과정이 일어난다고 보고 경험의 질적인 변화는 경험에 개입되는 사고에 의해 좌우되는 것으로 보았다(이인학, 2003).

계속성이란 우리 주변에 끊임없이 상호작용 원리가 작용하는 경험이 계속되며, 진행된 경험은 뒤따라오는 다른 상황에서의 경험의 질에 영향을 미침을 의미한다. 즉, 유아가 질 높은 교육적 경험을 할 수 있도록 유아의 경험을 선택하고 조직할 책임이 있다는 것이다.

따라서 유아를 위한 교육과정에서 유아는 신체적 활동, 실물의 활동, 지적 탐구, 사회적 상호작용에 참여한다. 신체적 활동은 달리기, 점프하기, 그리고 다른 자율적 활동 등을 의미한다. 성장하는 유아는 도구와 물체의 사용에 흥미를 보인다. 도구와 물체 사용에 관한 흥미의 이상적 표현은 요리하기, 바느질하기, 목공놀이와 같은 매일의 생활 활동, 직업적 활동이다. 지적인 면에서의 흥미 증진을 위해 즉, 문제를 해결하고, 새로운 사실을 발견하고 일이 진행되는 방법을 간파하기 위해서 유아는 탐구와 발견의 기회를 가진다. 구성적 작업이 문제해결 기술을 습득할 수 있는 활동이며, 사회적 흥미는 다른 사람과의 상호작용(사회적 본능)을 의미한다. 듀이는 이러한 흥미는 민주적으로 운영되는 교실에서 장려될 수 있다고 보았다.

지식을 유아에게 부과하는 전통적 교수 전략은 지양되어야 한다. 교사는 유아의 흥미를 기초하여 전통적인 교과가 다루어질 수 있도록 계획하여 기회를 갖게 할 책임이 있다고 생각하였다. 따라서 읽기, 쓰기, 셈하기가 교육내용에 포함되나 진행되는 주제 전개 활동 속에서의 필요에 의해 다루도록 하였다. 또한 교사는 이러한 능동적인 과학자인 유아를 위하여 새로운 학습활동을 순서적으로 계획하기 위하여 끊임없이 유아의 학습과 성장을 평가하고 진단하는 사람이어야 한다. 즉, 듀이는 유아교사는 사고와 교수--학습에서 좀 더 개방적이며, 유동성을 허락해야 함을 강조하였다.

2) 몬테소리(Maria Montessori, 1870-1952)

몬테소리는 『어린이의 발견』에서 스스로 성장하고자 하는 내적 생명력을 가지고 있는 자유로운 존재로 어린이를 묘사하였다.

지능은 고정되어 있지 않기 때문에 아동이 태어난 후 풍부한 감각적 경험과 적절한 환경만 제공받는다면 지능은 얼마든지 변화 가능하다고 주장하였다. 정상화 현상이란 작업하기 좋아하고, 질서를 지키며, 소유본능은 정화되고 호기심에서가 아니라 참다운 선택으로 활동하는 능력을 가지고 있다. 어린이는 온순하고, 독립심이 강하고 자발적으로 자기 규율을 조절할 수 있으며 마음으로부터의 기쁨을 표현할 수 있다. 이러한 정상적인 아동의 전형적인 특성을 보여주는 것이 정상화 현상이다.

작업과 자기활동을 존중하는 교육방법을 제시하였고, 유아기는 민감기로서 지적 흡수력이 왕성한 시기이며, 주기적으로 나타나는 본능에 의해서 세심하게 지도되는 내적인 성장기라고 하였다. 또한 아동이 내부에 잠재해 있는 흡수하는 정신능력을 통하여 환경을 받아들이며 스스로 경험하여 배우게 되는 특성을 가진다고 하였다.

몬테소리의 교육의 원리를 정리하면 다음과 같다.

첫째, 자유와 자기 활동의 원리이다.

둘째, 감각교육과 자동교육이다.

셋째, 준비된 환경이다. 교사는 환경을 준비하여 어린이를 참여시켜야 한다. 따라서 교사의 역할은 보다 적게 가르치고 보다 많이 관찰하는 것이며, 좋은 환경에서 활동하는 어린이의 민감기를 포착하는 것이다.

3) 피아제(Jean Piaget, 1896-1980)

피아제는 뉴사텔대학교에 다니는 동안 생물학뿐 아니라 철학, 사회학, 심리학, 종교학 등 다양한 학문 영역을 공부하였다. 피아제는 1918년 연체 동물에 대한 논문으로 박사학위를 취득하였다. 1920년 파리의 알프레드 비네(Alfred Binet) 연구소로 옮겨 유아용 추리력 검사 표준화 작업에 참여했는데, 이 때 피아제는 유아들이 성인과는 전혀 다른 매우 독특한 방식으로 사고한다는 사실을 발견하였다. 피아제는 1921년 루소연구소 소장의 제의로 연구부장을 맡고, 이후 소장직을 역임하는 동안 유아의 지능 발달, 물리적 세계에 대한 유아의 사고, 인지 발달에 대한 연구에 착수하여 방대하고 체계적인 인지 발달 이론을 정립하였다. 피아제는 그의 세 자녀(재클린, 뤼시엔, 로랑)의 성장 과정을 관찰하여 영유아기의 인지 발달 단계를 규명하는 구체적인 자료로 제시하기도 하였다. 피아제는 지능이나 지식은 선천적으로 주어진 것이 아니고, 백지 상태로 태어나 외부 세계의 것을 그대로 받아들이는 것도 아니며, 개인과 환경과의 상호 작용의 결과로 구성된 것이라고 주장한다. 그는 인지 발달 과정을 생물학적인 관점에서 체계화하였다. 즉, 인지발달을 유기체가 주변 세계와의 상호작용을 통해 적응해가는 과정으로 보고, 이를 '도식(schema)', '동화(assimilation)', '조절(accommodation)', '평형화(equilibrium)' 개념으로 설명한다(이은화 외, 2001).

피아제는 어린이의 인지 구조가 연령에 따라 질적 차이를 보임을 발견하고 인지발달단계를 4단계-감각운동기(출생~만 2세), 전조작기(만 2세~만 7세), 구체적 조작기(만 7세~만 11세), 형식적 조작기(만 11세~만 15세)로 나누었다. 감각 운동기의 영아는 반사운동에서 시작하여 몇 차례의 순환 반응을 거쳐 사고를 통한 표상적 활동을 하게 된다. 전조작기의 어린이는 자기 중심적, 직관적, 비가역적 사고를 하는 것이 특징인데, 특히 자기 중심성 때문에 남의 관점을 이해하지 못하고 비논리적인 사고를 한다. 구체적 조작기의 어린이는 구체적, 실제적인 문제에서는 논리적이나 추상적, 가설적인 문제는 해결에 어려움을 보인다. 그러나 형식적 조작기의 어린이는 상징적 추론이 가능하고, 가설적인 문제도 충분히 해결할 수 있다. 피아제는 모든 문화권의 어린이는 이 4단계를 차례대로 거쳐 발달해 간다며 보편성을 주장하였다. 피아제에 의하면 학습은 유아가 발달적으로 준비가 되어 있을 때에만 효과가 있다고 보았다. 따라서 유아가 발달적으로 준비가 되어 있지 않을 때 성인이 무엇을 가르치는 행위는 유아로 하여금 지식과 정신을 구성하도록 도와주기보다는 오히려 타율적 성향을 갖게 하므로 삼가도록 하였다. 따라서 피아제의 개인적 구성주의에서 바람직한 교사의 역할은 유아가 주도적으로 할 수 있는 학습 활동을 극대화하는 것이다(이은화 외, 2001).

4) 비고츠키(Lev Semenovich Vygotsky, 1896-1934)

20세기 소련이 낳은 가장 위대한 심리학자 중의 한 사람으로 평가받는 비고츠키는 북부 오르샤라는 도시에서 중산층 유태인 가정에서 태어났다. 비고츠키는 모스크바대학에 의학 전공으로 입학하였으나 법학으로 전공을 바꾸었으며, 모스크바대학을 다니면서 샤니아브스키 인민대학에 입학하여 문학, 철학, 예술, 심리학을 공부하였다.

비고츠키는 인간이 자신이 속해 있는 사회의 문화와 자연이라는 역사적으로 구축된 환경 내에서 다른 사람들과 상호작용을 하며 공동으로 지식을 구성해 간다고 보았다. 유아의 발달을 이해하려면 그들이 자라나고 몸담고 생활하는 사회적 문화적 세계를 함께 파악해야만 한다. 비고츠키는 특히 문화적으로 특정한 사회적 경험들, 유아들의 함께 생활하는 사람들, 학교 교육이 유아의 발달에 미치는 영향을 강조한다. 이러한 비고츠키의 사회적 구성주의 관점은 유아의 심리적 세계에 영향을 미치는 사회적 세계에 중요한 의미를 부여하는 것으로서,

유아는 자신의 주변 세계를 스스로 발견하고 탐구한다고 보는 피아제의 개인적 구성주의 견해와 크게 대조가 된다.

비고츠키는 학습이 발달을 이끌어 가는 것으로 보았으며 발달과 학습의 복잡한 관계를 근접발달지역이라는 개념을 가지고 설명하였다. 근접발달지역(ZPD : Zone of Proximal Development)이란 '독자적인 문제해결에 의해 결정되는 실제적 발달 수준과 성인의 지도하에 또는 좀 더 능력 있는 또래들과의 협동을 통한 문제 해결에 의해 결정되는 잠재적 발달 수준과의 차이'이다. 비고츠키는 근접발달지역에서 학습과 발달이 역동적으로 민감하게 일어난다고 보았으며, 유아들은 이 지역에서 타인과의 협력적 학습을 통해 현재 발달수준에서 좀 더 높은 발달수준으로 도약할 수 있다고 주장하였다. 따라서 교사는 유아에게 조금 어렵기는 하지만 적절한 도움을 받으면 할 수 있는 약간 높은 수준의 활동을 계속 제시하는 미래 지향적 교수를 위해 노력해야 한다(이은화 외, 2001).

4. 우리나라의 유아교육사상

조선시대의 유아교육은 단지 가정교육의 차원에서만 이루어졌다고 볼 수 있으며, 적어도 7 · 8세가 되어야 서당에 입학할 수 있었다. 조선사회에서 태아는 부모의 미분화된 존재로서 가족과 가문의 공동운명체 내에 속하는 하나의 구성원으로 받아들여지며 임신 전부터 출생 전까지의 태중(胎中)교육의 중요성을 논하였다. 출산한 아기의 양육에 대한 사항도 여러 자료를 통해 알 수 있다.

태교에서 시작된 유아교육은 6세 까지 어머니의 소관이고, 7세가 넘게 되면 아버지로부터 의례적 · 사회적 교육을 받게 된다. 따라서 조선시대에는 형식적인 유아교육을 실시하는 유아학교는 부재하였고, 단지 가정교육 차원에서 유아교육이 이루어졌다고 볼 수 있다.

1) 불교

모든 인간의 마음 속에는 불성이 자리 잡고 있음을 강조하였다. 「육방예경」에 의하면 아동은 축소된 성인이 아니고 성인도 본받을 점이 있는 순수한 존재이므로 아동의 놀이나 장난은 인간형성 과정의 중요한 일면으로 인정된다. 또한, 『대반열반경』에서 영아의 마음과 행동은 곧 여래의 마음과 행동과 같은 것으로 언급된다.

불교의 아동관은 아동이 지닌 순수성을 불성에 가장 가까운 것이라 보며 아동의 존엄성을 강조하고 있다. 교육의 원리도 결과보다는 원인을 중시하였다.

부모의 특성을 유전적으로 이어받은 것은 부모의 업의 영향이며, 나의 존재가 부모와 전적으로 같지 않은 것은 나의 업이 작용했기 때문이다. 따라서 임신 전, 임신 중, 그리고 출산 후의 부모의 역할은 매우 중요하다. 또한, 부모의 육체적 건강과 깨끗한 마음가짐이 중요하다. '줄탁동시'는 불교의 교육관을 잘 드러내는 사자성어이다. '줄탁동시(啐啄同時)'란 병아리는 달걀 속에서 그리고 어미 닭은 밖에서 껍질을 쫀다. 어미닭이 너무 성급하게 쪼면 병아리는 죽게 된다는 뜻을 갖고 있다. 즉, 교육에는 교사의 인내와 현명함이 필요하다. 교육은 미성숙한 아동을 대하여 지혜롭게 기다리다가 아동에게 깨달음의 적기라고 판단되는 시점에 자극을 주는 역할을 수행할 수 있어야 함을 의미한다.

2) 유교

유교에서 말하는 인간 본성은 신분에 관계없이 선하다. 소아는 20세에 달하지 아니한 판단능력이 무능하며 혼인을 하지 않은 사람으로 정의되며, 인간은 교육을 통하여 인간이 하늘로부터 부여받은 성품을 잘 보존하고 기르도록 하고 있으며, 이를 통하여 성인군자가 됨을 제시하였다.

생각과 뜻이 확실히 굳어지지 않은 아동기에 좋은 교육을 통해 말과 타당한 행동들을 '귀에 못이 박히도록' 들려주어야 하고, 그렇게 하여 습관이 될 때 아동의 마음이 스승의 가르침을 거부감 없이 받아들일 수 있다고 생각하였다. 또한, 임신 전부터 태교에 이르기까지의 과정이 중요함을 강조하였다.

성리학에 나타난 아동관에 의하면, 3세까지는 통제 없이 무조건 보호가 필요한 시기라고 하였고, 7세가 될 때까지는 기본적인 분별력조차 없다고 인식하였다.

실학에 나타난 아동관에 의하면, 실학에서 아동기는 태아기부터 시작되며, 수직적, 종속적 위계질서를 갖고 있다. 또한, 15세가 되어야 혼인이 허락된다.

유교의 교육원리는 남녀 분별 교육, 습관교육, 예의교육, 교육환경 강조로 정리할 수 있으며, 아동교육의 목적은 수기(修己), 치인(治人)으로 정리될 수 있다.

3) 천도교

1860년 최제우에 의해 창도된 종교이다. 동학에 나타난 아동관에 의하면 아동은 인격적인 존재로서 한울님을 모시듯 어린이를 소중하게 길러야 한다. 평등한 존재로 인식하는 긍정적인 인간관으로 평가되며, 아동의 존재 가치는 국가와 민족의 인재, 재목으로 인식되며 앞으로 국가를 위기에서 구할 수 있는 귀중한 존재로 인식하였고, 아동존중사상을 강조하고 있다.

태아는 사람 속에 핀 우주의 꽃이며 우주로부터 비롯된 열매이다. 천도교의 사상은 '인내천'으로 사람이 곧 하느님이며, 사람이 하느님을 모신다로 통한다. 소파 방정환은 어린이는 이상세계인 하늘나라의 성품을 가진 존재이며, 기성세대인 우리의 할 일은 그 착한 어린이의 성품을 그대로 보존해야 하고 또 확충해야 하는 두 가지 일이라고 하였다.

교육의 원리는 흥미의 원리, 표현의 원리로 정리할 수 있으며, 지적인 면과 정의적인 면이 조화되어야 함을 강조하였다. 특히, 천도교 사상을 계승한 소파 방정환의 교육원리는 ① 자발성과 흥미, ② 견학, ③ 놀이, ④ 칭찬과 대화, ⑤ 발달수준에 맞는 교육으로 정리할 수 있다(차호일, 1988).

4) 기독교

기독교에서는 어린이를 순수한 존재로 보고 있다. 아동은 미숙하고 순수하면서 동시에 위험한 존재이다. 따라서 아동이 책임감 있고 자율적인 성인으로 성장할 수 있도록 해야 하며, 이에 대한 책임은 어른에게 있다고 하였다. 유아교육이 현대적으로 정비되고 일반화되어 가는 1900년대 초반에 기독교의 영향은 매우 컸으며, 1914년 최초의 '이화유치원'을 창설했던 브라운 리는 기독교 사상에 바탕을 두고 프뢰벨의 교육원리를 적용하였다. 초창기 유치원들은 기독교정신과 미국의 진보주의 교육이념인 듀이철학을 실천하였다고 할 수 있다.

한국 유치원 교육의 성립은 한국 내 거주하는 일본인이 그들의 자녀를 위하여 세운 유치원과 미국 선교사들이 세운 유치원이 있었다. 일본의 유아교육정책은 그들의 식민정책에 순응하는 것이었다. 그러므로 일제하에서 한국인이 기대할 수 있었던 것은 선교사들에 의해 세워진 사립학교였다. 한국 유치원의 시초는 '이화유치원'이라 할 수 있다. 미국 감리교에서 파견된 브라운 리가 1914년 1월 이화학당 내 원아 16명을 대상으로 개원하였다. 1918년 유아교육을 전공한 벤플리트가 그 후엔 하워드 선교사가 '이화유치원'을 이끌었다. 이후 서은숙, 김애마 선생이 그 뒤를 이었다. 1915년 정신여학교, 1916년 중앙유치원, 1917년 배화유치원, 1919년 영화유치원이 세워졌다. 따라서 최초의 한국유아교육은 기독교 선교와 밀접한 관계가 있었다(이상금, 1987).

개신교 선교사에 있어서 교육사업은 의료사업과 함께 선교의 주요 방법 및 기관이 되었다. 기독교 선교와 유치원의 성장은 불가분의 관계에 있었다. 또한 미국적 요구에 부응하려는 교육열은 인간교육 단체나 사립학교를 중심으로 일어나게 되었고, 1920년대 급증하게 된 유치원도 이와 같은 민중교육운동의 맥락에서 발생하였다. 한국어를 금지시키고 황국 신민교육을 강요당했던 교육상황 속에서도 유치원 교육만큼은 계속 발전했고, 한국어와 민족정신을 지켜나갈 수 있었다. 식민지 시대를 통하여 유치원은 일종의 성역이었다(이상금, 1987).

또한 유아교육에서의 또 하나 중요한 영향은 색동회 발족, 어린이날 제정, 「어린이」지 발간 등을 주도한 방정환의 어린이 문화운동을 들 수 있다. 이는 어린이를 천사와 같은 존재로 보는 낭만주의적 아동관에 입각한 순수한 동심의 보호, 민족주의적 소양을 높이는데 기여하였으며, 어린이 문화운동의 일환으로 전개한 우리말 노래, 이야기, 가극 등은 유치원에 도입되어 활발하게 활용되었다(이상금, 1987).

유아원은 레이첼 맥밀란의 도움으로 마가렛 맥밀란이 1908년 영국 런던의 테프트포드 학교 임상실이 그 기원이다. 그러나 보다 독자적인 교육형태를 갖춘 유아원은 1913년 야외 유아원의 설립과 더불어 시작되었다. 영국의 유아원은 경제적으로 혜택받지 못한 유아를 위한 교육기관으로서 교육에 관한 종합적인 요구에 부응하기 위해서 신체적 성장, 정서 및 사회성 발달, 언어 및 인지발달을 촉진하기 위해서 세워졌다. 이것은 대체로 중류계층 이상이 교육대상이었던 프뢰벨 유치원 교육운동과 사회 · 경제적 맥락에서 차이가 났다. 유아원 교육내용은 프뢰벨 교육관에 크게 지배되었고, 유아교육의 목표를 정서와 상상력의 개발에 두고, 이를 실현할 수 있는 방법으로써 놀이와 표현적 활동, 창의적 표현 활동을 강조하였다(이상금, 1987).

한국에서 유아원이란 명칭을 사용하여 3, 4세 유아를 위한 학교를 설립한 것은 1971년 이화여자대학교에 의해 이루어졌다. 대상 유아의 사회 · 경제적 배경이 맥밀란에 의해 설립된 유아원과 달랐다고 하더라도, 어린이집이나 탁아소의 탁아기능에서 벗어나서 종합적인 유아발달을 꾀하기 위하여 체계적인 유아원 교육을 목적으로 했다는 점에서 데프트포드 유아원과 유사하다. 여섯명의 유아와 원장, 두 명의 교사 그리고 용원 1명으로 운영되었고, 개별학습이라 할 수 있는 유아원의 교육과정은 집단경험을 통해 효과를 볼 수 있는 이야기 나누기, 음률활동, 제작활동, 동화를 제외하고는 거의 자유놀이시간을 통해 이루어졌다(이상금, 1987).

제 3 장

유아발달

1. 발달의 특성
2. 발달의 단계
3. 발달에 대한 논쟁
4. 발달이론
5. 영유아 발달의 제 측면

유아의 발달을 이해하는 것은 여러가지 측면에서 중요하다. 첫째, 학문적 측면에서는 발달과정에 대한 지식 획득과 인간의 행동을 이해하는 것이다. 둘째, 실제적 측면에서는 발달에 적합한 유아교육과정의 구성 및 부모의 자녀양육, 교사의 유아지도, 행정가의 교육 행정 및 정책에 도움을 줄 수 있다. 마지막으로 인본주의적 측면에서는 유아의 성장 발달 및 유아 문제 행동의 상담과 치료에 도움을 줄 수 있다(이윤경 외, 2008).

1. 발달의 특성

인간은 수태로부터 사망까지 신체적 기능이나 심리적 기능에 있어 변화가 오는데, 이것을 발달이라고 한다. 즉 발달은 변화를 의미한다. 발달과 유사한 용어로 성장은 유전적 계획에 따라 일어난 신체적 변화만을 의미하기도 한다. 발달은 인생의 긴 과정에서 지속적으로 일어나는 변화이다. 이 변화는 계획된 순서대로 체계적으로 일어나므로 예측할 수도 있다. 발달은 키, 몸무게와 같이 양적인 변화만 뜻하는 것이 아니라 감성적인 능력, 인지 특성과 같은 질적인 변화도 포함하고 있다(조복희, 2010).

1) 발달 영역 간의 상호작용

한 영역에서의 유아의 발달은 다른 영역에 직접적인 영향을 미친다. 즉 유아의 신체적 성숙은 사회 정서 발달에 영향을 줄 수 있다. 예를 들어 체격이 큰 유아는 친구와 놀 때 집단을 이끌어 가는 기회가 많고 교사들은 그들에게 보다 많은 책임감이 있는 역할을 하도록 요청한다. 이러한 사회적 역할을 실행해 볼 수 있는 기회가 많은 체격이 큰 유아는 사회 정서 발달이 체격이 작은 유아보다 촉진될 것이다.

2) 발달에서의 유아 역할

대부분의 연구자들은 유아가 자신의 성장과 발달에 능동적 역할을 한다고 믿는다. 그 이유는 첫째, 주변 세상에 대한 호기심이나 참가 정도가 개인의 인성, 재능, 특성에 따라 다양하다는 것이다. 예를 들면, 개인의 성향 또는 성별에 따라 활동의 범위가 다르며 동물, 음악, 운동에 대해 갖는 흥미 정도가 다르다. 둘째, 유아는 자신이 주변 세계를 이해하고 느끼고 의사소통하는 방식을 스스로 조직하여 주변 사람으로부터 불러 일으키는 반응을 달리한다는 것이다.

3) 사회 문화적 맥락이 발달에 미치는 영향

유아의 발달은 가족과의 관계속에서만 일어나는 것은 아니다. 부모의 양육 방식은 그들이 속한 사회 문화적 영향을 받으므로, 각 문화마다 양육 방식, 관습, 가치 및 신념이 다르다. 즉 유아가 속한 사회의 가치는 그들의 신체, 사회성, 정서, 인지 발달 과정에 중요한 영향을 미친다. 사회는 부모의 양육행동을 규정하고 유아가 받아야 하는 교육수준, 신체적 보호 정도, 그리고 자존감의 부여나 정서 표현방식 등을 결정하는데 영향을 준다. 이런 의미에서 사회 문화적 배경은 한 개인의 발달에 큰 영향을 준다고 볼 수 있다(Valsiner, 1997).

2. 발달의 단계

인간발달의 단계를 연령에 따라 분류하는 것은 개인의 발달과정도 다르고,

각 사회의 구조가 독특하기 때문에 단순하지가 않다. 개인마다 발달의 양상이 다르고 개인이 도달하는 발달 단계의 연령에 차이가 있다 하더라도 몇 가지 유사점으로 발달 주기를 묶어 살펴 볼 수 있다. 인간의 발달단계는 다음과 같이 8단계로 나누어 볼 수 있다.

1) 1단계 : 태내기(수정-출생)

어머니의 자궁 내에서 태아의 신체조직이 구성되고 발달하는 시기이다.

2) 2단계 : 영아기(0-24개월)

출생 후 첫 한 달 동안은 신생아로 언급되기도 한다. 영아는 심리적, 신체적 활동에 있어서 성인에게 많이 의존한다.

3) 3단계 : 유아기(2-6세)

급속한 언어의 획득으로 사고의 범위가 넓어지고 부모와의 대화, 친구와의 접촉으로 기본적 사회화도 이루어진다.

4) 4단계 : 아동기(6-12세)

이 시기는 공식적인 교육이 시작되어 초등학교에 다니는 시기이다. 인지적 사고 능력이 높아지고, 학교라는 사회를 통해 넓은 세상과 문화를 접한다.

5) 5단계 : 청년기(12-20세)

급속한 신체적 성숙을 이루게 되며, 자아 정체를 인식하게 된다. 독립적인 성인으로서의 삶을 위한 정신과 신체를 준비하는 시기이다.

6) 6단계 : 성인 전기(20-35세)

부모로부터 독립하여 새로운 가정을 형성한다. 배우자 선택, 자녀 양육, 독립된 직업인으로서의 성장 등으로 매우 변화가 많은 시기이다.

7) 7단계 : 성인 중기(35-60세)

중년기라고 하며, 직장인으로서 책임이 무거운 시기이다. 자녀를 책임감 있고 행복한 성인으로 자라도록 도와주어야 한다. 중년의 생리적 변화에도 적응해야 한다.

8) 8단계 : 성인 후기(60-사망)

노년기라고 하며, 신체적 능력, 건강이 쇠약해지는 것을 경험하고 직장에서의 은퇴로 인해 감소된 수입에 적응해야 한다.

3. 발달에 대한 논쟁

1) 유전과 환경

발달에 대한 논쟁 중 하나가 유전과 환경에 대한 것이다. 유전론은 발달의 기제를 본성, 성숙, 생득으로 간주하고 환경론은 양육, 학습, 경험으로 본다.

유전론은 정해진 순서에 의해 인간이 발달해 나간다고 가정한다. 예를 들어 유아는 길 수 있어야 두 발로 서게 되며, 두 발로 설 수 있는 유아가 걸을 수 있다는 것이다. 이러한 일련의 발달은 배웠기 때문에 일어나는 것이 아니라 대부분의 발달이 유전적으로 예정되었기 때문에 이루어진다고 보는 것이다.

반면 환경론은 인간의 발달에서 개인이 경험할 수 있는 환경, 즉 영양이나 의료시설의 혜택 여부 등의 물리적 환경과 가족, 친구, 학교, 문화 등의 사회적 환경이 매우 중요하다고 보는 것이다.

그러나 유아발달에서 유전과 환경을 분리하는 것은 쉽지 않다. 예를 들어 태아의 태내환경이 유전인가 환경인가 하는 논쟁이 있을 수 있다. 최근에는 유전과 환경의 상호작용론으로 발달을 설명하는 학자가 늘어나고 있다.

2) 발달의 연속성과 비연속성

한 개인이 출생해서 성인으로 성장하기까지 그 발달이 서서히 점차적으로 이루졌는지, 아니면 특정 시기에 급격한 변화를 통해 성장했는지에는 이견이 있을 수 있다. 전자를 발달에서의 연속성으로 보고 후자를 비연속성으로 본다(Thomas, 1992). 예를 들면 씨에서 싹이 튼 나무가 점점 크기만 하는 과정은 연속적 발달을 나타낸다. 반면 애벌레가 유충, 나비로 그 변화가 외형이 달라지면서 이루어질 때 비연속성이라고 부른다.

유아가 기는 것부터 시작하여 걷는 것으로 나아가면서 근육의 힘이 생기고 신경계의 협응으로 운동 능력이 이루어지는 것은 연속성으로 볼 수 있다. 그러나 청소년기에 들어서면서 이전에는 가능하지 않았던 추상적 사고가 가능한 것은 사고의 양적인 변화가 아니라 질적인 변화이며 비연속적인 견해로 발달을 설명하는 것이다.

4. 발달이론

이론이란 특정 현상을 묘사하거나 설명 또는 예측하는 기능을 갖고 있다. 어느 이론도 유아를 이해하는데 포괄적으로 설명한 것이 없으며, 한 현상을 설명하는 데에는 어떤 특정 이론 체계가 적합하고, 또 다른 현상에는 또 다른 이론 체계가 더 적합하다. 예를 들어 Piaget의 이론은 사고의 발달에 초점을 맞추고 있는 반면에, 정신분석이론은 인성발달이 주요 관심사다. 그리고 Gesell의 이론은 신체 발달을 잘 설명하고 있다. 즉 인간의 모든 발달 변화를 설명할 수 있는 통합된 단일 이론은 있을 수 없으므로 각각의 이론은 그 한계성을 지니고 있다고 보는 것이 타당하다(조복희, 2010).

1) 정신분석이론

정신분석이론에서는 의식 밑에 깔려있는 무의식의 기제가 강조된다. 그러므로 겉으로 드러난 유아의 행동을 이해하기 위해서는 내적인 정신기제를 알아야 한다는 견해이다. 대부분의 정신분석 학자들은 어렸을 때의 부모와의 관계가 아동발달에 중요하다고 본다. 특히 어머니와의 애착, 도덕성, 성역할, 공격성 등의 발달은 초기 부모-자녀관계에서 영향을 받은 것으로 보고 있다. Freud의 심리성적 이론과 Erikson의 심리사회적 이론을 살펴보면 다음과 같다.

(1) Freud(1856-1939)의 이론

정신분석학 이론의 창시자인 프로이드는 신체적 이상은 정신적 갈등에서 비롯될 수 있다고 믿었다. 프로이드는 히스테리 환자의 무의식 속에 잠재된 생각이나 욕망을 자유연상과 꿈의 해석, 아동기 때의 경험, 가족관계 분석이라는 기법을 개발하여 치료하였다.

① 성격의 구조

프로이드에 의하면 성격의 구조에는 원본능(id), 자아(ego), 초자아(super ego)가 있다.

인간이 출생 시 갖고 태어나는 원본능은 비이성적이고, 무의식적이며 이기적인 본능을 의미한다. 예를 들어 영아에게 있어 먹는다는 것은 강력한 충동적 본능에 즉각적인 만족을 추구하는 행동이다.

그러나 생후 2년째가 되면 유아의 기본적 본능은 현실과 충돌하게 된다는 것을 경험한다. 자아란 현실적으로 가능한 것과 가능하지 않은 것을 깨달을 수 있게 되면서 생기게 되고 만족의 지연이 있을 수 있다는 이성적 수준의 성격이다.

생후 3-4년이 되면서 발달하는 초자아는 출생 시 갖고 태어나는 것이 아니라 학습에 의해 획득되는 것으로 양심이라 불린다. 초자아는 유아가 부모나 타인과의 동일시를 통해 사회적 가치나 문화적 규범을 얻게 되면서 내면화된 표상이다. 초자아는 원본능과 반대로 갈등 상태에 놓이게 되므로 자아가 중재자로서 갈등을 적절히 해결하게 한다.

② 발달단계

프로이드는 인간 발달이 구강기, 항문기, 남근기, 잠복기, 성기기의 5단계를 거친다고 보았다.

첫째, 구강기는 출생에서 1세 또는 1세 반까지이다. 구강기에는 입과 그 주변을 자극하는 데 만족을 느껴 빨고, 깨물고, 삼킴으로써 충동적이고 즉각적인 만족을 얻는다.

둘째, 항문기는 1세 또는 1세반에서 3세까지로 유아의 성적 에너지가 항문과 그 주위 부분으로 옮겨왔기 때문에 항문기라 부른다. 유아는 대소변의 배출이나 보유에서 만족을 얻는다.

셋째, 남근기는 3세 이후부터 5-6세 까지를 말하는데, 성적 에너지가 항문에서 성기에 관심을 가지고 가치를 부여한다. 이때 남아는 오이디푸스 컴프렉스(Oedipus complex) 현상이 나타나서 어머니를 성적 애착의 대상물로 바라보고, 반면 여아는 사랑의 짝으로 아버지를 원하나 어머니에 의해 좌절되는 엘렉트라 컴프렉스(Electra complex)를 경험한다.

넷째, 잠복기는 6세에 시작하여 사춘기 이전까지의 시기로 성적 욕구에 대한 흥미가 약해지고, 그 욕망을 억누르고 있어 잠복기라 부른다. 이 시기의 아동은 지적 활동인 학업에 열중하고 환경 탐색도 하며, 장래의 사회 생활에 필요한 여러 가지 기술도 습득한다. 동성친구와 친하게 놀면서 집단을 이루어 몰려다니고 이성에 대해서는 배타적이다.

마지막 단계인 성기기는 13-19세까지이며 사춘기에 들어서면서 신체적으로 성기능이 성숙되고 성적 관심이 높아진다. 그래서 성기기가 되면 이성과의 접촉에 최대 관심을 둔다. 이성에 대한 성적 욕구는 심미적인 활동을 통해 승화시킬 수 있다. 예를 들면 운동, 독서 등의 취미 활동, 사회 봉사 활동 등이 청소년들이 승화하는 대체 활동에 속한다. 이때 성적 에너지를 잘 처리하지 못하면 비행으로 표출될 수 있다.

(2) Erikson(1902-1994)의 이론

에릭슨의 발달 이론은 근본적으로 프로이드의 정신분석적 접근에 기초하고 있으나 아동의 사회적, 문화적 환경을 중요하게 본다. 따라서 프로이드의 이론은 심리성적 이론이라면 에릭슨의 이론은 심리 사회적 이론이라고 한다.

에릭슨의 심리 사회적 발달단계는 다음과 같이 8단계로 구성된다.

① 1단계: 신뢰감 대 불신감

첫 단계인 신뢰감 대 불신감은 생후 1년에 형성된다. 어머니로부터 따뜻하고 애정적인 보살핌을 받게 되면 유아는 이 사회에 대한 신뢰감을 발달시킬 수 있다. 그러나 춥고, 배고플 때 욕구 충족이 되지 않으면 유아는 불신의 감정을 가지고 인생을 시작할 것이다.

② 2단계: 자율감 대 수치심 및 회의감

프로이드의 항문기에 해당하는 시기로 신체 근육의 성숙과 대소변 가리기로 배설물의 방출, 보유에 대한 통제를 훈련받는다. 에릭슨은 엄격한 배변 훈련은 유아를 강박적으로 만들어 소심해지게 하고, 강박적 행동은 회의심, 수치심과 병행된다고 하였다. 반면, 확고하고 친절하며 점진적인 배변 훈련을 받은 유아는 자존감을 잃지 않으며 자기통제력을 발달시켜 강하면서도 사회적으로 인정받는 자율감을 획득한다고 보았다.

③ 3단계: 주도성 대 죄책감

유아는 3세가 되면 언어를 사용하고, 신체적 능력이 개발되며, 주변의 여러 가지 물건을 마음대로 다룰 수 있게 된다. 그리하여 자신의 행동에 목표와 계획을 세우는 주도성을 지니게 된다. 그러나 부모의 제재가 일관적이지 않고 부드럽지 않다면 유아는 자신의 주도적인 행동에 자신감을 잃을 뿐만 아니라 나쁜 짓을 한다는 죄책감도 갖게 된다.

④ 4단계: 근면성 대 열등감

프로이드의 잠복기에 해당하는 시기로 친구와의 관계에서 아동들이 무엇인가를 주도적으로 할 수 있고, 자신감을 얻게 되면 근면성이 개발된다. 반면 친구와 비교하여 아동이 자신감이 없다고 느끼거나 계속적인 실수를 하여 자신감과 근면성이 개발되지 않으면 열등감을 느낄 것이다.

⑤ 5단계: 정체감 대 정체감 혼돈

청년기로 신체가 급격히 성장하며 자신의 능력, 존재 의미를 탐색하면서 많은 고민과 갈등을 겪는다. 사회에서 자신의 역할을 정확히 인식하고 목적 의식이 뚜렷한 청년은 자아정체감을 확립하여 이 위기에 대처할 수 있다. 반면 혼돈의 위기를 성공적으로 극복하지 못한 청년들은 부정적 자아정체감을 형성하여 건전하지 못한 사회생활을 하게 된다.

⑥ 6단계: 친밀감 대 고립감

청년기에서 성인기로 전이되는 시기로 친밀감을 발달시키지 못하면 고립감을 갖게 된다. 이 시기에는 특정 이성과의 친밀한 관계를 유지시키려는 욕구가 생겨나서 궁극적으로 배우자를 선택하게 된다. 그러나 청년기에 자아 정체감을 확립하지 못하면 타인과의 관계에서도 친밀감을 형성하지 못하고 사회적인 위축을 느끼게 되어 결국 고립감을 느끼게 된다.

⑦ 7단계: 생산성 대 침체감

결혼한 부부가 자녀를 낳아서 교육시켜 사회적 전통을 전수시키고 가치관을 전달하는 부모로서의 역할을 하면 생산성을 획득하는 것이다. 반면 자기 자신의 물질적인 또는 신체적인 안녕에만 치중하게 되면 타인에 대한 관대함이 결여되어 침체성이 형성된다.

⑧ 8단계: 자아 통합감 대 절망감

마지막 단계인 노인기에는 자신의 생애를 돌아보면서 보람이 있고 가치가 있었다고 인식하고 오랜 삶을 통해 지혜를 획득하면 자아 통합감을 얻게 된다. 반면에 젊음을 잃고 직업에서 은퇴한 후 신체적 · 경제적 무력감을 느끼며, 지나온 자신의 삶이 무의미했다고 느끼면 절망감을 느끼게 된다.

2) 학습이론

학습이론에서는 아동의 발달을 설명하기 위해서는 과학적 방법으로 즉, 인간의 눈으로 본 것을 측정해야 한다는 전제가 강조되고 있다.

학습이론에서는 인간의 발달에 단계가 있다고 보지 않으며, 발달 변화에 있어 연령의 언급도 없다. 인간의 기본적인 생물학적, 심리적인 동기는 환경에 의해 좌우되므로 보상과 벌이 중요시된다. 학습이론은 아동의 문제 행동을 위한 교육적 프로그램에 큰 영향을 미쳤다. 그러나 학습이론의 한계점은 다음과 같다.

첫째, 발달에 있어서 환경을 강조한 나머지 생물학적 영향을 무시하였다.

둘째, 아동 발달 전반을 설명하지 못한다.

셋째, 인간을 기계처럼 통제된다고 보지만 조작과 통제는 하급 동물에게만 적용될 수 있다.

넷째, 대부분의 연구가 실험실에서 행해졌기 때문에 단편적인 행동은 설명되지만 실험실 밖의 일상생활에서의 이해에는 한계가 있다(조복희, 2010).

(1) Pavlov의 고전적 조건형성

학습이론의 창시자인 파블로브(1849-1936)는 개를 실험대상으로 하여 고전적 조건형성이론을 제시하였다. 개의 침 분비량이 자동으로 기록되도록 장치한 실험실에서 침의 분비와 관련이 없는 다른 자극을 주어 중립 자극이 선천적인 반응을 유발시키는 것을 관찰하였다. 중립 자극으로 불빛을 사용하였다. 불이 켜진 몇 초 후 음식을 제공하는 절차가 여러 번 반복된 후, 실험자는 불을 켜고 음식을 제공하지 않았다. 그럼에도 불구하고 개는 불빛과 음식을 연합하는 학습을 하여 침을 분비하였다. 파블로프는 이러한 학습을 조건 반응이라고 부르고, 반면 음식물에 대한 침의 분비는 무조건 반응이라고 하며 학습이 아니라고 하였다. 빛 자체는 침의 분비를 유발하지 않지만 빛과 음식을 연합하여 조건화되었을 때에만 타액을 분비하므로 빛은 조건 자극이 된다.

예를 들어 유아가 뜨거운 물체를 만지다가 데인 경험이 있는 경우 뜨거운 물체를 만지려고 할 때, 부모가 "앗 뜨거"라고 말하면 회피반응을 유도할 수 있는데, 이런 과정이 조건형성이다.

(2) Watson의 실험

미국 행동주의의 창시자인 왓슨(1878-1958)은 과학을 인간이 실제 어떻게 행동하는가를 볼 수 있는 것으로 한정시켰다. 그는 인간의 모든 행동은 학습된 것으로 간주하였으며 생물학적인 유전을 전혀 인정하지 않았다. 그의 "나에게 12명의 아이를 준다면 그들을 자신이 원하는 의사든, 변호사든, 도둑이든, 거지든 만들 수 있다"라는 유명한 말은 환경주의 입장을 잘 나타낸 것이다.

왓슨의 실험은 파블로브의 고전적 조건형성 실험을 인간에게 적용시킨 것이다. 행동주의자들은 인간의 정서뿐만 아니라 가치관이나 태도도 이와 유사한 과정을 통해 학습되는 것으로 본다. 어머니가 영아의 얼굴에 "푸"하고 불어주면(무조건 자극), 영아는 눈을 깜박이게(무조건 반응) 된다. 이 때 음악소리(조건 자극)가 무조건 자극과 합쳐지면 눈 깜박이기의 조건 반응을 보인다. 즉 영아가 음악소리만 들어도 눈을 깜박이는 반응을 보이는 고전적 조건형성 과정이다.

(3) Skinner의 실험

조작적 조건형성을 발표한 스키너(1904-1990)는 고전적 조건형성이 특정 자극에 대해 반응하는 간단한 반사 행동의 학습을 설명하기에는 유용하지만 유기체 스스로 조작하는 행동을 설명하기에는 부적당한 것으로 보았다. 예를 들어 개를 앉도록 훈련시킬 때 개가 앉으면 음식을 주는 것이 보통이다. 즉 음식이 '앉는다'는 반응 뒤에 제공되므로 유기체는 자신의 행동을 조작한다. 따라서, 고전적 조건화에서는 자극이 반응을 유도하지만 조작적 조건화에서는 반응이 자극을 유도한다.

스키너는 쥐의 실험에서 보상이 주어지거나 긍정적 강화를 받는 방향으로 행동하거나 조작하도록 학습된다는 것을 밝혔다. 강화된 행동은 반복하는 경향이 있고, 강화되지 않거나 처벌된 행동은 발생율이 줄어든다. 예를 들어 다른 사람을 도와주었을 때 '고맙다'는 반응을 보이면 이 행동은 계속되고, 뜨거운 물에 손을 데이면 앞으로 데지 않도록 주의할 것이다.

그러므로 조작적 조건형성에서는 강화의 역할과 기능이 학습에 중요하다. 강화는 즉각적인 강화가 효과적이며, 신중한 강화 계획에 따라 행동수정이 가능하다.

(4) Bandura의 사회학습이론

발달이 환경에 의해 학습된 것이라는 행동주의와는 달리 사회학습이론에서는 인지 과정을 중요시하였다. 사회학습이론에서는 개인의 행동은 외부의 자극에 의해 영향을 받는다고 여기지만 자극-반응 이론가들과는 달리 인간은 환경을 스스로 통제할 뿐만 아니라 구성해 나간다고 본다. 관찰한 모델의 행동을 자신의 행동으로 적용할 때 스스로 판단하고 평가함으로써 자신의 행동을 통제한다고 본다.

반두라는 모방과 보상을 이끄는 인지과정에 초점을 맞춘 사회학습이론의 선구자로서 사고와 행동을 연결하는데 기여했다.

아동의 행동은 사회학습이론으로 설명할 수 있는 부분이 많다. 예를 들면, 성역할의 발달, 공격적 행동, 친사회적 행동 등은 다른 사람을 관찰하고 모방하여 획득될 수 있는 행동이다.

3) 인지발달이론

정신분석 이론가들은 성격발달에 관심을 가졌던 반면, 인지발달 이론가들은 사고 발달 과정에 초점을 두었다. 인지발달 이론가들은 아동의 사고발달 과정에 초점을 두고, 인간을 단순히 외부 자극에 대한 반응자나 무의식적 욕구를 지닌 유기체로 보지 않고 의사결정에서 사고 과정을 중요시하였다.

(1) Piaget의 인지발달이론

인지발달이론의 대표적 학자인 피아제(1896-1980)는 자신의 세 자녀가 성장하는 것을 관찰하면서 아동의 사고는 성인의 사고방식과 다르다는 것을 발견하였다. 또한 아동은 성인이 가르치는 대로 배우는 것이 아니라 스스로의 방법으로 배운다는 것도 알아내었다. 이러한 사고 발달의 질적인 본질에 대한 피아제의 관점은 높이 평가되어 아동학 분야에서는 매우 뛰어난 학자로 인정받고 있다.

① 피아제 이론의 기본 개념

피아제의 인지발달 이론을 이해하려면 다음과 같은 개념의 이해가 필요하다.

첫째, 도식(schema)은 사물이나 사실에 대한 전체적인 윤곽이나 개념을 말한다. 예를 들어 빨기 반사를 갖고 태어난 아기는 젖을 빨음으로써 빤다는 것에 대한 도식을 지니게 되고 이것이 계속 기억속에 남아서 반복하게 된다.

둘째, 유기체의 환경에 대한 적응(adaptation)은 동화(assimilation)와 조절(accommodation)의 상호작용에 의해 일어난다. 동화는 이미 경험이나 학습으로 형성된 개념, 즉 기존의 도식에 맞게 새로운 자극을 이해하는 것을 말한다. 예를 들어 유아가 고양이를 보고 개라고 하면 부모는 "그건 개가 아니라 고양이야."라고 말할 것이다. 이 유아는 발이 네 개이고 털이 난 짐승이 '개'라는 자기 나름의 도식을 지니고 있다. 이 기존의 도식에 새로운 물체인 '고양이'를 끌어들여 이해하고자 하는 것이 조절이다. 유아는 이미 지니고 있던 도식과 새로운 물체와의 사이에 차이를 인식해 나가면서 기존의 도식을 변용시켜야 한다.

셋째, 동화와 조절은 인지발달 과정의 두 측면으로 서로 분리될 수 없으며, 상호작용을 반복하며 조화를 이룬 균형(equilibrium) 상태로 발달한다.

② 인지발달 단계

피아제의 인지발달 단계는 감각운동기, 전조작기, 구체적 조작기, 형식적 조작기의 4단계이다.

첫째, 감각운동기(sensory-motor stage)는 영아기인 생후 첫 2년을 의미하며, 이 말은 영아의 행동이 자극에 대한 반응으로 보기 때문이다. 즉 자극은 감각으로 반응은 운동으로 간주하였다. 감각 운동기의 초기에는 생득적인 반사 활동으로 행동하나 후기에는 지적 활동을 한다.

둘째, 전조작기(2세-7세)는 사고의 논리적인 조작이 가능하지 않아 전조작기(preoperational period)라 부른다. '조작'이란 과거에 일어났던 사건을 내면화시켜 서로 관련을 지을 수 있는, 즉 논리적인 관계를 지을 수 있는 것을 뜻한다. 예를 들어 한 살된 영아는 열쇠를 주면 열쇠의 고유기능은 생각하지 않고 입에 넣거나 다른 장난감을 치면서 논다. 그러나 이시기의 유아는 열쇠의 기능을 알기 때문에 문을 여는 흉내를 낸다. 이러한 흉내를 낸다는 것은 과거에 열쇠로 문을 여는 것을 보았던 것을 기억하였다가 재생시키기 때문이다. 즉 눈 앞에 없는 것을 상징하는 능력이 생긴 것이다. 이 시기 유아는 언어의 급격한 습득과 함께 사물이나 사건을 내재화할 수 있는 능력이 생기고 보이지 않는 것을 기억하는 표상이 나타난다.

셋째, 구체적 조작기(concrete-operational stage)의 아동은 사고를 논리적으로 조작할 수 있는 능력을 획득한다. 이시기(6세-12세) 아동의 논리적 사고는 관찰이 가능한 구체적 사건이나 사물에 한정되어 있기 때문에 구체적 조작기라고 말한다. 가상적인 상황을 만들어서 추론할 수 없어 추상적이고 복잡한 가설의 정신적 사고는 아직 가능하지 않다. 전조작기의 아동은 보존, 분류화, 서열화의 개념을 획득하지 못하나, 구체적 조작기의 아동은 이 개념을 얻게 된다.

마지막으로 형식적 조작기(formal-operational stage)는 12세 이후에 시작된다. 이 시기의 아동은 논리적인 사고가 가능한 인지적 성숙이 이루어진 단계이다. 구체적 조작기의 아동은 문제를 사전에 계획해서 해결하고자 하는 것이 아니라 시행착오적 방법을 택한다. 반면 형식적 조작기의 청소년은 문제해결을 위해 가능한 방법을 생각하고 그 결과를 가정하여 여러 방법 중에서 가장 정확한 것을 시도해 보는 가설 설정이 가능하다. 또한 이 시기의 청소년은 추상적인 사고를 할 수 있으며, 추상적인 개념을 이해할 수 있다.

(2) Vygotsky의 사회문화 이론

아동심리학자인 비고츠키(1896-1934)는 인간 발달에 대한 사회 문화적 접근을 하였다. 비고츠키는 개개인의 발달 과정은 그가 속한 문화의 산물이기 때문에 부모를 문화를 전수하는 존재로 보았다. 부모와의 사회적 상호작용은 대화를 통해서 이루어지므로 언어적 대화는 비고츠키 이론에서 매우 중요하다. 비고츠키는 문화마다 사고와 행동의 발달이 다양하게 이루어진다고 보았다.

피아제는 인지 발달에 있어 아동의 자발적이고 능동적인 태도를 강조하여 성인의 직접적인 교수를 중요시하지 않았으나, 비고츠키는 성인과의 대화가 지적 내면화를 형성하는 기초로 보았다. 따라서 언어가 매우 중요한 수단이 되는 것이다.

① 근접발달영역과 비계설정

비고츠키 이론의 중심개념인 근접발달영역(Zone of Proximal Development: ZPD)은 유아가 실제 스스로 할 수 있는 영역과 다른 사람의 도움으로 할 수 있는 영역과의 차이를 의미한다. 이 때 스스로 할 수 있는 영역은 실제 발달 수준(level of actual development)이다.

유아 스스로 할 수 있는 능력이 없지만 유아의 수행 능력에 따라 협력자가 도움을 주게 되면 유아 스스로 할 수 있는 능력이 증가하고 궁극적으로 과제를 수행할 수 있는 능력을 습득하는 교수 방법, 즉 비고츠키의 비계설정(scaffolding)에 대한 연구가 근래 활발히 진행되고 있다.

② 혼잣말의 역할

피아제는 전조작기 유아는 다른 사람의 관점에서 사고할 수 없으므로 자기중심적 언어(ego centric speech)를 사용한다고 보았고 이것을 인지적 미숙으로 간주했다.

비고츠키는 피아제와 달리 자기 조절을 위해서 즉 자신의 행동에 대해 생각하고 행동을 주도해 나가는 과정을 선택하기 위해 다른 사람과 상대하지 않고 자기 자신과 의사소통을 하는 혼잣말(private speech)을 한다고 보았다. 혼잣말의 첫단계는 행동 후에 하는 말이며, 두 번째 단계는 행동과 동시에 그리고 마지막 단계는 행동 전에 하는 말이다.

4) 비교 행동학이론

비교 행동학(ethology)이론은 다윈의 진화론에서 유래된다. 인간 행동의 설명을 생물학적 기초에 두는 비교 행동학자들은 행동주의자들의 환경론에 반론을 제기하였다. 즉 인간이 생물학적으로 갖고 태어난 선천적인 행동 특성을 무시하고 학습에만 치중하는 환경론적 접근은 잘못이라고 지적하고 있다.

비교 행동학 이론의 창시자는 동물학자 Lorenz와 Timbergen이다. 로렌츠는 한 어미오리가 낳은 알을 두 집단으로 나눠 한 집단의 알은 어미 오리가 부화하게 하고 다른 집단의 알은 로렌츠 자신이 부화시켰더니, 두 번째 알에서 태어난 새끼오리들은 로렌츠를 어미처럼 졸졸 따라 다니는 것을 관찰하였다. 로렌츠는 이런 새끼 오리의 어미에 대한 추종행동을 '각인(imprinting)'이라 명명하였다.

비교 행동학의 영향을 받아 가장 깊이 연구된 심리학적 영역이 '애착(attachment)'이다. Bowlby와 Ainsworth는 신생아는 선천적으로 인간에 접근하고자 하는 성향, 즉 애착욕구를 갖고 태어난다고 보았다.

5) 생태학적 이론

비교 행동이론이 발달에서 생물학적 요인에 강조를 두는데 비해 생태학적 이론에서는 환경을 매우 중요시한다.

생태학적 이론의 선구자인 Bronfenbrenner(1917-2005)는 사회 문화적 관점에서 아동의 발달을 체계화시켰다. 브론펜브레너에 의하면 유아가 살고 있는 가장 직접적인 체계에서 넓게는 문화에 기초한 체계까지 다섯 체계가 있는 것이다. 즉 미시 체계(microsystem), 중간 체계(mesosystem), 외 체계(exosystem), 거시 체계(macrosystem), 시간 차원(chronosystem)이다.

미시 체계는 유아의 가족, 친구, 학교 등이 속하며, 이 체계의 부모, 친구, 교사들은 유아와 밀접하게 상호작용함으로써 영향력을 행사한다.

중간체계는 미시 체계 속에서 성장하는 개체가 특정한 시점에서 상호작용하는 것을 의미한다. 예를 들어 부모와 관계가 원만하지 않은 유아가 친구와의 관계도 원만하지 않다면 중간 체계가 유아의 발달에 영향을 미치는 것이다.

외 체계는 지역 사회 수준에서 기능하고 있는 사회의 주요 기관으로 직업세계, 대중 매체, 정부 기관, 교통 통신시설 등이 포함된다.

거시 체계는 형식적인 법률과 비형식적인 관습 및 일상생활 습관 등이 포함된다.

마지막으로 시간 차원은 시간적으로 한 시점의 사건이나 경험이 아닌 사회역사적 환경을 의미한다.

5. 영유아 발달의 제 측면

1) 신체발달 및 운동발달

(1) 영아의 신체 및 운동 발달

① 영아의 신체적 특징

영아기의 신체 성장은 일생 중 가장 급속도로 이루어지는 시기로, 생후 1년이 되면 몸무게는 출생 시의 3배가 되고 키는 1.5배가 된다.

출생 시 신생아의 키는 약 50cm이던 것이 1년이 되면 75cm가 되고, 2년이 되면 85cm로 성인 키의 절반이 된다.

몸무게는 태어날 때에 약 3kg이 조금 넘지만 3-4개월이 되면 출생의 2배, 1년이 되면 3배, 2년이 되면 11-12kg으로 성인의 1/5 내지 1/6이 된다.

출생 시의 머리둘레는 가슴둘레보다 약간 큰데 생후 6개월경이 되면 머리둘레와 가슴둘레는 비슷해진다. 생후 1년이 되면 가슴둘레가 머리둘레보다 커진다. 머리통의 크기는 출생 시에는 전 신장의 1/4을 차지하던 것이 만 1세경에는 약 1/5이 된다.

신체의 발달은 여러 가지 요인에 영향을 받는데 선천적인 요인으로 종족, 기후, 유전 등이 있고 이외에도 어머니의 영양상태, 아기의 출생순위, 성별, 영양섭취 상태, 질병 등의 영향을 받을 수 있다.

젖니는 생후 6-7개월이 되면 아래 앞니부터 나기 시작하지만 개인차가 있어 태어날 때 이를 갖고 태어날 수도 있고 돌이 되도록 이가 안나는 아기도 있다. 8-9개월이 되면 위 앞니 2개가 나며 곧 위 바깥 앞니 그리고 아래 바깥 앞니가 나고 1년이 되면 6-8개의 앞니가 난다. 그 다음 어금니와 송곳니 등이 나서 생후 2-2년 반이 되면 20개의 젖니가 모두 난다.

② 신체발달의 원칙

첫째, 신체 발달은 머리에서 시작하여 팔, 다리 등의 발달로 진행된다(cephalo-caudal direction). 운동능력도 동일하게 발달되어 아기는 먼저 머리와 목의 근육을 조절한 후 팔과 복부를 움직이고, 제일 나중에 다리를 쓰게 된다.

둘째, 신체 발달 방향은 몸의 중심에서 말초로 향한다(proximodistal direction). 즉 몸 중심에 가까운 어깨의 근육을 먼저 조절한 후 팔, 손, 손가락의 순서로 발달하고 다리 부분도 마찬가지로 진행된다.

이러한 신체 발달은 분화와 통합의 과정을 통해 점차 그 기능을 세분화한다고 볼 수 있다. 아기의 머리, 입, 팔, 손 등의 각각을 움직일 수 있는 능력의 습득은 분화라 할 수 있고, 신체의 각 부분을 총체적으로 움직여서 컵의 물을 마실 때는 통합된 능력이라 볼 수 있다.

③ 운동 기능 발달의 표준

영아가 생후 1년에 획득할 수 있는 운동기능은 길 수 있는 것이고, 2년째 획득할 수 있는 기능은 걸을 수 있는 것이다. 대부분의 영아가 보편적으로 월령에 따라 할 수 있는 운동 기능을 살펴보면 다음과 같다.

- 1개월— 턱을 들 수 있다.
- 3개월— 물체를 주면 손을 뻗치나 잡지 못한다.
- 4개월— 목을 가눈다. 딸랑이를 흔들고 응시한다.
- 5개월— 물체를 잡는다.
- 6개월— 어린이용 의자에 앉을 수 있다. 물체를 잡으려고 손을 뻗친다.
- 7개월— 혼자 앉는다.
- 8개월— 받쳐주면 선다. 엄지손가락을 이용해서 작은 물체를 잡는다.
- 9개월— 붙잡고 선다.
- 10개월— 잘 기어다닌다.
- 11개월— 손을 잡고 이끌어주면 걷는다.
- 13개월— 계단을 기어오른다.
- 14개월— 혼자서 선다.
- 15개월— 혼자서 걷는다.
- 16개월— 손잡이를 잡고 계단을 오르내린다. 공을 던질 수 있다. 옆으로 또는 뒤로 걷는다.
- 24개월— 달릴 수 있다. 혼자 계단을 오르내릴 수 있다.

④ 눈과 손의 협응

영아가 손을 사용할 수 있게 됨에 따라 외부 세계와 접촉이 시작된다. 생후 3개월 간은 물체를 눈으로 보고 인식하지만 물체를 잡기 시작하면 눈과 손의 협응이 이루어진다. 물건을 잡고, 입으로 가져가고, 치고, 흔드는 것은 모두 눈과 손의 협응으로 가능한 것이다.

그림 3-1 눈과 손의 협응

⑤ 수면 및 대소변 가리기

신생아는 16-20시간을 자며 밤낮의 차이가 별로 없이 일정한 간격으로 깬다. 아기의 잠은 깊은 수면이 아니어서 조그만 소리에도 깨기 쉬우므로 주위 환경에 신경을 써야 한다. 우리나라 1세 미만의 영아 약 45%가 수면 시간이 불규칙하고, 1-2세 영아의 27%가 수면 문제를 가지고 있는 것으로 나타났다(아동발달백서, 2001).

대변과 소변을 통제할 수 있는 근육과 신경의 성숙은 생후 6-7개월경에 이루어지고, 뇌에서 조절할 수 있는 통제는 1년 반이나 2년이 되어야 가능하다. 대변은 소변보다 일찍 가리게 되어 13-15개월이 되면 가능하고, 소변은 20개월이 되어야 가린다. 변기는 약 24-30개월이 되어야 혼자서 사용이 가능하다.

(2) 유아의 신체 및 운동 발달

① 신체의 성장

유아기 때 키는 성인이 되었을 때의 키와 0.7정도를 나타내어 유아기의 키가 나중 성인의 키를 예측할 수 있는 지표가 된다. 두뇌의 크기는 3세경 성인 크기의 75%, 5세경 성인의 90%까지 커진다.

② 신체발달의 영향 요인

자녀가 건강한 신체를 지니기 위해서는 영양의 섭취, 정서의 안정, 수면, 사고로부터의 보호가 필요하다.

③ 운동발달

2세가 되면 유아는 계단을 혼자 오르내릴 수 있으며, 3세에는 발뒤꿈치를 들고 걸을 수 있고 세발자전거도 탈 수 있다. 4세에는 양발을 교대로 계단을 내려갈 수도 있다. 5세 유아의 40% 정도가 두발자전거를 탈 수 있는 것으로 나타났다. 5세가 되면 한발로 10번 이상 깡충깡충 뛰어갈 수 있으며 줄넘기를 할 수 있다.

남녀의 운동 능력의 차이는 놀이활동에서 차이를 보인다. 여아는 실내에서 하는 놀이를 즐기지만 남아는 밖에서 할 수 있는 거친 놀이를 좋아한다.

④ 눈과 손의 협응

2세가 되면 블록을 6-7층 쌓을 수 있고, 유리잔을 혼자 잡을 수 있고, 크레용으로 선을 그릴 수 있다. 3세에는 던지는 공을 받으며, 옷의 단추를 풀고 신발을 신을 수 있다. 4세가 되면 혼자 옷을 입고 벗으며, 가위를 갖고 종이에 그려진 선을 따라 자를 수 있다. 5세가 되면 숟가락 사용이 가능하고 옷의 단추를 채울 수 있다.

⑤ 야뇨증

우리나라 유아는 대개 20개월이 되어야 소변을 가리고, 24-30개월이 되어야 대변을 혼자 볼 수 있다. 그러나 25-30개월의 유아 50% 이상이 소변가리기를 실수하며, 4세가 되어서도 30-40%가 실수한다(아동발달백서, 2001). 3-4세가 되면 자다가도 소변이 마려우면 깨서 소변을 누거나 밤새 소변을 누지 않는다. 그러나 4-5세까지도 잘 때 요에 소변을 싸는 실수를 하게 되는데 이것을 야뇨증이라 한다. 야뇨증의 원인에는 신체적 원인과 심리적 원인이 있다. 신체적 원인에는 방광의 이상 등이 있고, 심리적 원인에는 정서적 불안 및 흥분이나 질투 등을 들 수 있다.

2) 인지발달

(1) 영아의 인지발달

영아의 인지발달은 피아제의 감각 운동기에 속하며, 다음과 같은 6단계로 세분화된다.

① 반사활동기(reflex activity, 출생-1개월)

신생아가 학습되지 않은 생득적 반사로써 주위 환경에 적응하려는 시기이다. 환경의 자극에 빨고, 울고, 숨쉬고, 재채기 하는 등의 자연적인 반사로 대처한다.

② 일차 순환반응(primary circular reactions, 1-4개월)

순환반응이란 우연히 일어났던 흥미를 끄는 행동을 반복한다는 의미에서 붙여진 이름이며, 일차적이란 이러한 행동이 생물학적인 반사에 그 근원이 있기 때문에 붙여졌다. 흥미를 끄는 행동은 영아의 신체를 중심으로 반복해서 나타나는 매우 단순한 것이다. 예를 들어 영아가 자신의 엄지손가락을 반복해서 빤다면 이것은 우연적인 행동이 아니라 손과 입의 협응을 통해서 이루어진 행동이다. 그러나 엄지 손가락을 빠는 행동은 우연히 시작된 것으로 재미있기 때문에 반복하는 것이다. 이 단계에서 반사활동에 의해 형성된 도식은 습관으로 나타난다. 요약하면, 일차순환반응은 환경이 주어지는 대로 학습하거나 획득하는 것이 아니라 영아 스스로 발견하고, 창조된 자신의 신체에 대한 탐구 과정이며 이해 과정인 것이다.

③ 이차 순환반응(secondary circular reactions, 4-8개월)

이차 순환반응은 영아가 자신의 신체에 한정하는 것이 아니라 주위에 존재하는 물체까지 확대된다는 것이다. 예를 들어 영아가 딸랑이를 우연히 흔들어 딸랑이가 낸 소리가 즐거우면 또 다시 딸랑이를 흔들어 봄으로써 아름다운 소리에 만족을 느낄 것이다. 일차 순환반응에도 딸랑이를 흔들어 반복할 수 있으나, 이 때는 활동 자체에 흥미를 느껴 반복하는 것이다. 즉 딸랑이를 흔드는 근육 자극에 흥미를 느끼지만, 이차 순환반응에는 활동이 일으킨 변화에 흥미를 갖는다. 딸랑이를 흔들어 나는 소리에 관심이 있는 것이다. 이런 영아의 행동은 주변 물체를 인식한 의도적이고 목적을 지닌 행동이라고 할 수 있다. 이 시기에는 여러 가지 협응 활동이 나타난다. 딸랑이를 흔드는 것은 소리를 듣기 위한 것이므로 손과 귀의 협응이며 공을 잡는 것은 손과 눈의 협응이다.

④ 이차 반응의 협응(co-ordination of secondary reactions, 8-12개월)

이 시기는 특별한 목적을 달성하기 위해 획득된 여러 가지 도식을 새로운 상황에도 사용하게 된다. 예를 들어 장난감을 꺼내기 위해 막대기를 사용하는 것은 목적을 위한 수단의 선택이 된다. 세 번째 단계에서의 도식의 협응은 완전히 의도적이지 않고 목적에 직접적이지 않다. 그러나 네 번째 단계에서는 수단과 목적이 분리될 수 있는 의도성을 가지고 있다.

⑤ 삼차 순환 반응(tertiary circular reacions, 12-18개월)

일차 순환 반응은 흥미를 끄는 단순한 행동을 반복하는 단계이며, 이차 순환 반응은 이전에 만족을 주었던 행동을 목적을 갖고 반복하는 것이다. 삼차 순환 반응은 단순한 목적을 지닌 반복이 아니라 새로운 행동이 어떤 결과를 가져올 것인가를 알아보기 위해 다양한 시도를 하는 것이다. 즉 시행착오의 학습을 도모한다.

⑥ 사고의 시작(mental combination, 18-24개월)

이 시기의 영아는 문제를 해결하기 위해 실재의 물체뿐만 아니라 상징이나 이미지를 인지적으로 조합하고 조정하기도 한다. 예를 들어, 이 단계의 영아는 컵을 들고 가다가 문에 도달하면 문을 열어야 한다는 상황을 판단하여 손에 들었던 컵을 다른 곳에 놓는다. 이것은 손의 컵이 문을 여는데 방해가 된다는 것을 인식했기 때문이다.

(2) 대상 영속성

감각 운동기의 영아가 획득하는 중요한 개념 중의 하나가 대상 영속성(object permanence)이다. 대상 영속성 개념은 자신과 주변 세계에 대한 두 가지의 논리적 사고를 할 수 있어야 획득된다. 첫째, 자아는 주변 세계와는 물리적으로 분리된 독립된 존재이며, 둘째, 주변의 물체는 시야에 있지 않더라도 계속적으로 존재한다는 것이다. 감각 운동기가 끝나는 2세 정도의 영아는 분명한 대상 영속성 개념을 지니고 있다.

감각 운동기의 1단계와 2단계에서는 영아 앞에 놓인 물체를 감추어 버리면 그 물체는 이미 존재하지 않은 것처럼 여겨 관심을 보이지 않는다. 그러나 3단계에서는 물체가 사라지면 찾고자 하는 대상 영속성의 기초개념을 획득하고, 4단계에서는 사람과 사물을 구별하고 숨긴 물건을 찾을 수 있다. 5단계에서는 영아가 보는 앞에서 빠른 속도로 장난감을 옮겨 놓아도 찾을 수 있다. 마지막 단계에서는 장난감을 옮기는 과정을 전부 보지 않더라도 찾을 수 있다. 이것은 유아가 사라진 물건을 마음 속에서 여기에서 저기로 갔을 것이라고 상상을 할 수 있어서 가능하다.

(3) 유아의 인지발달

피아제의 인지발달단계에서 전조작기에 속한다. 이 발달단계는 전개념적 사고 단계(preconceptional stage)와 직관적 사고 단계(intuitive stage)로 나뉜다. 전개념적 사고 단계는 2세부터 4세까지인데 조작적 사고가 거의 나타나지 않으나, 5세에서 7세까지는 직관적 사고 단계로 조작적 사고가 어느 정도 가능하다.

전개념적 사고 단계에서는 물리적으로 눈 앞에 없는 것을 머리 속에 그릴 수 있는 능력을 획득한다. 이시기의 특징에는 상징 놀이, 자기 중심적 사고(egocentrism), 물활론(animism) 등이 있다.

① 보존개념

수의 보존개념은 5-6세, 무게나 액체, 길이의 보존개념은 7-8세, 부피는 11-12세에 획득된다.

② 분류화

4-6세가 되면 부분적으로 분류를 하지만 그 기준이 명확하지 않고 수시로 변한다. 7-8세가 되어야 분류기준을 두고 정확히 분류할 수 있다. 대개 5-6세가 되면 색깔에 따라 분류할 수 있다.

③ 서열화

4-5세 유아는 가장 긴 막대기와 가장 짧은 막대기를 골라 낼 수 있으나 순서대로 나열하지는 못한다. 5-6세가 되면 여러 막대기를 일부분은 순서대로 할 수 있으나, 완벽하게 나열하지 못한다.

④ 인과관계

4-5세의 유아에게 원인과 결과를 아는 사고의 추론은 쉽지 않다. 이시기의 유아는 비논리적이면서 주관적인 인과 관계, 즉 물활론(animism)과 인공론(artificialism)이 있다.

3) 언어발달

(1) 영아의 언어발달

영아기 초기에는 언어를 사용하지 않고 의사소통을 시작하지만 영아가 2세경이 되면 언어 능력의 발달이 급격하여 150-200개 정도의 어휘를 갖게 된다.

아기가 처음 내는 소리는 울음이다. 울음은 가장 강력한 의사 소통의 방법이다. 생후 1주가 된 아기가 내는 울음은 세 가지로 배고파서 우는 소리, 고통의 울음, 분노의 울음이 있는 것으로 나타났다.

2개월 정도가 되면 젖 먹고 난 후나 장난감을 쳐다 볼 때와 같이 즐거운 경우에 소리를 낸다. 이것은 목을 울려 낮게 내는 소리로서 쿠잉(cooing)이라고 한다. 3개월이 되면 울음과 쿠잉이 빈번한 의사소통 방법이 된다.

5-6개월이 되면 옹알이(babbling)를 시작한다. '바바바바'와 같이 자음과 모음을 합쳐서 내는 옹알이는 일종의 신체의 성숙으로 인해 나타나는 현상이다. 그러므로 청각장애를 지닌 영아도 옹알이를 한다.

영아들의 의미있는 한 단어의 말은 대개 12개월에서 14개월 사이로 나타나며, 우리나라 영아들의 첫 단어는 '엄마'가 71%로 가장 많고, 그다음은 '아빠', '맘마' 순으로 보고되었다(아동발달백서, 2001).

12개월경 평균 10개의 낱말을 말하고, 20개월이 되면 50개의 낱말을 표현한다. 2세경이면 200단어를 사용하여 말한다. 대체로 영아가 50개 정도의 단어를 말할 수 있을 때 두 단어를 결합시킨다. 이 때 중요 단어만 나열하여 전보식 언어라고 표현한다. 전보식 언어는 '엄마 빵', '사탕 여기', '아빠 신' 등의 표현이다.

영아에 따라 말을 늦게 배울 수도 있으나 지나치게 지체 현상을 보이거나 말을 배우지 못하는 경우가 있다. 이것은 귀나 성대의 이상, 언청이, 뇌의 손상 등의 신체적 이상이 원인이 될 수 있다. 또한 정신적 장애가 있는 경우 말더듬이 현상이 나타나기도 한다.

(2) 유아의 언어발달

2-3세 유아의 언어는 여전히 전보식 언어를 사용하며, 3-4개의 단어를 사용하고 문장을 구성한다. 2세 유아는 일상생활에서 볼 수 있는 물건의 이름을 알고 말할 수 있으며, 존댓말로 사용할 수 있다.

3-4세 유아는 단수 대명사와 복수 대명사를 사용하며, 4-5세가 되면 '밑에', '위에'등의 부사를 구사하여 4-5개의 단어로 문장을 만들어 사용한다. 5-6세가 된 유아는 문법에 맞는 언어를 사용한다. 2세에는 200단어 정도만 알고 있으나, 6세가 되면 2,000-2,500단어를 알고 사용한다.

초등학교 입학 이전까지의 유아는 과잉 일반화, 부정문, 확인 부가 의문문을 사용한다.

4) 사회성 및 정서발달

(1) 영아의 사회성 및 정서발달

① 에릭슨의 발달단계

에릭슨에 의하면 영아와 양육자와의 초기 관계에 따라 사회성 발달과 정서발달의 기초가 형성된다.

생후 첫 해에 얻어질 수 있는 신뢰감은 평생을 통해 자신과 타인에 대해 신뢰감의 기초가 된다. 아기가 배고플 때 먹여주고, 기저귀가 젖었을 때 갈아주고, 불안할 때 안아주면 신뢰감은 발달된다. 인간에 대한 신뢰감이 얻어져야 외부세계를 탐색할 수 있는 기회가 주어지며 외부 세계의 인식은 결국 자신의 존재를 파악하는 길인 것이다.

돌이 지나면서 걷게 된다. 걷게 되면서부터 영아 스스로 주위를 탐색할 수 있게 되고 장난감과 같은 물체를 마음대로 할 수 있는 기쁨을 맛볼 수 있게 된다. 자신의 의지에 따른 행동을 주위로부터 격려받게 되면 자율성을 얻게 된다. 생후 1년이 지나면서 "싫어"라는 표현은 자율감이 싹트고 있는 증거이다.

② 애착 및 낯가림

영아가 태어나서 자신을 돌보는 사람 특히 어머니와 강한 정서적 유대를 맺게 되는데, 이러한 친숙한 사람과의 강력한 정서적 유대를 애착이라고 한다. 애착의 형성은 어머니의 미소, 다정한 말, 피부 접촉을 통해 어머니에게 의존하며 어머니에게 애착을 형성한다고 본다. 우리나라 영아의 반 정도는 애착물건을 갖고 있었는데 이들의 50%가 이불, 담요, 베개가 애착물인 것으로 나타났다.

낯가림은 애착 행동과 마찬가지로 생후 6-8개월에 시작하여 1-2세까지 지속된다.

③ 정서의 분화

출생 시의 정서는 흥분상태이었다가 2-3개월이 되면 쾌, 불쾌의 두 가지 감정으로 나뉘어진다. 그 후 5-6개월이 되면 불쾌의 감정은 분노, 혐오, 공포의 감정으로 나누어지나 쾌의 감정은 1년이 지날 때까지 하나로 지속된다. 2세가 되면 성인에게서 볼 수 있는 대부분의 정서가 모두 나타난다. 긍정적 정서에는 행복, 기쁨 등이 있으며, 부정적 정서에는 분노, 공포, 불안 등이 있다.

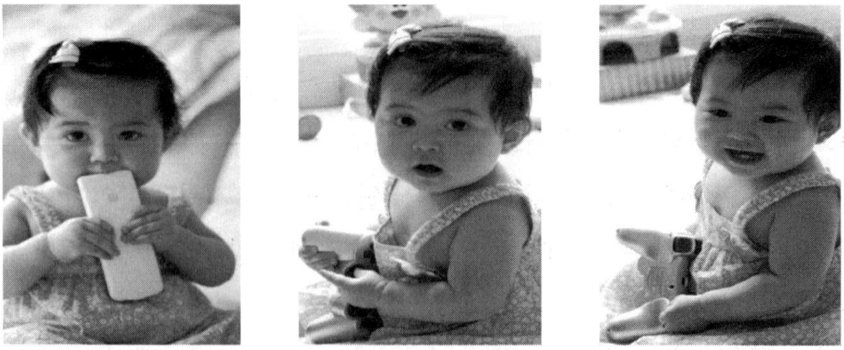

그림 3-2 영아의 정서 표현

(2) 유아의 사회성 및 정서 발달

① 에릭슨의 발달단계

이 시기에 유아가 길러야 할 발달과업은 독립심과 주도성 발달이다. 유아가 독립적 행동을 했을 때 칭찬으로 격려해 주어 그들이 독립적인 욕구가 자발적으로 생기도록 유도하는 것이 바람직하다.

2세가 되면 유아는 혼자 숟가락으로 밥을 먹고 싶어하고 혼자서 옷을 입으려고 시도한다. 유아가 자율적으로 뭔가 하고 싶어하고, 새로운 일을 완성해 보고 싶어할 때 자신감을 갖도록 격려해 주어야 주도성이 발달된다.

② 성역할의 발달

2-3세가 되면 자신이 남자 아이인지 여자 아이인지 정확하게 알지 못한다. 3-5세가 되어야 자신의 성을 명확히 알고 인형이 남자 인형인지 여자 인형인지 구별한다. 6-7세가 되면 남녀의 구분이 성기에 의해 구별된다는 것을 이해하게 된다.

③ 도덕성의 발달

2세 이전에는 외부의 규칙을 인식하지 못하므로 자기 중심적인 행동을 아무런 갈등없이 한다. 3-6세까지는 사회규칙을 내면화하는 시기로 본 학자도 있다. 7세경에 규칙이란 정해진 것이고 마음대로 변경시킬 수 없다는 것을 알게 된다.

④ 정서발달

2세 유아의 감정은 성인과 유사하다. 기쁨, 즐거움, 분노, 공포, 걱정, 질투, 좌절과 같은 감정을 가지고 있다. 3-4세 유아는 어둠에 두려움을 느끼지 않지만 5-6세 유아는 어둠에 공포를 느낀다. 이것은 5-6세 유아가 상상력이 발달되어 있기 때문이다.

공격성은 1세 전후에는 거의 없으나, 2세부터 남자 아이의 공격성이 증가한다. 2세 유아는 분노 및 기쁨의 감정을 있는 그대로 노출하지만 6세 유아는 보다 세련된 방법으로 표현한다.

제 4 장

유아교육 프로그램

1. 행동주의적 접근 : 디스타 프로그램
2. 인지론적 접근 : 카미·드브리스 프로그램
3. 몬테소리 프로그램
4. 프로젝트 접근법
5. 레지오 에밀리아 접근법
6. 하이/스코프 교육과정
7. 발도르프 유아교육 프로그램
8. 가드너의 다중지능이론

유아교육 프로그램이라는 용어는 교육목표, 교사 역할, 일과시간 운영, 공간 배열, 시설·설비 등과 같은 요인에서 명확히 윤곽을 가지고 있는 특정 프로그램들을 말한다(Lay-Dopyera & Dopyera, 1987). 이러한 프로그램들은 서로 다른 접근법에 기초하고 있으며, 다양한 유아교육 프로그램을 비교할 근거를 마련해 준다고 할 수 있다. 그러나 최근 유아교육 프로그램 연구에서의 관심은 어떤 유형의 프로그램이 어떤 유아에게 적합한지를 찾는 연구와 프로그램 안에서 어떤 변인이 유아에게 교육적 효과를 주는지를 분석하는데 더 집중되고 있다.

1. 행동주의적 접근 : 디스타 프로그램

디스타(DISTAR) 프로그램 Direct Instructional System for Teaching Acceleration Remediation(촉진 및 교정학습을 위한 직접 교수체제)은 브라이트(Bereiter)와 엥겔만(Englemann)에 의해 개발된 행동주의 학습이론에 기초한 유아교육 프로그램이다.

디스타 프로그램은 헤드스타트 이후 혜택을 받지 못한 4-6세의 불우한 유아들을 대상으로 학문적으로 지체된 저소득층 유아들의 학교생활을 성공적으로 도와주기 위한 것이며, 유아교육기관을 학교학습의 기초를 형성해 주는 장소로 보고 유아교육에서 학문적 기초형성을 위한 함축적이고 분명한 목표를 수립할 것을 강조하고 있다. 따라서 교육내용과 교수방법은 교사중심의 직접적인 교수를 통해 초등학교 교과학습에서의 성공을 지향하고 있는 일종의 초등학교 준비교육 프로그램으로 유아의 언어, 읽기, 셈하기 능력을 길러주는데 주안점을 둔다.

1) 이론적 배경

디스타 프로그램은 행동주의의 이론에 기초하며, 불우한 유아가 학습이 지체

되는 원인은 유아들의 기본적인 능력 부족에서 오는 것이 아니고 학습을 수행해 나가는 과정에서 오는 문제라고 보았다.

브라이트와 엥겔만은 불우한 유아들의 교육지체를 해결하기 위해서는 학습과제와 관련 있는 경험을 선택하거나, 많은 학습경험을 정해진 시간 내에 압축하여 가르쳐야 한다고 주장하였다. 따라서, 불우한 유아를 위해서는 더욱 높은 질과 빠른 속도의 교육을 실시하여 학교에 들어가기 전에 결핍된 점들을 보완해 줌으로써 학교생활에 필요한 학문적인 지식을 개발시켜 주어야 한다고 보았다.

2) 디스타 프로그램의 특징

디스타 프로그램은 다른 유아교육 프로그램과 달리 매일 매일 유아가 학습해야 할 학습 자료가 구체적으로 개발되어 있어서, 유아교사가 교구·교재를 직접 개발할 필요가 없는 장점을 가지고 있으며, 교사는 개발된 디스타 자료의 내용 제시 순서대로 유아를 가르치면 된다.

이 프로그램은 하루에 3-4시간 정도의 학습시간이 소요되며, 각 유아의 발달수준이나 학습속도에 따라 시작하는 학습단원이 달라지며, 개별유아의 발달수준에 따라 출발이 다르므로 개별화교육이 가능해진다.

매 단원의 학습마다 각 유아가 학습과제를 완전히 학습하였는지의 여부를 확인하는 개별검사를 실시하며, 평가결과 완전학습이 이루어지지 않은 유아는 다음 단계로 넘어가지 않고, 보충학습 기회를 주어 완전학습이 이루어지도록 반복 연습한다.

3) 디스타 프로그램의 운영

(1) 하루 일과

디스타 프로그램의 하루 일과는 세 번의 학습시간과 세 번의 대집단활동 시간으로 나누어지며, 각 활동의 단위시간은 15~20분 정도이다. 단위시간은 활동의 종류, 흥미나 요구에 따라 융통성 있게 조정되며 학습 진단은 각 유아의 능력과 학습속도에 맞추어 조정되는데, 하루일과는 대체로 표 4-1과 같다.

표 4-1 디스타 프로그램의 하루 일과

순서	시간	1집단(5명)	2집단(5명)	3집단(5명)
1	10분	비구조적 활동		
2	20분	읽기, 언어, 산수 학습 활동		
3	30분	화장실 다녀오기, 간식, 음악 감상		
4	20분	읽기, 언어, 산수 학습 활동		
5	20분	비구조적 활동		
6	20분	읽기, 언어, 산수 학습 활동		

(2) 교사 역할

교사는 유아를 진단하기 위해 유아의 발달 특징이나 상황을 자세히 연구하며, 학문적 영역의 목표 및 내용, 교수절차 및 전개방법도 세밀하게 알아야 한다. 유아의 과제수행 및 행동변화를 위하여 교사는 행동수정 이론 및 방법, 절차에 대해서도 미리 알아야 한다. 디스타 프로그램에서 교사들은 효과적 학습이나 바람직한 행동 수립을 위해 보상과 체벌을 통해 동기유발을 시키는데, 교사의 지도에 따른 적당한 상과 벌의 경험을 유아에게 있어 하나의 학습과정으로 보고 있다.

(3) 교수-학습 방법

디스타 프로그램의 교수-학습 방법은 다음과 같다.

- 교사와 유아 간의 언어적 상호작용을 강조한다.
- 학습과제와 관계 적은 활동을 규제, 유아의 반복연습과 교사의 직접교수를 중시한다.
- 학습과제는 작은 단위로 세분화하고, 계속적 피드백을 통해 행동을 수정한다.
- 유아는 학습시간 동안 과제에 주의집중하도록 한다.
- 바람직한 행동은 강화와 보상을 주고, 바람직하지 않은 행동은 벌을 준다.

(4) 교실 환경

디스타 프로그램의 실내 환경은 간소한 것이 특징인데, 그 이유는 유아들이 필요 이상의 탐구심이나 활동에 흥미를 유발하지 않도록 하기 위해서이다. 즉, 풍부한 교구로 구성된 환경은 불우한 유아의 교육에 있어서 비효과적으로 보고 있으며, 꼭 필요한 교구만 제시해 주는 것이 개념학습을 위해 효과적인 방법이라고 여겨 교실에서의 놀잇감도 제한하고 있는 것이 특징이다.

(5) 교재 · 교구

교수 계획에 따라 기본개념을 가르치는 데 필요한 것으로, 다른 프로그램들에 비해 그리 많지 않은 편이다. 교재나 교구를 필요 이상으로 많이 제공하게 되면, 오히려 유아들의 활동이 산만하게 되어 설정된 교육목표의 달성에 지장을 주게 된다고 보고 있으며, 유아용보다는 교사용 교재 · 교구가 더 중요시 되고 있다.

(6) 부모 교육

디스타 프로그램의 부모교육은 유치원의 유아교육 방향을 가정까지 확장하자는 의미에서 계획, 실시한다. 부모교육은 워크북, 토론회, 행동수정 부모용 지침서 등을 교재로 지도하며, 유아를 위한 부모 역할, 즉 유아에게 완전한 문장으로 말하는 것, 다른 유아와 비교하지 않는 것, 유아를 인격적으로 인정하는 것, 부모에게 존경심을 갖게 하는 것 등을 가정에서 수행하도록 하고 있다.

2. 인지론적 접근 : 카미 · 드브리스 프로그램

카미 · 드브리스(Kamii & Devries) 프로그램은 피아제의 인지발달 이론에 기초한 구성주의 프로그램으로, 유아의 전체적인 인지구조를 발달시켜 문제해결력을 길러주는 것을 목적으로 연구 · 개발된 유아교육 프로그램이다.

카미(Kamii)는 피아제의 인지발달 단계보다는 구성주의적 관점에 관심을 돌려 유아의 흥미와 질문 제기, 사물 인식 등을 중심으로 프로그램을 수정해 갔다. 1975년 수정된 교육목적에는 '유아로 하여금 자신의 도덕적 규칙을 구성하는데 자율성 또는 자기 조절력을 갖도록 한다.'라고 하였으며, 도덕적 사고, 가치관, 성격, 지능, 지식의 구성을 위한 자율성의 증가를 강조하였다.

1) 교육 목표

카미와 드브리스는 교육의 궁극적인 목적을 유아의 인지적, 도덕적, 사회 · 정서적, 신체적 영역에의 균형 있는 발달을 통한 전인격적 인간으로의 성장이라고 하였다. 이러한 목적을 실현시키기 위해 교육의 목표를 장기목표와 단기목표로 나누었다.

장기목표는 첫째, 새로운 행동을 추구하는 창조적, 발명적, 탐구적인 인간을 길러내는 것이며, 둘째, 기존 의식을 그대로 수용하는 것이 아니라 비판적, 분석적 태도를 가지는 인간을 양성하는 것이다(이기숙 · 홍순정, 1994).

단기목표 중 사회 · 정서적 목표는 첫째, 성인과 유아는 동등한 입장에서 상호작용 해야 하며 둘째, 유아의 자율성을 증진시키는 것 셋째, 타인의 감정과 권리를 존중하고 자신과 타인의 관점을 이해하고 탈 중심화와 협동을 도모하는 것 넷째 사물이나 사상에 대해 흥미와 관심을 가지고 탐색하여 자신의 생각을 자유롭게 표현하는 것이다. 단기 목표 중 인지적 목표는 첫째, 흥미 있는 사건, 사상에 의문과 호기심을 갖게 하고 둘째, 유사점과 차이점 등의 사물 간의 관계를 아는 것이다.

2) 교육 내용 및 방법

카미 · 드브리스 프로그램은 피아제의 구성주의 이론에 바탕을 두고 유아와 주변 환경과의 상호작용을 통해 유아의 전인적 발달을 지향함으로 학습내용 및 학습활동이 매우 광범위하다. 이 프로그램에서의 학습내용 및 학습활동의 조직은 성인의 사고나 교육내용의 구조를 따르기보다 유아들의 입장을 고려해야 하므로 특별히 어떤 형태로 조직할 필요가 없다는 입장을 취하고 있다.

따라서 이 프로그램의 교육목표를 달성하기 위한 교육내용을 다음의 세 가지 차원에서 산출하고 있다.

(1) 일상생활

카미 · 드브리스 프로그램에서는 지식은 외부의 설명에 의해 습득되는 것이 아니라, 유아들이 매일 접하고 있는 일상생활의 여러 장면을 통해 자율적으로 학습할 수 있게 했다. 일상생활의 수많은 상황이나 활동은 유아들로 하여금 호기심을 유발하게 하고, 관심과 흥미를 갖게 함으로써 그들이 자발적이고 능동적으로 학습하고 발달하도록 격려해 준다.

(2) 유아 발달 교육과정

카미 · 드브리스 프로그램에서는 기존 유아 발달 교육과정에서 전통적 유아교육 내용이 그대로 사용되고 있는 것처럼 보인다. 그러나 중요한 차이점은 유아들이 활동을 수행하는 과정에 있다. 이 프로그램에서는 놀이의 가치를 중요시하는 피아제 이론에 근거하여 활동 하나하나에 교육적 의미가 구체적으로 나타나 있으며 각각의 활동들은 지식의 체계에 의하여 분류되어질 수 있다.

(3) 피아제 이론이 암시하는 활동들

피아제 이론이 암시하는 활동은 논리 · 수학적 지식, 물리적 지식 및 사회적 지식의 세 가지 유형에 근거를 둔 활동, 도덕성 발달과 대인관계 증진을 지향하는 집단게임, 피아제의 실험과제에서 도출된 활동 등이 있다.

① 물리적 지식

물체의 속성으로부터 얻어질 수 있는 지식을 말한다. 예를 들어, 공은 '구르고' 책상은 '단단하며' 솜은 '부드럽다'는 것을 아는 것이다.

교사는 유아가 많은 물체를 접하며 교사 간섭 없이 물체의 속성을 탐색하도록 해야 한다.

② 사회적 지식

사회의 규범, 예절, 규칙에 대한 지식을 말한다. 예를 들어, 6월 6일은 '현충일', '일요일에는 학교에 가지 않는다.'는 것을 아는 것이다.

교사는 유아에게 직접 이러한 지식을 알려줌으로써 이해하도록 한다.

③ 논리 · 수학적 지식

유아와 물체와의 상호작용을 통해 얻어질 수 있는 지식을 말한다. 예를 들어 분류, 1 : 1 대응, 서열, 공간 · 시간개념 등이 이에 속한다. 교사는 직접 교수보다 논리적 사고과정이 일어날 수 있는 유아와 물체의 상호작용을 장려해 주어야 한다.

3) 교사 역할

카미 · 드브리스 프로그램의 교수원리는 유아 스스로 주변 환경 및 자료들 간에 직접적인 접촉의 결과에 의해 자발적으로 경험을 재구성하도록 해야 한다는 전제에서 출발하고 있다. 이에, 교사의 역할은 다음과 같다.

- 유아의 전인적 발달을 도와주기 위하여 적극 참여하고 개입해야 한다.
- 유아의 학습과 발달에 도움이 될 수 있는 환경과 분위기를 조성한다.
- 학습자료를 제공하고 학습활동을 제시하며, 유아의 생각을 평가해야 한다.
- 유아에게 주입식 교육이 아닌 지식의 유형과 성격에 알맞은 여러 가지 활동을 안내하고, 스스로 지식을 구성하도록 도와준다.
- 유아가 자신의 아이디어를 확대 · 발전시킬 수 있게 돕고, 활동을 통해 경험을 구성 · 조절하면서 인지 갈등을 일으키고 해결할 수 있도록 해야 한다.
- 새로운 인지구조와 지식의 형성을 돕는다.

4) 하루 일과

등원, 자유선택활동, 화장실 다녀오기, 손씻기, 간식, 귀가 등의 일상적인 활동을 기본으로 하고 실외 놀이, 이야기 나누기, 견학, 동 · 식물 기르기 등의 프로그램이 유아의 흥미와 요구, 계절, 날씨, 유치원과 지역사회의 실정에 맞추어 하루 일과 중 융통성 있게 운영된다.

5) 부모교육 및 참여

부모참여를 위해 프로그램에 대한 이해와 승인, 입학하기 전에 교육과정의 성격에 대해 소개하고 관찰할 수 있도록 한다. 가정과 유치원 기본 입장이 일치해야 하고, 교사는 가정방문을 통해 부모와 면담을 한다. 어머니를 교육과정에 참여시켜 교육받을 수 있도록 하고, 교육내용과 관련된 책자를 제공함으로써 부모 역시 유아교육에 참여할 수 있도록 한다.

3. 몬테소리 프로그램

몬테소리(Montessori) 프로그램은 이탈리아의 여의사였던 마리아 몬테소리의 이론에 기초한 프로그램이다.

1900년대 초기 몬테소리의 교구와 교육철학은 미국에 전파되어 유아교육에 상당한 영향을 미치며 확대되기 시작하였으나, 1902년 이후에는 거의 찾아볼 수 없게 되었다. 그 원인으로는 진보주의 교육운동의 영향으로 유아의 놀이, 창조성, 상상력 등이 강조되어 무엇보다 집단 활동과 사회화가 강조됨으로 인해 몬테소리 교육의 개별화 교육개념과는 갈등을 불러일으키게 되었기 때문이다.

몬테소리 프로그램에서 제시하는 기본 개념 및 가정은 다음과 같다.

1) 몬테소리 교육의 기본개념

몬테소리 교육목적은 유아의 내적 생명력 조성을 통해 정상화에 이르도록 하여 인격의 완성을 가져오고, 이를 통해 이상사회 건설에 기여할 수 있는 전인적인 인간을 육성하는 것이다.

(1) 정상화(normalization)

유아가 작업에 흥미를 갖고 집중하고 반복하는 만족감을 가짐으로써 내적 훈련과 자신감을 발달시키고 목적 지향적인 작업을 선택하는 과정이다(신화식, 2003).

유아가 지니고 있는 자발적 순종과 민감기, 흡수정신, 끊임없는 내적 훈련을 통해 정상화가 이루어지며, 준비된 환경 속에서 스스로 선택한 작업을 집중 반복하고 환경 속에 내재된 질서를 내면화하는 과정에서 일어난다.

유아의 정상화를 이루는 3단계

- 1단계 : 유아는 자유 작업의 대상을 아직 선택하지 못했으므로 친구를 관찰하면서 그들의 작업을 주시해 보지만 자기 목적을 성취하지 못하는 단계이다.
- 2단계 : 유아는 즉흥적 충동에 의해서 작업을 시도하지만 아직 자기 의지에 의해서 활동하지는 못한다. 그러므로 유아들은 여러 차례 교구의 선택을 반복하지만 관심의 집중화 현상은 짧게 유지되는 단계이다.
- 3단계 : 정상화에 도달하는 최종 단계로 스스로 교구를 선택, 행동을 반복함으로써 작업 상태에 몰입하는 관심의 집중화 현상이 일어나는 단계이다. 교사의 방법적인 제시를 통해서 창의적으로 작업을 이끌어가며, 반대로 교구선택 횟수는 줄어들고 집중화 현상은 지속되어 주 작업에 몰입하는 단계이다.

(2) 흡수정신(absorbent mind)

몬테소리는 유아의 정신을 흡수하는 정신으로 정의하였는데, 이는 유아가 그의 내부에 잠재해 있는 흡수하는 정신능력을 통하여 환경을 받아들이며 스스로 경험하여 배우게 되는 유아의 특성을 말한다(신화식, 김헌수, 1992).

유아에게 보이는 모든 이미지는 무의식적, 의식적 과정을 통해 받아들여지고 저장되어지며 외적 행동은 흡수정신 의식의 결과 또는 사실이다.

흡수정신은 6세까지 지속되며 무의식적 단계와 의식적 단계를 거친다.

무의식적 단계와 의식적 단계

- 무의식적 단계 : 생후 3년까지 시기로 유아는 가능한 모든 일상들을 무의식적으로 흡수한다. 이 때 보기, 듣기, 맛보기, 냄새 맡기, 만지기 등을 위한 감각이 발달된다.
- 의식적 단계 : 3세에서 6세까지 시기로 유아는 의식적, 계획적으로 환경과 상호작용을 하며 좋아하는 것을 직접적으로 경험하고자 하는 의지가 강하게 나타난다. 즉, 무의식적 흡수정신에서 이루어진 기본능력을 통합, 정교하게 하기 위해 여러 자극을 요구하게 된다.

(3) 민감기(sensitive period)

몬테소리는 유아가 특정 행동에 대한 감수성이 예민하여 특정 기술을 보다 쉽게 배울 수 있는 민감기가 있다고 믿었다. 민감기(sensitive period)는 독특한 민감성향을 말하는 것으로 특수한 민감성은 매우 초기에 획득되며, 일단 특별한 특성을 획득한 후에는 소멸되어 버리는 일시적인 기질이다. 유아는 민감기를 통해 적극적으로 환경과 접촉하여 환경에 적응하게 되는데, 민감기가 나타나는 연령은 0-6세 사이로 각 유아마다 민감기가 나타나는 시기가 다르며, 연령에 따라 나타나는 행동의 특성도 다르다.

(4) 작업(work)

'유아가 무엇을 하였는가?' 보다 '유아가 무엇을 하고 있는가?'에 초점을 둔다.

작업(work)은 성취의 수단이 아닌 목적이기 때문이며, 유아는 연습을 통해 성장하고 외적환경에서 발생하는 실제 작업을 건설적인 노력으로 구성해간다.

표 4-2 유아와 성인의 '작업' 비교

	유아	성인
'작업'의 개념	• 내적 자아의 구성을 위해 작업 • 작업이 끝날 때, 에너지 충만 • 최대한의 에너지 소비	• 외적 동기를 위해 작업 • 작업이 끝날 때, 에너지 소진 • 최소한의 노력으로 최대한의 효과

(5) 준비된 환경

몬테소리가 말하는 준비된 환경이란, 유아가 올바르게 발달할 수 있도록 지적 자극을 마련해 주는 곳을 의미하며, 환경은 흡수정신이 왕성한 시기에 특히 요구된다. 유아의 발달을 촉진하기 위해 의도적으로 계획하고 장애 요인이 있을 경우, 이를 제거한 환경을 제공해야 한다.

준비된 환경은 유아의 정신적 성장에 최적인 환경 자극을 제공할 수 있도록 구성된 것을 말하며, 시설, 설비, 교구 및 교재 등의 물리적 환경 뿐 아니라 학습자 자신, 동료, 부모, 교사 등의 인적환경을 포함한다.

2) 교사 역할

몬테소리 프로그램에서 중요한 교사 역할은 다음과 같다.

(1) 관찰자로서의 교사

교사는 유아의 교구선택이나 집중정도, 사용방법 등을 세심하게 관찰하고 민감기를 포착하여 학습 효과를 올릴 수 있도록 적절히 배려해 주어야 한다.

(2) 촉진자로서의 교사

교사는 유아와 교구 간의 상호작용을 촉진하기 위해 유아가 선택한 교구에 대해 정확한 시범을 보인다. 그러나 유아가 환경과의 교류가 이루어져 교구에 적극적으로 몰입하게 되면 개입을 최소화해야 한다.

(3) 환경 준비자로서의 교사

교사는 최적의 시기에 최적의 준비된 환경을 만들어 제공해야 하고, 유아와 환경 사이를 연결해 주는 역할을 해야 한다. 교사가 교구와 유아 사이의 연결의 역할을 하기 위해서는 교구를 확실히 알아야 하며, 유아 개개인의 현재의 정신적 발달단계를 구체적으로 이해하고 깊이 파악해야 한다.

(4) 유아를 존경하는 교사

유아에 대한 존경은 몬테소리 교육의 기초이며, 유아에게 외적인 강요나 상과 벌을 통한 행동통제 보다는 유아 스스로 선택한 활동에 몰입하여 내적만족과 즐거움을 느끼며 학습동기를 얻도록 존중해 주어야 한다는 것이다.

3) 몬테소리 프로그램의 5개 영역

(1) 일상생활 영역

일상생활 영역은 생활에서 일어나는 일을 작업화 하여 유아의 독립심을 기르고 바른 인성을 수용하도록 도와주는 것을 목적으로 한다. 이 작업으로 유아는 주변 환경을 친숙히 받아들이고 일상생활을 질서감 있게 유지할 수 있다.

(2) 감각 영역

감각 영역은 일련의 사물을 비교하는 감각교육을 위한 교구들이 단일 감각(시각, 촉각, 청각, 미각)과 복합 감각(중력, 온도, 입체 감각)을 훈련할 수 있도록 고안되어 있다. 감각교육의 내용은 유아가 감각을 이용하도록 중요한 물리적 특징에 따라 분류되어 있으며, 교구는 이런 감각발달에 도움을 주도록 고안되어 있다.

(3) 수 영역

수 영역은 유아에게 실제 생활을 관찰하여 상징과 연관관계에 대한 원리를 이해하고 실제 생활에 연결하여 보다 나은 삶을 추구할 수 있게 해 준다.

유아는 주변세계를 이해하는 능력이 증진되고 조직적인 탐구력이 개발된다.

(4) 언어 영역

언어 영역의 궁극적인 목표는 유아가 자기표현 및 의사소통의 수단으로 언어를 사용하게 하는 것이다. 언어영역 안에는 근육조절을 발달시키고 쓰기능력을 위한 준비를 제공하는 연습들이 포함되어 있다. 몬테소리는 특히 자유로운 대화를 통하여 언어발달을 이루게 해야 한다고 강조하였다.

(5) 문화 영역

문화 영역의 활동은 유아가 다양한 분야(지리, 역사, 동물, 식물, 미술, 음악 등)의 경험을 통해 여러 문화를 이해하고 받아들이는 데 목적이 있다. 이런 활동을 통해 유아는 문화의 다양성과 가치를 자연스럽게 인식하고, 세계인으로서 어우러져 살아갈 수 있는 기초 능력을 기르게 된다.

4. 프로젝트 접근법

프로젝트 접근법(project approach)은 1990년대 중반 우리나라 유아교육계에 소개되기 시작하여 유아중심의 통합적 교육과정을 실현하는 한 방법으로 널리 인식되면서 현재까지 유아교육현장에서 큰 관심을 모으고 있다.

프로젝트(project)는 유아들이 자신들이 살고 있는 세계에서 흥미를 느끼는 특정 주제를 찾아 이에 대해 심층적으로 연구하는 유목적적 활동으로, 프로젝트 접근법이란 유아들이 주도적으로 프로젝트를 수행할 수 있도록 안내하는 일련의 교수전략을 의미한다(Katz & Chard, 2000). 즉, 교사의 안내 하에 학급의 모든 유아나 소집단의 유아, 때로는 개별 유아들이 학습 할 가치가 있는 특정 주제를 능동적으로 탐구하는 교육형태라고 할 수 있다.

1) 프로젝트 접근법의 배경

현대적 의미의 프로젝트 학습은 Dewey의 실험학교와 Stimson의 홈 프로젝트에서 비롯되었다고 보는 것이 정설이다. Dewey는 시카고 대학 내 세운 실험학교에서, 교육과정을 전통적인 교과목이 아닌 프로젝트 형식으로 구성하였다. 그는 '학습자들이 진정으로 흥미 있는 문제를 스스로 탐구하는 과정, 즉 프로젝트를 수행하는 과정에서 사고하는 방법을 배울 수 있다'고 믿었다.

Stimsom은 고등학교 농업 과목의 수업을 학생들이 이론적 지식을 배운 다음, 가정에 딸린 농장으로 돌아가 농업기술을 실험 · 실습하도록 하는 홈 프로젝트를 실시하였다. 홈 프로젝트는 학생들에게 농업기술을 개선시켜 삶의 질을 고양시키고, 변화에 대하여 개방적인 자세를 개발시킬 목적으로 시행되었다.

1918년 Kilpatrick은 논문집 『Teachers College Record』에 '프로젝트 방법(project method)'라는 논문을 발표했는데, 프로젝트를 '사회적 장면에서 온 힘을 쏟을 만한 목적을 가지고 하는 일련의 활동들'로 규정짓고, Thorndike의 연합주의 심리학과 Dewey의 교육철학에 근거하여 프로젝트 학습 과정을 목적 설정, 계획, 시행, 판단하기의 네 단계로 나누었다.

미국에서는 1980년대 후반 캐츠와 차드(Katz & Chard)가 프로젝트 접근법을 제창하고, 프로젝트 수업을 진행하되 그 방법이 다양할 뿐만 아니라 상황에 따라 방법을 달리 한다는 점을 강조하면서, 현재까지 유아교육과정에 있어서 그 영역을 넓혀가고 있는 추세이다.

우리나라의 경우는 미국교육의 영향과 열린교육의 실시로 인하여 프로젝트 접근법이 도입되었고, 최근에는 우리 교육현장에 알맞은 방식으로 수정되어 가고 있다.

2) 프로젝트 접근법의 교육과정

(1) 준비 단계

① 주제 선정

프로젝트를 시작하기에 앞서 먼저 탐구할 주제를 선정해야 한다. 어떤 주제를 선정하는가에 따라 교육과정의 성격이나 방향이 결정되므로 주제 선정은 매우 중요하다. 주제는 주로 학습자의 관심이나 흥미에 따라 제안되지만, 교사가 의도적으로 학습자의 흥미를 유발시킬 수 있는 장치를 제안하기도 한다.

여러 연구들을 통해 제시된 주제 선정기준은 표 4-3과 같다.

표 4-3 프로젝트 주제 선정기준

주제 선정기준	내 용
① 주제가 유아의 발달수준, 발달특성에 적절한가?	교사는 유아의 연령에 따른 일반적인 발달수준 뿐 아니라, 개별유아의 발달특성도 배려하여 주제를 선정한다.
② 주제에 대하여 유아가 호기심과 흥미를 보이는가?	유아는 어떠한 주제에 대해 호기심과 흥미가 있어야 흥미 있는 탐색이 가능하다. 이때 교사는 의도적으로 특정 주제에 대한 유아의 흥미를 유발하기 위해 견학, 교구, 토의, 책, 등 다양한 매체를 활용할 수 있다.
③ 주제가 유아의 일상생활 속 경험과 관련이 있는가?	유아는 일상생활 속에서 구체적으로 경험할 수 있을 때 적극적인 상호작용이 가능해지고 관심과 흥미가 지속하며 즐겁게 활동에 몰입할 수 있다.
④ 주제가 여러 교과 영역이나 발달영역을 통합적으로 다룰 수 있는가?	유아는 주제가 여러 발달영역에 걸쳐 통합적으로 이루어질 때 효과적으로 학습할 수 있다.
⑤ 주제가 토의 · 조사, 현장 활동 등을 통한 문제해결 기회를 충분히 제공하는가?	유아는 다양한 방법을 통해 문제를 해결하는 과정인 탐구력, 의사소통능력, 문제해결능력 등을 기를 수 있다.
⑥ 주제가 유아들 간에 더 잘 이해하고 도울 수 있는 상호협동의 기회를 제공하는가?	유아는 상호협동적인 학습을 통한 프로젝트 접근법을 공동체적인 삶을 체험하며, 공동체정신을 키울 수 있다.
⑦ 주제가 지역사회의 문화와 가치를 반영하는가?	유아는 지역사회의 문화와 가치가 반영된 주제를 보는 과정에서 지역사회의 다양한 문화를 충분히 탐험하고 지역사회가 추구하는 가치를 자연스럽게 내면화하게 한다.
⑧ 주제가 교육의 관점에서 바람직한가?	주제가 바람직하다는 것은 그 주제에 대한 활동이 유아에게 유용하고 알아야 할 가치가 있음을 의미한다.

② 예비 주제망 구성하기

프로젝트 주제가 선정되면 교사는 경험과 관찰에 근거하여, 유아들이 그 주제에 대해 무엇을 경험하고 무엇을 얼마나 알고 있는지를 생각하며, 교사 자신이 알고 있는 지식을 기초로 주제에 대한 생각이나 아이디어 등을 포함해 예비 주제망을 구성한다.

㉮ 브레인스토밍(brainstorming) : 브레인스토밍은 '생각 모으기' 단계로, 교사와 유아 전체가 함께 하는 방법 또는 조별로 하는 방법, 유아 개개인이 하는 방법이 있다. 브레인스토밍은 주제에 관한 것을 느낌, 소리, 냄새, 촉감 등 모든 감각과 관련지어 생각하도록 하며, 머릿속으로 떠오르는 생각들을 적어 순서 없이 계속 펼쳐 놓는다.

㉯ 유목화 : 브레인스토밍을 통해 나온 단어들을 유사성에 따라 몇 개의 그룹으로 분류하는 것이다. 예를 들어, 떡이나 흰죽, 식혜, 밥 등은 '쌀로 만든 음식' 으로 분류될 수 있으며, 농약, 비료, 피 뽑기, 물, 햇빛, 농부 등은 '벼가 자라려면' 으로 함께 분류할 수 있을 것이다.

㉰ 주제망 그리기 : 소주제별로 유목화가 이루어지고 나면, 주제를 중심으로 한 망의 형태로 조직해 보는 것이다. 이렇게 하면 주제가 몇 개의 소주제로 나누어지는지, 또는 빠진 항목은 없는지 등을 쉽게 파악할 수 있다.

(2) 도입 단계

① 경험 나누기 및 표현하기

주제가 정해지면 교사는 유아들과 주제에 대하여 경험 이야기를 나누는데, 이를 통해 유아들이 그 주제에 대해 무엇을 얼마나 알고 있는지, 그리고 유아들이 직접적으로 어떠한 경험을 통해 지식을 획득하게 되었는지를 알게 된다.

교사는 유아에게 자신의 경험을 말로 표현하는 것 외에 다른 어떤 방법으로 표현할 수 있을지를 생각하여 표현해보게 한다. 그리기, 쓰기, 구성하기, 극화하기 등의 다양한 표현이 가능하며, 유아가 자신의 경험을 표상하도록 하는 것은 경험을 재구성하고 자신이 가진 지식을 정리하는데 도움이 된다.

② 교사와 유아의 공동 주제망 완성하기

유아는 대체로 자신이 알고 있는 내용을 하나의 단어로 표현하는 것에 어려움을 가질 수 있으므로, 유아가 표현한 서술형을 교사가 명사형으로 바꿔 줄 수 있다. 또한, 글자에 익숙하지 않을 경우에는 그림으로 나타낼 수도 있다.

이렇게 교사와 유아가 함께 주제망을 완성시킴으로써 유아는 자신이 존중받고 있다는 느낌을 갖게 되고, 책임 있게 참여할 수 있는 동기부여가 된다. 이러한 과정을 거쳐 완성된 교사와 유아의 공동 주제망은 프로젝트가 진행되는 동안 수정 또는 추가될 수 있으며, 학습내용에 대한 안내 역할을 하게 된다.

③ 질문목록 구성하기

유아들이 경험을 나누고, 표상하고, 주제망을 작성하는 동안 주제에 대해 알고 싶어하는 것들이 명료해진다. 이러한 명료한 생각들이 질문목록으로 만들어지는데, 이는 이후의 활동 전개에 강한 동기부여가 될 수 있다.

(3) 전개 단계

전개 단계에서는 주제에 대해 도입 부분에서 다루어진 질문이나 계속적으로 생기는 새로운 의문점들을 해결하기 위한 활동이 이루어진다.

이 단계의 중심활동은 견학 및 전문가 면담 등을 통한 주제 관련 지식 조사·탐구와 경험을 표현하는 활동이다. 주제를 심층적으로 연구하기 위해 도서, 그림, 비디오, DVD, CD 등의 보조 자료를 활용한 활동이 이루어진다.

(4) 마무리 단계

마무리 단계는 프로젝트 활동결과를 전시·발표하는 경험을 통해 프로젝트 수행과정에서 얻은 다양한 정보들을 내면화하는 한편, 다른 사람들과 정보를 공유하는데 의미를 부여할 수 있다.

① 마무리 준비

교사는 유아들과 그 동안 진행해 온 프로젝트 결과를 어떤 형식을 통해 다른 사람들과 공유할 것인가를 협의한다. 대체로 전시회, 발표회 등을 준비하며, 행사 홍보를 위해 포스터를 제작하거나 초대장을 만들어 보낸다.

② 전시 및 발표

프로젝트 활동 결과물을 교실, 복도, 현관 등에 전시하며, 초대받은 이들의 이해를 돕기 위해 전시 영역별로 유아들을 배치하여 전시내용을 자세하게 설명해 줄 수 있도록 한다. 전시회와 별도로 동극, 노래, 춤, 등의 발표를 준비했을 경우에는 미리 공고된 일정에 맞추어 진행한다.

3) 교사 역할

프로젝트 접근법은 교사가 유아의 프로젝트 수행을 안내하는 일련의 교수전략으로서, 프로젝트 접근법의 성공적인 수행여부는 교사에게 달려 있다 해도 과언이 아니다. 교사와 유아가 함께 만들어가는 프로젝트 접근법의 실행에 있어서 '민감한 관찰자와 안내자'로서의 교사 역할은 매우 중요하다.

이러한 교사 역할은 프로젝트 단계별로 다양하게 나타난다.

(1) 프로젝트 준비 단계

교사는 프로젝트의 주제 선정 지원하기, 주제관련 영역별 학습내용 및 활동 예상안 작성하기, 주제에 관한 환경 구성하기 등의 역할을 수행하며, 사전에 주제에 대해 충분히 준비하고 프로젝트에 임할 수 있어야 한다.

(2) 프로젝트 시작 단계

교사는 주제에 관한 유아의 다양한 생각들을 격려하고 유아의 흥미와 호기심을 유도할 수 있는 다양한 활동을 지원하는 한편, 유아들이 탐구하고자 하는 내용의 큰 줄기를 잡아 주어야 한다.

(3) 프로젝트 전개 단계

교사는 다양한 활동을 적극적으로 지원하기 위해 질문내용을 활동으로 연결해 주고, 적합한 자원을 조달하고, 활동결과물 공유하는 시간을 통해 적합한 추후활동으로 연결해 주어야 한다.

(4) 프로젝트 마무리 단계

교사는 프로젝트의 활동과정에서 이루어진 학습 결과들을 유아들과 검토하고 평가하면서 이후의 프로젝트가 더욱 풍부해질 수 있는 기반을 마련해 준다.

(5) 프로젝트 환경구성

교사는 프로젝트 활동을 수행하는 별도의 공간을 마련할 수도 있지만 프로젝트 활동이 유아의 실생활과 분리되지 않게 진행되기 위해 기존의 영역별 구성을 유지해 준다. 필요 시, 환경구성에 변화를 줌으로써 융통성을 발휘할 수 있다.

프로젝트 준비 단계에서 마무리 단계까지 부모의 적극적인 참여를 유도하고 긴밀한 협조적 관계를 유지하는 것은 프로젝트를 진행하는 교사의 역할이다. 부모는 유아, 교사와 함께 프로젝트를 이끌어가는 중요한 주체로서, 부모의 적극적인 참여와 협조가 있을 때 프로젝트 활동이 더욱 풍부하게 이루어질 수 있다.

4) 프로젝트 접근법의 평가

(1) 교육적 가치

프로젝트 접근법이 본격적으로 소개된 역사는 그리 길지 않지만, 다양한 연구를 통해 교육적 가치를 인정하는 근거가 다양하게 제시되고 있다.

- 학습자의 내적동기를 유발시켜 학습 효과를 높이고 후속 학습에 대한 의욕을 고취시킨다.
- 프로젝트 과정에 있어서 끊임없이 선택하고 활동해 나가므로 학습자에게 책임감을 길러준다.
- 학습과정의 만족, 학습결과의 성취감, 교사와 동료들의 인정으로 긍정적 자아개념이 생긴다.
- 소집단이나 학급 전체로 추진되는 경우, 협동심과 사회적 기술을 길러준다.
- 학교와 사회의 관련성을 인식하게 하고 문제해결력을 길러준다.
- 조사, 실험, 면담 등 다양한 방법을 통하여 사물이나 현상을 탐구할 기회를 제공함으로써 탐구하는 방법, 기술, 태도를 길러준다.
- 학습자의 선택과 결단으로 방향, 내용, 방법이 수정되므로 사고의 유연성을 길러준다.
- 체험적 학습기회를 제공한다.
- 교사들에게 새로운 교수 경험을 제공하여 교과서 중심 수업의 한계를 인식하게 한다.
- 학부모가 프로젝트 학습에 참여할 기회를 제공하여 학부모의 관심을 높인다.
- 교육에 대한 사회의 관심을 촉구시킨다.

(2) 프로젝트의 장점과 단점

① 장점

- 유아가 주제에 따라 흥미로운 학습내용을 선택하게 되어 학습과정에 훨씬 더 적극적으로 참여하게 되므로 내적 동기유발이 강하다.
- 심화학습을 하게 되므로 여러 영역에 걸쳐 광범위한 지식을 습득하게 된다.
- 한 가지 주제에 대해 다양한 방법으로 탐구하는 능력을 기르게 된다.
- 학습자의 창의적인 연구를 중시하므로 창의적인 태도와 능력을 함양시키는 데 적절하다.
- 집단 프로젝트를 통해 협동심, 관용 정신, 희생정신 등 사회성 발달을 함양한다.
- 오랜 시간 노력하여 완수해야 하므로 인내심이 필요, 성취감을 느끼게 된다.
- 프로젝트 수행 동안 부모참여가 유도되어 가정과의 연계가 이루어진다.

② 단점

- 프로젝트 활동이 모든 유아를 위한 것이라고 하지만, 학급 프로젝트에서는 일부 '영재아들'이 독점하는 경향이 있다.
- 프로젝트 전개 과정에서 필요한 기술(예〉 스케치 하는 법, 메모 방법, 사진 찍는 방법, 전문가 면담방법 등)을 잘 모르고 있어 제대로 진행되기 어렵다.
- 자료와 시설 및 기자재 부족으로 프로젝트를 실패하는 경우도 있다.
- 유아가 계획, 실천해야 하므로 활동 외적으로 '시간 낭비'가 많다.
- 오랫동안 프로젝트를 진행하면 학습범위가 지나치게 좁아져 세부적인 내용까지 다루게 된다.
- 프로젝트를 성공적으로 수행하기 위해 유아의 특성과 욕구에 대해 이해하고 주제에 대한 열정과 지식이 요구되는데, 이러한 자격을 갖춘 교사를 확보하기가 어렵다.

- 현장견학 장소 섭외의 어려움이 있고, 견학지로부터 방문을 허락받기가 쉽지 않다.
- 마무리 단계의 전시회가 내실을 기하기보다 학부모에게 과시하려는 경향으로 흐를 수도 있다.
- 유아 수가 너무 많아 교사의 적절한 개입이 어렵다.

5. 레지오 에밀리아 접근법

레지오 에밀리아 접근법(Reggio Emilia approach)은 이탈리아의 레지오 에밀리아 시에서 운영하는 영·유아 센터와 유치원에서 공통적으로 실시되는 유아교육 프로그램을 총칭하는 용어이다.

레지오 에밀리아의 교육자들은 상징적 표상에 체계적으로 초점을 두고 유아들의 지적 발달을 유도하는 매우 독특하고 혁신적인 교육방법을 발전시켜 왔다. 유아들로 하여금 자신의 주변을 탐색하고 다양한 '언어' 즉, 말이나 몸동작, 선 그림, 페인팅, 조각, 그림자놀이, 꼴라쥬, 음악 등의 다양한 표현방식을 통해 자신들을 표현하도록 격려하고 있다.

1) 레지오 에밀리아 접근법의 특성

(1) 이론적 배경

레지오 에밀리아 접근법은 특정 교육이론을 기반으로 개발되었다기보다는 교육현장에서 교사와 부모들이 경험을 통해 구성한 지식을 기존의 이론을 통해 확인하는 방식으로 발전되어 왔다. 따라서 레지오 에밀리아의 유아교육은 교사의 개인적 철학, 직관, 경험이 반영되고 교사가 자신이 속한 특수한 사회 · 문화적 배경을 바탕으로 자신이 가르치는 구체적인 집단의 유아, 학부모, 동료교사, 지역사회와의 상호작용을 통하여 발전된 교육체제이다.

지난 30년간 많은 이론들이 레지오 에밀리아의 유아교육에 영향을 주었고 현재도 새로이 대두되는 이론들이 영향을 주고 있지만, 이 이론들은 현재 실시되고 있는 교육과 상호작용하면서 레지오 에밀리아의 유아교육을 더욱 풍부하게 하는 밑거름이 되고 있다.

(2) 유아를 보는 관점

레지오 에밀리아에서는 '행복한 유아', '강한 유아', '능력 있는 유아'로서의 이미지를 강조한다. 이들은 유아들이 태어날 때부터 자신의 생각과 이론이 있고, 고유의 생각과 이론을 모든 성인이나 또래와의 관계 속에서 주고받음으로써 지식을 구성하고 발전시켜 나갈 수 있는 힘과 능력이 있다고 생각한다. 또한, 유아들은 사회적 관계를 맺으려는 강한 성향을 가지고 있기 때문에 성인은 유아들이 교육적이고 보호적인 공간에서 타인과의 관계를 형성해 나가며 양질의 행복한 삶을 즐기고 유지하도록 도와주어야 한다고 믿는다.

2) 교육과정의 운영

(1) 발현적 교육과정(Emergent Curriculum)

레지오 에밀리아의 교육과정은 발현적 교육과정이란 용어로 가장 잘 설명된다. 발현적 교육과정이란 장 · 단기적으로 유아들이 학습할 일련의 내용과 개념을 미리 정해 놓고 순서에 따라 학습해 가는 것이 아니라, 유아의 흥미와 교육적 가치를 기초로 무엇을 배우고 학습하고 경험할 것인가가 지속적으로 정해지는 것을 의미한다. 발현적 교육과정은 유아들의 흥미로부터 이끌어 나가며 상호협동의 중요성을 강조하고, 다양한 학습자들을 위하여 복합적인 기회를 주는 학습 활동에 가치를 두고 있다.

(2) 학습도구로서의 프로젝트

교사, 유아가 함께 참여하는 프로젝트는 전통적으로 교사들이 생각하는 단원이나 주제 학습과는 다르다. 레지오 에밀리아에서 프로젝트를 실시할 때에는, 유아의 흥미를 토대로 주제를 선정하지만 유아에게 전적으로 의존하지는 않는다. 교사는 유아가 표현한 '100가지 언어'를 기초로 유아가 관심 보이는 것, 교육적으로 가치 있는 것, 사회 · 문화적 맥락에서 의미 있는 것이 무엇인가를 고려하여 무엇을 배우고, 경험하게 하며, 표현하게 할 것인가를 결정한다.

프로젝트가 진행되는 과정에서도 교사와 유아는 지속적인 평가를 바탕으로 계획을 계속한다. 유아들이 프로젝트를 할 때 교사는 유아들의 활동을 매일 점검하고, 유아들의 아이디어와 다음 날 새로 추가할 것의 가능성에 대해서 토론한다. 교사는 그 날 진행된 활동에 대한 토론을 생각해 보고, 새로운 방향 전개 가능성이나 활동 지원을 위한 제안을 생각한다. 그러므로 교육자로서의 판단과 유아의 학습과의 연속적 협상에 의해 교육과정이 발현하게 되며, 학습도 순환적으로 전개된다.

(3) 유아들의 수많은 언어

가설을 세우고 검증하면서 주제에 대한 탐구를 하는 동안 유아들은 그림, 조각, 상상놀이, 쓰기 등을 포함한 다양한 형태의 상징 언어로 자신들이 이해한 것을 묘사해 보도록 격려 받는다. 교사는 유아들이 자신들이 사용한 표상방법이 표현하고자 의도한 것을 충분히 표현했는지에 대해 토론하도록 격려하고, 유아들이 활동을 반복하고 주제를 이해하려는 공동의 목적을 달성하기 위해 서로의 작품을 수정하는 것을 격려한다. 또한 상호교환의 수단으로 유아들의 작품을 계속 발전시키는 것의 중요성을 인정하는 의미에서 탐색과 평가 과정에 유아들을 참여시킨다(Katz, 1996).

3) 하루 일과

레지오 에밀리아의 하루 일과는 보통 월요일에서 금요일까지 오전 7~8시부터 오후 4시까지 운영된다. 오전 중에는 전체 모임(공동 관심사 이야기, 노래 부르기, 프로젝트에 관한 토론 등), 자유선택활동, 프로젝트 등을 하며, 12시경에 점심을 먹는다. 오후에는 낮잠(1~3시)을 잔 후, 귀가준비를 한다.

따라서, 프로젝트를 통한 발현적 교육과정이 레지오 에밀리아의 특징이기는 하지만, 모든 유아들이 항상 프로젝트에 참여하는 것은 아니다. 유아들은 일반 교육기관에서 관찰되는 것처럼 대·소집단 모임, 역할놀이, 상상놀이, 적목 놀이 등의 자유선택활동에도 참여하며, 그 시기에 진행되는 프로젝트에 참여하는 유아들만 프로젝트에 관련된 활동을 하게 된다.

4) 사회적 상호작용 강조

레지오 에밀리아에서는 유아-유아 간, 발달수준에서 차이가 있는 유아 간, 유아-성인 간의 사회적 상호작용을 통해서 학습이 이루어진다고 본다.

따라서, 소집단으로 구성된 유아들 사이에서 발생하는 인지적 갈등과 토론을 통한 해소를 격려하고 있다. 타인의 생각에 반론을 제기하는 것을 공격이 아니라 성장을 위한 기회로 인식하고 있으며, 이 과정에 성인도 적극 참여한다.

5) 표상활동(representation) 강조

레지오 에밀리아에서는 학습도구로서 다양한 상징적 매체를 사용한다. 예를 들어, 유아들의 '100가지 언어'로 불리는 말, 몸동작, 선 그림, 페인팅, 조각, 그림자놀이, 꼴라쥬, 그리고 음악 등의 다양한 표현방식을 통해 자신의 생각을 표상하도록 격려받는다. 교사는 유아들의 표상활동을 보고 유아의 현재 수준 및 이론을 파악할 수 있고, 유아에게 표상활동은 자신의 이론을 정립하거나 자신 이론의 모순점을 깨닫는 기회가 되며, 상호작용하는 소집단 내에서는 토론을 할 때 사용할 구체적 실증자료로 활용된다.

6) 기록 작업(documentation)

레지오 에밀리아에서는 기록으로 남기는 과정에 의미를 부여하는데, 유아들의 활동과정을 기록으로 남기는 과정과 행위의 결과 모두를 중시한다.

기록 작업에는 유아들이 활동을 시작해서 마무리까지 여러 단계를 거치는 동안 만들어 낸 작품, 진행되고 있는 활동사진, 유아들과 활동한 교사나 다른 성인의 충고, 유아들이 활동에 대해 했던 토론 · 설명, 부모들의 충고 등이 포함된다. 기록된 모든 것은 교실이나 복도에 전시되는데, 기록을 통해 어떻게 유아들이 전시된 작품을 계획하고, 실행에 옮기고, 완성했는지를 보여 준다.

기록 작업은 세 가지 측면에서 매우 의미 있다.

- 유아는 기록된 것을 통해 성인들이 자신들의 일을 소중하게 여기고 다룬다는 것을 알게 되고, 자신감과 자기 존중감을 갖게 되며 자신이 한 것에 대한 기억의 창고로 사용한다.
- 교사는 기록된 것을 통해 유아들이 무엇에 관심이 있는지, 무엇을 알고 무엇을 모르는지, 유아들과 프로젝트를 어떤 방향으로 이끌고 가야 할지, 교사는 무엇을 잘했고 잘못했는지 등을 반성적으로 사고할 수 있는 자료가 된다.
- 기록을 통해 부모나 외부의 사람들에게 유아교육기관에서 무엇이 어떤 방식으로 일어나고 있는지를 자연스럽게 알림으로써, 부모와 교육기관 사이의 강한 연대감 및 적극적인 상호작용, 의사소통, 협력의 기틀을 마련한다.

7) 물리적 환경

레지오 에밀리아의 물리적 환경은 이 프로그램의 핵심요소로, 교육철학, 교육이론, 교육내용이 최대한 실현될 수 있도록 구성되어 있다. 레지오 에밀리아의 물리적 환경 특징은 순환성과 투명성으로 표현될 수 있다.

순환성이란 모든 공간이 자연적으로 연결되어 막힘없이 어느 곳으로나 통할 수 있다는 의미로 유아, 유아-교사, 유아-환경 간의 상호작용을 장려하는 레지오 에밀리아의 정신을 잘 반영하고 있는 개념이다. 레지오 에밀리아 유아교육기관의 환경은 건물 어느 곳에서나 직접 연결되는 중앙 공용 공간(피아자, piazza)이 중심부에 자리하며, 네 면을 따라 아뜰리에, 활동실, 학급별 미니 아뜰리에, 화장실, 부엌 등 부대시설이 배치되어 있는데, 문을 통해 모두 연결된다.

투명성은 같은 공간에 있지 않아도 서로의 존재를 보고 느낄 수 있는 가능성을 의미하는 것으로, 모든 문과 창에 유리를 사용하여 서로 볼 수 있도록 하였다. 또한 가능한 자연색과 모든 종류의 빛(예〉 자연 채광, 형광등, 백열등 등)과 빛을 활용하는 기구(예〉 투시물 환등기, 슬라이드 프로젝트, 빛 책상, 손전등)를 많이 활용하여 투명성의 원리를 실현하고 있다.

모든 자료와 작품은 심미적으로 전시되는데, 아뜰리에에는 다양한 자료가 선반 위에 심미적으로 잘 정돈되어 있고, 학급 내부나 복도에는 유아들이 프로젝트를 하면서 만든 작품, 수집한 물건, 기록들이 심미적으로 전시되어 있다. 그러므로 레지오 에밀리아의 물리적 환경은 유아들이 활동적인 시간을 보내는데 유용하고 안전한 장소 이상이며, 연령과 발달수준에 적합한 공간, 기록하는 공간, 변화하는 공간, 배움이 일어나는 공간이라고 할 수 있다.

8) 학급 구성

레지오 에밀리아의 학급은 동일연령 유아들로 구성되나 혼합연령으로 구성되는 경우도 있다. 한 학급은 보통 25명 내외의 유아와 2명의 교사로 구성된다. 한 번 학급이 구성되면, 영 · 유아센터나 유치원에 재원하는 3년 동안 같은 집단이 유지된다. 이것은 가족과 같은 분위기를 구성하고 교사와 유아들이 서로를 더 잘 이해하여 학습과 경험이 최적화될 수 있게 하기 위해서이다.

9) 레지오 에밀리아의 교사

교사가 유아를 이해하려고 장기간 노력하는 것이 레지오 에밀리아 접근법의 핵심요소이다. 한 학급을 담당한 교사들은 역할을 분담하여 정기적 · 체계적으로 관찰하고 메모하며, 유아들 간의 대화를 녹음한다. 이렇게 모아진 자료는 교육과정을 계획하고 평가할 때 다른 교사, 미술 자원교사, 부모들과 함께 나누어 본다. 여러 유치원에서 온 교사들이 교육조정자(페다고지스타, pedagogista)를 리더로, 유아들이 시작한 활동을 어떻게 확장시킬 것인가를 함께 의논하기도 한다. 레지오 에밀리아의 교육체제에서 일하는 사람들은 크게 페다고지스타, 교사, 아뜰리에리스타의 세 유형으로 나눌 수 있다.

(1) 교육조정자(pedagogista)

한 명이 몇 개 유치원을 담당하는데, 유치원과 영 · 유아센터 관련 정책 및 문제를 토론, 교사 현직교육을 계획 · 실행, 담당한 유치원 직원의 임무배정, 일의 양과 시간 조정, 유치원 설비의 보수와 신설 등 운영에 관련된 일을 하고, 현재 진행하고 있는 프로젝트에 참여하거나 관련된 자문으로 지원해 준다.

(2) 교사

2명이 팀이 되어 학급을 3년간 담당한다. 교사들은 동반자, 양육자, 안내자 역할을 하는데, 이들은 교육과정을 결정할 뿐만 아니라 학습자 또는 연구자로서의 교육에 임한다. 교사들 사이에는 위계가 없고, 서로에게 배우는 협력적인 관계이다. 일반적으로 이탈리아에서는 고등학교 수준의 준비학교를 졸업하면 교사가 될 수 있기 때문에 전직교육의 질이 낮다. 따라서 레지오 에밀리아에서는 현직교육을 강조하며, 교사들은 유아를 가르치는 것 이외에도 현직교육, 부모와 학부모 위원회와 만남, 세미나 및 워크숍에 참석한다.

(3) 아뜰리에리스타(ateliersta)

미술전공 교사로 아뜰리에에서 주로 일하며, 담임교사들과 협력하여 교육과정 개발과 기록 작업을 한다. 최근 프로젝트에서 이들의 역할이 확대되고 있다.

10) 지역사회 중심의 운영과 부모 참여

레지오 에밀리아 시가 유아의 가족을 지원하는 전통은 유아교육을 국가의 책임이라고 인식하는 이탈리아의 문화적 전통을 확장시킨 것이다.

레지오 에밀리아는 부모와 지역사회 참여를 교육의 필수조건으로 생각하고, 1970년대부터 교육개혁을 촉진시키고 교육을 보호하고 교육자와 부모 간 협력을 촉진시키는 수단으로 지역사회 중심 운영을 하였다. 학교-도시위원회가 학교를 민주적으로 운영하기 위해 형성되었는데, 이 위원회에는 부모, 교사, 시민, 지역사회의 여러 집단이 참여해서 교육의 모든 측면, 학교정책 수립, 유아발달, 교육과정의 계획과 평가를 함께 의논하고 결정한다.

6. 하이/스코프 교육과정

하이/스코프(High/Scope) 교육과정은 1962년 미국 David P. Weikart가 소외된

지역 아이들의 발달을 돕기 위해서 시작한 프로그램이다.

피아제의 발달이론에 기초한 하이/스코프 교육과정은 유아가 자신의 활동을 계획, 수행, 평가할 수 있는 '능동적인 학습자'라는 것을 강조한다. 교사는 흥미영역을 구성하고 유아 스스로 활동하는 학습 환경을 조성해 주어야 한다. 그리고 유아가 핵심경험을 선택하고 문제를 해결하도록 격려하며, 지적 · 사회적 · 신체적 발달을 이룰 수 있도록 돕는다. 장기적인 연구 결과들은 하이/스코프 교육과정의 효율성을 입증하고 있다.

1) 하이/스코프 교육과정의 기본 전제

- 유아를 능동적 학습자로 간주한다. 유아의 지식은 다른 사람과의 상호작용, 사물에 대한 직접적인 경험, 이러한 경험에 대한 논리적 사고 등을 통해 형성된다.
- 교사는 매일의 일과계획 및 평가시간에 다양한 주요 경험활동을 진행, 개별 유아의 독특한 능력과 흥미에 보다 근접할 수 있는 통찰력을 가진다.
- 교사는 상호작용자로서 유아의 이야기를 주의 깊게 듣고 유아의 활동을 확장시킴으로써 유아가 발달수준에 적합한 과제를 수행할 수 있도록 격려한다.
- 부모와의 의사소통, 집단면담 등을 통해 유아에 대한 이해와 정보를 제공해야 한다.
- 지속적으로 유아의 발달 상태를 측정하고, 유아가 가진 인식과 이해의 폭을 확장시켜주기 위해 지적 자극을 제공한다.

2) 교육 목표

하이/스코프 교육과정은 프뢰벨, 몬테소리처럼 능동적 학습자로서 유아의 역할을 강조하지만, 사회성 발달 보다는 인지 발달이론에서 중시하는 문제해결

능력과 창의적 사고능력을 강조한다는 점에서 이들과 차이를 보인다.

하이/스코프 교육과정의 주요 교육목표는, 짧게는 이후에 이어지는 본격적인 학교교육과 길게는 인생을 성공적으로 이끌어 나가도록 하는 것이다.

이것은 유아로 하여금 학교나 집, 혹은 다른 곳에서 어떤 어려움과 대면하더라도 스스로 풀어가려고 노력하는 습관을 형성하게 한다는 것이다.

- 유아가 사건, 개념등과 관련된 학습에 의욕적으로 참여하는 자세를 갖도록 한다.
- 이후의 학교생활 및 인생에 있어서 독립성, 책임감, 자신감을 고취하도록 돕는다.
- 유아 스스로 계획하고 학습한 내용을 또래나 교사와 이야기 할 수 있도록 한다.
- 유아가 언어능력, 사회성, 창의적 표현, 건강한 신체, 논리적 사고력과 같은 능력 및 관련 지식을 습득하도록 한다.

3) 교육 내용 및 활동

(1) 능동적 유아

유아는 하루일과 중 자신이 참여할 활동과 교재 · 교구를 직접 선택하도록 격려 받는다. 자신이 선택하고 계획한 활동에 참여하면서 유아는 탐색, 질문 및 응답, 문제 해결, 또래 및 성인과의 상호작용을 지속해 나간다.

(2) 주요 경험

교사는 자기 인식, 사회적 관계, 창의적 표상, 동작, 음률, 의사소통 및 언어, 사물 탐색, 수, 공간, 시간 등을 포함한 조직화된 주요경험을 활용하여 유아 스스로 선택한 활동을 지지하고 확장시키며 발달에 적합한 경험에 지속적으로 참여하게 한다. 주요경험을 활용함으로써 교육과정에 대해 생각해 볼 기회를 유아에게 제공하며, 개별 유아를 관찰할 때 사용하는 기본적 틀 또한 제공한다.

(3) 부모 및 지역사회와의 연계

부모참여는 하이/스코프 교육과정의 중요한 특징 중 하나이다. 이전 개별유아 가정방문과는 달리, 집단면담 외에 다른 방법으로 부모참여가 이루어지고 있다. 부모참여가 효율적으로 이루어지려면 부모-교사 간 정보가 양방향으로 흐르는 의사소통이 반드시 필요하다. 교사는 유아에 대한 정보를 부모에게 제공하고, 개별 가정의 고유한 문화에 대한 정보를 부모로부터 제공받는다.

(4) 하루 일과 구성

유아의 능동적 학습 환경조성을 위해서는 일정한 형태의 하루 일과가 유지되어야 한다. 일관성 있는 하루 일과는 책임감과 독립심을 발달시켜 나가는데 필수적인 통제력을 유아에게 제공해준다. 예를 들어, 다음날 새로운 활동도 유아에게 미리 알려주어야 하고, 현장견학도 사전 계획에 의한 것이어야 한다.

하이/스코프 교육과정의 하루 일과는 중심축인 계획(plan)-실행(do)-평가(review)와 그 외에 부수적인 요소들로 이루어져 있다.

① 계획 시간

하이/스코프 교육과정에서 유아는 선택과 결정의 주체이다. 유아는 활동을 시작하기 이전에 자신의 계획을 교사와 이야기하는데, 이를 통해 자신의 생각을 정신적으로 표상하게 되며 어떻게 계획을 진행시켜 나갈 것인가에 대한 아이디어도 얻게 된다.

② 작업 시간

유아, 교사 모두 활발하게 활동에 참여하는 시간으로 하루 일과 중 가장 오랜 시간 이루어지는데, 교사는 활동을 주도해서도 소극적으로 방관만해서도 안 된다. 작업시간 동안 교사 역할은 유아가 어떻게 정보를 수집하는지, 또래와 어떻게 상호작용하는지, 어떻게 문제를 해결해 나가는지 관찰하는 것이다. 또한, 유아의 활동을 격려하고 확장해주며 문제해결상황을 마련해주기 위해 유아의 놀이에 참여한다.

③ 정리 시간

작업 시간이 끝나면 정리 시간이 이어진다. 이 시간을 통해 교실은 원래 상태로 정돈되며, 유아는 다양하고 기본적인 인지기술 사용 기회를 갖게 된다.

④ 회상 시간

회상 시간은 계획-실행-평가의 마지막 단계이다. 예를 들어, 함께 활동했던 친구 이름 생각하기, 작업시간 활동내용 그리기, 수립한 계획 다시 살펴보기, 일어났던 일 언어로 표현하기 등의 방법이 해당한다. 회상 시간을 통해 유아는 계획 시간과 작업 시간에 이루어졌던 활동을 최종 마무리하게 된다.

⑤ 소집단 활동시간

이전의 견학경험, 교실에 새롭게 배치된 교구, 요리활동 같이 연령에 적합한 집단 활동, 집단 미술활동 프로젝트 등을 통해 구현된다. 순리적인 수업절차에 따르지 않고 유아의 요구, 능력, 흥미, 인지적 목표에 반응 하는 정도에 따라 유동적으로 진행된다. 활발한 소집단 활동시간을 통해 유아는 교구를 탐색, 감각적으로 활용하면서 교사나 친구들과 함께 작업하는 기회를 갖는다.

⑥ 대집단 활동 시간

대집단 활동은 음률, 동작, 게임, 동극, 집단토의를 위한 시간으로 10~15분

정도 진행된다. 유아는 대집단에 참여하여 다른 사람과 의견을 공유하고 자신의 생각을 발표하는 기회를 갖게 되며 개별적 의사소통이 가능하다.

(5) 환경 구성

학습 환경은 유아의 관심과 흥미를 지원하기 위해 흥미영역별로 배치되어야 한다. 교사는 유아에게 적합한 교재 및 교구를 선정하여 제공하고, 유아들이 손쉽게 교재 및 교구를 활용할 수 있도록 도와주어야 한다.

(6) 평가

하이/스코프 교육과정의 평가는 프로그램의 질적 수준을 측정하는 평가도구를 통해 프로그램 자체 평가가 이루어지고, 이와 함께 영아용·유아용 관찰기록을 통해 영유아의 발달수준이 평가된다.

7. 발도로프 유아교육 프로그램

1996년 스위스에서 열렸던 세계 교육부장관 회의에서 바람직한 교육모델로 '발도로프 학교'가 선정되었고, 유네스코의 지원·연구대상에 속하게 되면서 그 성과를 인정받게 되었다. 우리나라에서도 대안교육에 대한 관심이 높아지면서 발도로프 학교가 새로운 교육모델로 주목을 받아 「한국슈타이너교육예술협회」, 「슈타이너인지학연구센터」가 결성되어 번역, 연구, 교육, 강연 등의 활동을 벌이고 있다.

1) 발도로프 유치원의 교육 목적

발도로프 유치원(Waldorf Kindergarten)의 교육목적은 전인적인 인간교육을 추구하는데 있으며 인지 중심으로 치우친 교육에 반대한다. 발도로프 유치원교육에서는 '하루 일과표' 또는 '프로그램'이라는 개념을 사용하지 않는데, 틀에 박힌 교육형식을 만들어 유아들에게 적응시키려고 하는 교육개념에 동의하지 않기 때문이다.

발도로프 유치원교육은 유아들이 나이에 맞게 건강한 생활을 유지함으로써 창의적 발달 과정을 겪을 수 있는 생활의 틀, 질서를 마련해 주고자 한다.

2) 발도로프 교육의 원리 및 특징

(1) '모방' 학습원리

슈타이너는 인간이 되어가기 위한 존재인 유아 주변에는 인간사회가 있어야 하며, 인간과의 상호작용 측면에 있어서 '모방'과 '모범'을 중요시 하고 있다. 물리적 육체가 형성되는 0-7세 유아들은 주로 '모방'을 통하여 학습하고 있기 때문에 모방의 대상인 주변 환경, 부모, 교사의 영향을 중요하게 지적하고 있다.

교육적 의미에서 '모방'은 '학습의 본원적인 형태'로서, 유아가 건강하게 모방할 수 있는 주변 환경과 어른의 모범적인 생활태도가 중요하다고 한다. 교사와 부모는 유아의 물리적 육체가 건강하게 탄생되도록 '보호막'을 형성하여 모태와 같은 교육환경을 형성해야 한다. 발도로프 유치원에서는 교사가 가르치지 않고 진지한 자세로 삶에 필요한 작업을 하고, 유아들이 모방을 통해 계절과 일상생활을 체험하면서 자신의 신체형성에 충분히 몰두할 수 있게 하고 있다.

(2) 교육목표와 교사의 자율성

발도로프 학교는 교과서가 거의 없고 학생들이 수업시간에 배운 것은 스스로 노트에 적거나 그림으로 그린다. 학생들로 하여금 수업에 적극 참여하게 하는 매우 중요한 것은 상상력이다. 상급반의 경우, 세상을 변화시켰던 위대한 사상들에 대한 체험이 이에 해당된다. 발도로프 학교는 한마디로 익명성이 지배하는 것이 아니라, 서로 만나고 경험할 수 있는 학교, 교사와 학부모, 학생이 함께 꾸며나가고 만들어 가는 학교이기를 원한다.

(3) 8년 담임제 & 교과목별 수업 방식

발도로프 학교에서는 교사, 학생, 학부모 사이의 인간적인 유대를 매우 중요시한다. 한 담임교사가 8학년까지 같은 학생들을 계속 담당하며, 가르치는 과목은 국어, 수학, 자연탐구, 역사, 지리학, 그리고 교사의 능력에 따라 외국어, 음악, 수공예 등이 추가된다. 이런 체제의 어려움은 한 교사가 모든 분야에 정통할 수는 없다는 것이지만, 반면 각 수업내용 간 관계를 설정, 조정할 수 있다는 장점도 있다.

학문적 과목들은 '주기수업방식(Epochenunterricht)'의 의해 진행되는데, 매일 아침 8시~9시45분까지 3~5주 정도 같은 과목을 집중 수업하며, 그 후 몇 달 동안 이 과목은 수업이 없다. 1학년부터 배우게 되는 2개의 외국어 과목과 종교는 '전문 과목 시간배당 원칙(Fachstuden - prinzip)'에 의해 진행, 실용과목과 예술과목은 부분적으로 전문 과목 시간배당 원칙에 따라 또는 단기집중 수업방식에 따라 실시된다.

(4) 교사, 학생, 학부모 간의 긴밀한 유대관계

발도로프 학교에서는 실제로 교사와 학생, 학부모 간의 유대관계가 매우 긴밀하다. 교사는 8년 담임기간 동안 여러 차례 학생의 부모를 방문하고, 부모들과 대화를 통해서 그들의 직업과 삶의 경험세계 등을 이해하며 학생의 가정환경을 소상하고 심도 깊게 파악한다. 이렇게 해서 얻어진 유대관계는 수업현장에서 중요한 의미를 갖게 되고, 학생들은 같은 담임교사에게 계속 배우며 신뢰를 가질 수 있게 된다.

(5) 발달단계에 따른 교과과정

교과과정 또한 학생들의 발달단계에 맞추어서 조정된다. 수업은 개성적인 존재를 현존하는 관계와 연관시켜 주며, 자아를 실현할 수 있게 돕는 자리이다. 과목별 학습내용은 난이도에 따라 구분하는 것이 아니라, 학습내용들이 어떤 특정한 구체적인 삶의 문제에 해답을 제시해 주느냐에 따라 구분된다.

예를 들어, 유아기의 세계를 하나의 단일체로 바라보는 사고가 사라져가는 3학년에는 구약성서 이야기와 분수를 다룬다. 자연현상 뒤에 숨어있는 자연법칙의 연관성을 찾는 나이인 7학년에는 광물학, 천문학, 발명과 발견의 역사를 다루게 된다. 독립적 사고가 깊어지는 10학년에는 특정 이데올로기에 빠지지 않도록 고대 아시아 문화와 게르만의 신화를 가르치는데, 그것이 발달단계에 따른 교과과정인 것이다.

(6) 가까운 현상에서 시작하는 수업 원칙

또 하나의 수업의 원칙은 인간존재에 가까운 현상부터 시작한다는 것인데, 물리학의 경우 음향학부터 시작해서 광학을 다룬 뒤, 끝으로 기계학을 가르친다. 생물학의 경우는 인간에 대한 생물적 지식을 먼저 배우고, 동물학과 식물학, 광물학과 천문학의 순서로 배우도록 한다.

(7) 감각교육 중시

발도로프 학교에서 중요하게 다루는 또 다른 영역은 예술과 실습학과이다.

음악과 미술, 슈타이너가 창안한 예술율동(Eurythmic, 오이리트미)은 모든 학년에서 다루어지는데, 이를 통해 학생들의 자연스러운 표현력이 길러지고 학문적인 학과의 내용들을 예술적으로 표현할 수 있도록 한다.

많은 발도로프 학교들은 상급반 학생들과 함께 여러 주에 걸쳐 농업과 산업, 사회복지 분야에서 실습을 하고 있고, 몇몇 학교들은 정규 직업 과목을 일반 교육프로그램 안에 설치하여 운영한다. 학생들은 그들이 배운 직업교육을 직접 활용하지는 않지만, 의사나 변호사가 된 학생들에게도 겨울 동안 전기기술자로 건설현장에서 일해 본 경험은 그 자체만으로도 좋은 교육효과를 가져온다.

(8) 상상력 발달 중시

발도로프 유아교육기관에서는 유아의 상상력을 중요시 한다. 그래서 자동차와 같이 기능이 이미 주어진 놀잇감이나, 사람 모양을 그대로 지니고 있는 인형과 같은 완벽하게 만들어진 놀잇감을 피하고 있다. 나뭇가지 또는 단순하게 만들어진 인형이 유아의 상상력을 최대한 자극하기 때문이며, 모형에서 빠진 부분은 유아다운 상상력으로 보완, 단순한 모형일수록 유아의 내면적 움직임을 최대한 촉진한다. 동화도 가능하면 책을 읽어주지 않고 들려주는데, 그림이 이야기 내용을 이미 결정하여 보여주기 때문이다. 인형극에서 사용되는 인형 또한 인물의 성격을 얼굴의 생김새로 결정하지 않고, 대신 인형 옷의 색깔을 가지고 상징적으로 표현함으로써 유아들이 인물의 성격을 스스로 창조하게 한다.

3) 발도로프 교육의 방법 및 계획

(1) 교육 방법

발도로프 유치원은 혼합연령집단으로 학급을 구성하는데, 유아들이 상호작용함으로써 형제자매 관계가 생기게 하기 위한 것이며, 영재를 교육하려는 관심

보다는 취약한 학생을 촉진시키려고 노력한다. 교사는 본보기로서 유아들 앞에서 지도하고, 활동은 교사의 자극으로 시작하나 강요 없이 소규모 집단으로 행하여진다. 동일 교사가 계속 맡는 담임교사제도는 유치원은 3-5년, 학교는 1-8학년까지이며 교육은 담임교사에게 전적으로 맡겨진다.

(2) 교육 내용

① 자유놀이

자유놀이의 가치는 유아들이 자신을 스스로 세상 안으로 접합시켜 가는 것을 능동적으로 할 수 있다는 것뿐만 아니라, 세상을 능동적으로 만들어 갈 수 있다는 것이다. 놀이는 단순히 어떤 사람과 함께 하는 행위가 아니고 하나의 내면의 자세이며, 유아는 이로 인해 외부로부터의 도움을 필요하지 않는다. 놀이 안에서의 진지함과 활기의 접합은 유아에게 자신의 미래의 삶의 대해 책임적이고 자연스러운 작업 자세를 준비하게 해준다.

② 아침 모임

발도로프 유치원은 언제나 일정한 시간적 일과로 이뤄지는데, 이를 통해 유아의 의지가 신뢰하게 되는 습관에 의해 발전하여 신뢰감과 의지를 강하게 해주기 위함이다. 생활리듬을 유지하는 것은 매우 중요한데, 이는 유아가 신뢰하는 주위 세계와 일치하려하기 때문이다. 유아들은 안정감만을 찾으려 하는 것이 아니라, 신뢰감의 반복을 통해 자기 확인을 하기 때문이다.

③ 정원에서 자유놀이

유아에게는 세계와 함께 그 환경에서 신뢰할 수 있도록 하기 위해 본질적 경험이 필요하다. 유치원은 인간과 세계가 연결되어 있는 기본적인 실제의 경험을 전달할 수 있다. 유아가 그의 신뢰하는 세계 안에서 안정감을 찾게 되면, 유아는 스스로 그의 경계선을 넘어서게 되고 세계의 전체성을 파악하고자 하는 배움 의지와 체계적인 훈련과 연습에 대한 기쁨과 즐거움을 발전시키는 교육을 할 수 있게 된다.

④ 동화 모임

동화는 우리에게 눈으로 보여 지는 세계에 대하여 말하고자 하는 것이 아니라 내면 안에서 귀 기울여 들을 수 있는 것에 대하여 말한다. 그래서 동화는 책을 가지고 읽어주지 않고 단지 이야기를 들려주는데, 그것은 그들 사이에 인간적 직접성이 존재하기 때문이다. 똑같은 동화를 매일 2주에서 3주 동안 계속 10-15회 이야기를 반복해서 해야 한다. 그렇게 함으로써 자기 확인을 경험하게 되고 유아가 자아를 만들어 낼 수 있는 힘을 갖게 된다.

⑤ 주간 예술 및 특별활동

발도로프 유치원에서는 다양한 일반 활동들이 제공되면서 동시에 리듬 있는 연결을 위해 요일별 예술 및 특별활동이 배열되어 있다.

㉮ 수채화 그리기 : 유아가 흔히 보아왔던 색들은 이미 만들어진 색들인 반면, 여기서의 창조적인 활동은 유아들에게 색의 세계를 관찰 할 수 있게 해준다. 유아에게 어떠한 색 이론도 가르치지 않지만 다양한 색들이 종이 위에 나타나는 것을 경험할 수 있도록 해준다.

㉯ 오이리트미(Eurythmic) : 움직이고, 사물을 만들고, 예쁘게 하려는 '율동적인 인간', '손발을 가진 인간'의 욕구를 만족시키고 형태화하기 위한 단순 신체 표현과는 다른 '몸을 움직이는 놀이' 오이리트미가 있다. 오이리트미는 몸을 통하여 소리를 보여주는 움직임의 예술로 '볼 수 있는 언어', '볼 수 있는 노래'이다. 발도로프 교육의 목적 중 하나는 '혼이 있는 신체의 배양'인데 오이리트미가 그 목적을 실현하는 교육이다.

발도로프 유치원의 일일 교육시간 계획을 소개하면 표 4-4와 같다.

표 4-4 발도로프 유치원의 일일 교육시간 계획

7:00~7:30	등원, 교사와 만남(인사, 간단한 일상 대화)
7:30~9:10	자유 놀이, 간식 준비, 직업, 기념일이나 축제 때 연관된 활동
9:10~9:45	정리 · 정돈, 손 씻기
9:45~10:00	리듬 있는 놀이
10:00~10:20	아침 모임, 실외 옷 입기, 신발 갈아 신기
10:20~11:30	정원에서 자유놀이, 모래밭, 공놀이, 줄넘기 등
11:30~11:45	실내화로 갈아 신기, 손 씻기, 인형 준비, 동화 모임 코너로 모이기
11:45~12:00	동화 모임, 1~2주일 내내 같은 이야기 들려주기
12:00~	귀가, 부모가 데려가기

4) 학교 운영

학부모들이 학교의 재정은 물론 법적인 절차들까지 책임을 지며 교사의 임면권도 행사한다. 그런 만큼 이 학교에서 교사들의 직업적 실존은 학부모와 동료들의 신뢰에 달려 있다. 발도로프 학교는 교사로 구성된 교사협의회에 의해 운영된다. 나름대로 교육적구상이나 재정적인 문제해결은 단위학교가 스스로 책임을 진다. 결정은 다수결이 아니라 만장일치에 의해서 내려지는데, 이를 위해 정기적인 학부모 회의가 열리고 4-5시간의 교사회의는 매주 열린다.

5) 발도로프 교육 프로그램이 주는 시사점

- 발도로프 유아교육은 '가르침'을 통한 교육 외적측면이 강조되는 전통적 교육방법과는 달리, 유아의 본질적인 성장발달을 기초로 한 내적교육을 강조하며, 교육에 변화를 주고자하는 교사에게 '교육은 유아의 건강한 성장 · 발달과 미래의 삶을 준비하는 힘을 길러 주는 것이다'라는 근거 제시를 명확히 하게 한다.

- 발도로프 유아교육은 유아의 '문제행동'을 예방하고 치료하는데 중요한 역할을 한다. 학교폭력, 청소년 비행이 유아기 문제행동에서도 나타나는 사회문제로 대두되고 있는데, 이러한 문제를 영 · 유아기부터 예방할 수 있다는 점에서 그 의미가 크다고 하겠다.
- 발도로프 유아교육은 유치원뿐 아니라 하루 10시간 이상 머무르는 어린이집에서도 필요한 유아의 내적 리듬을 중시하는 '생활교육'이라는 측면에서 시사하는 바가 크다.
- 발도로프 유아교육은 수많은 장난감, 컴퓨터와 같은 최첨단 시설과 장비를 갖추어야만 현대를 살아가는 유아들에게 적당한 교육이라 여기는 사람들에게, 과연 우리 성인이 '어른의 문화'를 일찍 유아들에게 전달하는데 교육목적을 두고 있는 것인지, 유아들의 건강을 위한 것인지 진지하게 성찰하게 한다.

8. 가드너의 다중지능이론

다양한 문화, 다양한 가치가 함께 존재하는 21세기는 획일화된 인간상이 아닌 다양한 개성을 지닌 인간상을 요구하고 있다. 이는 인간의 지능을 단편적인 언어 · 수리적 측면에만 치중해 왔던 기존 지능연구의 대안으로 대두된 가드너의 다중지능이론이 지니고 있는 특성과 유사하다.

다중지능(Multiple Intelligence) 이론은 기존의 지능적 관점에서 인간의 능력을 이해하고 평가하는 것이 아니라, 8가지 지능영역의 관점에서 인간이 지닌 다양한 능력을 인정, 계발해 주는 것이 참다운 인간을 이해하는 것임을 시사해 준다.

MI이론의 핵심적 내용을 이루고 있는 인간의 8가지 지능에 대한 개념적 정의를 살펴보면 다음과 같다(김명희 · 김양분, 1996).

1) 다중지능이론의 특징

(1) 언어적 지능(linguistic intelligence)

언어적 지능은 단어를 효과적으로 사용하는 능력을 말한다. 예를 들어, 연설가, 이야기꾼, 정치가처럼 단어를 구두로 사용하거나 시인, 극작가, 편집자, 기자처럼 글로 표현하는 능력과 관련된다. 언어의 실제적 사용은 수사학, 기억술, 메타언어가 해당되며 언어적 지능을 강화하는 활동으로는 공식 연설, 일기, 창작, 언쟁, 임기응변, 유머 및 농담, 이야기 만들기 등이 있다.

(2) 논리 · 수학적 지능(logical-mathematical intelligence)

논리 · 수학적 지능은 수학자, 통계전문가와 같이 숫자를 효과적으로 사용하는 능력자, 컴퓨터 프로그래머, 논리학자와 같이 추론을 잘하는 능력에 관련된다. 이 지능은 논리적 유형과 관계, 진술과 명제, 기능, 다른 추상적 사고에 관한 감각을 포함, 논리 · 수학적 지능을 강화하는 활동으로 추상적 공식 풀기, 도표 구조화, 수열, 계산법, 부호해독, 삼단논법, 문제해결 등이 있다.

(3) 공간적 지능(spatial intelligence)

공간적 지능은 안내자, 정찰병, 사냥꾼처럼 시각적 · 공간적 세계를 정확하게 지각하는 능력과 건축가, 예술가, 실내장식가, 발명가처럼 지각력을 변형시킬 수 있는 능력에 관련된다. 이 지능은 색깔, 선, 모양, 형태, 공간에 대한 감각과 요소들 간의 관계에 대한 민감성을 포함하며, 시각적이거나 공간적인 아이디어를 시각화하거나 그림으로 나타내는 능력과 공간적 행렬에 자신을 적절하게 위치시키는 능력을 포함한다. 공간적 지능 강화활동으로는 항해, 지도 제작, 상상력, 색채 배합, 패턴디자인, 그림, 데생, 조각하기, 사진 찍기 등이 있다.

(4) 음악적 지능(musical intelligence)

음악적 지능은 음악애호가와 같은 지각력, 음악비평가와 같은 변별력, 작곡가와 같은 변형능력, 연주자와 같은 표현능력을 말한다. 이 지능은 리듬, 음의 높이, 멜로디에 대한 민감함과 악곡의 음색을 포함하며, 음악에 대한 직관적 이해와 분석적 · 기능적 능력을 의미한다. 음악적 지능을 강화하는 활동으로는 리듬패턴, 보컬사운드, 작곡 및 편곡, 악기연주, 노래, 공연하기 등이 있다.

(5) 신체 · 운동적 지능(bodily-kinesthetic intelligence)

신체 · 운동적 지능은 배우, 무언극 배우, 경기자, 무용가와 같이 몸 전체를 사용하는 아이디어와 느낌을 표현하는 전문가적 기술과 공예가, 조각가, 기계공, 외과 의사와 같이 손을 사용하여 사물을 만들어 내고 변형시키는 재능과 관련 있다. 신체 · 운동적 지능을 강화하는 활동으로는 민속 창작춤, 역할극, 제스처, 드라마, 무술, 운동, 무언극, 스포츠 등이 있다.

(6) 대인관계 지능(interpersonal intelligence)

대인관계 지능은 다른 사람의 기분, 의도, 동기, 느낌을 분별하고 지각하는 능력과 관계된다. 이 지능은 얼굴표정, 목소리, 제스처에 대한 감각과 대인관계 암시를 구별하는 능력과 실용적 방식으로 암시에 효과적으로 반응하는 능력을 포함하는데, 특정 행위에 따르도록 사람들에게 영향력을 행사하는 능력을 의미한다. 대인관계 지능 강화활동으로는 피드백 주고받기, 타인의 감정에 대한 이해, 협력 학습전략, 일대일 대면, 공감, 분업, 집단 프로젝트 등이 있다.

(7) 개인이해 지능(intrapersonal intelligence)

개인이해 지능은 자아를 이해하는데 관련된 지식과 그 지식을 기초로 적응하는 행위능력에 관련된다. 이 지능은 자신에 대한 정확한 모습, 즉, 장점과 제한점을 알아내고 내적 기분, 의도, 동기, 기질, 욕구를 인식하고 자아훈련, 자아이해, 자존감을 위한 능력을 포함한다. 감정에 대하여 내적 성찰력을 가지고 기술할 수 있는 소설가나 자신의 감정에 대하여 깊은 지식을 지닌 상담가나 공동체의 구성원을 지도하기 위해 자신의 풍부한 내적 경험을 사용하는 현명한 지도자에게 볼 수 있다. 개인이해 지능 강화활동으로는 반성적 사고, 메타인지기술, 사고전략, 정신집중기술, 고도의 추론 등이 있다.

(8) 자연관찰 지능(naturalist intelligence)

자연관찰 지능은 동 · 식물이나 주변의 사물 즉, 머리 스타일이나 자동차, 운동화 등을 자세히 관찰하여 차이점이나 공통점을 찾고 분석하는 능력이다.

2) 다중지능이론과 교육과정

다중지능이론에서는 지능의 다원성을 인식해서 획일적인 관점에 의해 무시되고 있는 개인의 잠재력을 키워주고, 개인의 강점을 최상의 수단으로 이용해서 문제를 해결하게 하는 것이 큰 교육적 시사점이다.

다중지능이론이 유아교육에 미친 영향은 '모든 유아들은 강점을 지니고 있다(All children have strengths).'는 것을 인식시켜 주었다는 점이다. 다중지능이론은 유아들이 자신의 강점을 통해 그들이 배운 것을 드러내 보이도록 하는 교육과정이 유아에 맞게 개발되는 유아 중심의 교육모형을 제시하였다.

다중지능이론이 교육과정에 미친 영향은 다음과 같다.

(1) 통합주제 단원 중심의 교육과정 개발

다중지능이론을 적용한 교육과정은 통합주제 단원 중심의 교육이 이루어진다

(Amstrong, 1994). 기존의 교육과정이 분과 중심의 처방적 교육과정이라면 다중지능이론이 접목된 교육과정은 실생활과 관련된 주제 중심의 통합교육이 이루어진다는 것이다.

통합적으로 가르쳤을 때는 생활주변에서 주제를 가져오기 때문에 실생활에 필요한 지식의 활성화를 촉진시킬 수 있으며, 다각적인 방향에서 주제를 접근하기 때문에 사고의 폭이 넓어질 뿐만 아니라 고등정신 능력을 향상시킬 수 있다는 것이다. 교육과정이 기존의 교과서 중시에서 벗어나 박물관이나 기업체에서 도제식 교육까지도 할 수 있도록 개발되기 때문이다(Jordan, 1996).

(2) 교사와 유아의 강점에 초점을 맞춘 수업설계

캠벨(Campbell, 1997)에 의하면, 수업설계 시 다중지능이론을 적용한다는 것은 교사 자신과 유아들의 강점에 초점을 맞추어 수업설계를 한다는 것이다.

즉, 자신은 신체 · 운동적 지능이 높고 음악적 지능이 낮고 이웃 반 교사는 음악적 지능이 높고 신체 · 운동적 지능이 낮다면 이 두 교사는 팀을 이루어 수업을 한다는 것이다. 기존 수업이 유아의 약점 보완에 초점을 맞추었다면, 다중지능이론 접목 수업들은 유아의 강점에 초점이 맞추어졌다는 것이다(Hoerr, 2000).

유아들의 강점에 초점을 맞추어 수업을 설계하는 것은 유아들이 직접 자신의 프로젝트를 선정하여 계획하고 시행하는 것에서 볼 수 있는데, 다중지능이론이 접목된 교육에서는 유아들에게 직접 학습내용의 선택 권한을 주는 것이다.

(3) 도제식 교육 장려

다중지능이론을 접목한 교육의 특징 중 하나는 도제식 교육이다. 도제식 교육은 주로 세 가지 영역에서 일어나는데 예능(미술, 음악, 기술), 학업, 체육(댄스 또는 스포츠) 영역에서 하루의 1/3의 시간을 보낸다는 것이다.

즉, 우리나라는 교육목표와 내용, 방법, 평가를 명시하지만 인간의 능력을 보다 넓게 보기 때문에 무엇을 어떻게 가르칠 것인가를 규정하지 않는다는 것이다. 그렇게 되었을 때 교사는 교육과정 개발에 관한 복합적인 정신적 모형을 창출할 수 있으며, 교사로서 자신을 더욱 성장시킬 수 있다는 것이다.

(4) '다양한 자료를 활용하여 무엇을 어떻게 학습했는가?' 평가

미국에서 다중지능이론의 대두로 기존의 지필검사 중심의 평가가 서서히 수행평가로 옮겨가게 된 것에 주목할 필요가 있다. 수행평가의 본래 개념은 교실수업이 일어나는 상황과 유사한 실생활 상황에서 문제해결 능력을 평가하는 것이다(Slavin, 1994). 즉 '수행평가는 교실에서 배운 지식이나 기능을 실제적인 생활 속에서 실제적으로 수행해 내는 것'과 관련되어 있다.

제 5 장

유아교육과정

1. 유아교육과정의 특징
2. 유아교육과정의 개념
3. 유아교육과정의 접근법
4. 유아교육과정 구성 및 운영
5. 우리나라 유아교육과정의 변천
6. 3-5세 누리과정

1. 유아교육과정의 특징

유아교육기관에서는 교육과정을 교육과학기술부 월별 유아교육지도 자료집이나 교육계획안을 또는 연중 다루고 있는 교육내용을 교육과정으로 생각하는 경우가 많다. 즉 유아교육 교사들이 문서로서 작성된 교육계획안을 교육과정으로 생각하는 경우가 많다. 사실상 교육과정이라는 학문이 그렇게 깊지 않은 역사를 갖고 있으므로 아직까지도 교육과정의 개념을 규정하는데 있어서 어떤 합의점을 찾기가 어렵고, 또한 같은 측면에서 유아교육과정의 의미를 탐구해 나가는데 있어서는 마찬가지의 어려움이 있다. 하지만 유아교육의 독특한 특성을 신중하게 고려한다면 유아교육 과정의 개념 정의가 한결 수월해 질 수 있다.

스포덱(Sopdek)은 교육과정이라는 용어가 각급 학교에서 공용되고 있지만 유아교육에서 사용되어지는 교육과정은 특히 유아교육만이 갖는 특성이 있음을 지적하고 그 차이를 다음의 몇 가지로 제시하고 있다. 본 장에서는 스포덱이 제시한 유아교육과정만이 갖는 특성을 Ralph W. Tyler의 '교육과정 및 교수의 기본원리'에서 제시한 목적, 내용, 조직, 평가의 관점으로 나누어 살펴보고자 한다.

1) 목적

첫째는 목적에 대한 부분이다. 유아교육자들은 다양한 개념의 교육 목적을 갖고 있다는 점이다. 행동주의적 교육철학에 입각한 유아교육자는 특별한 학습결과에 초점을 맞추는 반면 구성주의적 교육철학에 입각한 유아교육자는 유아의 발달을 도와주는 것과 같은 포괄적인 면에 관심을 갖는다.

2) 내용

둘째는 내용 선정에서의 차이이다. 유아교육과정에서의 내용선정은 교과 영역별 선정이 아니다. 유아교육은 다양한 연령층의 대상 아동에게 각자의 발달을 고려한 교육내용이 선정되어 교육되어야 함을 강조한다. NAEYC에서 제안한 발달에 적합한 실제에서는 일정하게 합의된 지식을 모든 유아에게 일관되게 제시하기보다는 유아의 발달 수준과 흥미에 따라 개별적으로 다양하게 교육할 것을 강조하고 있다.

3) 조직

셋째는 조직에서의 차이이다. 구체적으로 학습환경과 교수-학습방법에서의 차이이다. 유아교육기관의 학습환경은 타급 학교의 학습환경과는 차이가 많다. 실내 환경구성이나 실외 환경구성 및 교재 · 교구에서 큰 차이가 있다. 즉 다른 단계의 교육에 있어서 가장 중요한 교재는 교과서인 반면 유아교육에 있어서는 다양한 교재 · 교구이다. 실내환경이 다양한 흥미영역별로 언어영역, 수 영역, 과학영역, 미술영역, 음률영역, 역할영역, 조작영역, 목공영역, 물놀이영역, 모래놀이 영역 등으로 구성되고 각 영역에 필요한 교재 · 교구가 비치된다. 이렇게 영역별로 비치된 교재 · 교구는 자유선택활동 시간의 운영에 따라 유아들이 스스로 계획하고 수행하고 평가하는 과정을 통해서 유아 주도적으로 교육활동이 진행되도록 조직되어 있다. 유아교육과정에서는 유아와 유아, 유아와 교사, 유아와 교구 간의 상호작용이 중요한 교육내용이 된다.

4) 평가

넷째는 평가에서의 차이이다. 평가의 경향에 따른 차이이다. 유아는 발달 특성상 읽고 쓰기의 능력이 아직 발달과정에 있기 때문에 유아를 위한 평가의 방법은 다른 타급 교육과정에서의 평가방법과는 다른 형식을 취해야 한다. 유아교육과정에서 주로 사용되어지는 교사에 의한 평가의 방법은 관찰을 통한 평가, 면담을 통한 평가, 유아의 작품을 모아서 분석하는 평가 방법이 많이 사용되고 있고, 유아 자신에 의한 평가 방법은 활동을 수행한 후 개인 별로 3단계의 얼굴표정이 그려진 평가지에 의한 평가방법을 통해 평가하거나 대집단 이야기 나누기 시간이나 하루를 마무리짓는 평가시간에 하루의 활동을 평가하는 형태를 취한다.

이와 같이 유아교육과정의 의미는 교육과정의 관점에 그 근거를 둘 수 있으나 교육과정의 이론과는 다른 독특한 특성을 가지고 있음을 알 수 있다. 따라서 유아교육과정을 이해하는 데 있어서는 그 특성을 무시하고 교육과정 이론에만 기초할 수는 없을 것이다. 그러므로 유아교육과정의 개념을 이해하기 위하여 먼저 학자들에 의해 정의된 유아교육과정의 개념 정의에 대하여 이해해야 할 것이다. 그러나 유아교육과정의 개념 정의는 교육과정의 개념과 유사한 점이 많다. 이는 유아교육과정의 개념이 교육과정의 개념 정의에 영향을 받고 있으며 교육과정이라는 같은 맥락에서 정의되어짐에 기인한다고 볼 수 있다.

2. 유아교육과정의 개념

유아교육과정에 대한 정의에서 우리가 일반적으로 이해하고 있는 월간 혹은 주간 교육계획안이 교육과정이 아님을 우리는 확실히 해 둘 필요가 있다. 교육과정은 그것보다도 훨씬 넓은 의미를 내포하고 있다. 즉 교육과정은 명문화된 형태의 문헌에서부터 제시할 만한 무엇이 없이 단지 말로 표현할 수밖에 없는 교육과정에 이르기까지 그 형태가 다양하다.

Schwartz & Robison(1982)은 유아교육과정의 개념을 ① 우연히 일어난 것으로서의 교육과정 ② 유아가 학교에서 갖게 되는 모든 경험으로서의 교육과정 ③ 교수계획으로서의 교육과정 ④ 교수요목으로서의 교육과정 ⑤ 프로그램으로서의 교육과정으로 분류하여 정의하고 있다.

1) 우연히 일어난 것으로의 교육과정

유아의 놀이를 중심으로 각 유아에게 활동의 결정권을 주어 유아 주도적으로 교육활동이 진행되는 유아교육과정을 말한다. 교사가 미리 교육내용을 계획하기보다는 유아들에게 교육활동의 선택권을 주어서 개별 유아의 요구와 흥미를 중심으로 교육활동이 진행된다. 교사는 유아가 스스로 학습할 수 있으며 선택한 것에 능동적으로 참여하여 학습해 나갈 수 있도록 믿는다. 따라서 유아의 흥미와 요구가 다양하게 이루어질 수 있도록 교사는 교육환경을 체계적으로 마련해 주어야 한다. 이와 같이 교육과정을 우연히 일어난 사건으로 여길 때는 학습의 구체적인 내용보다는 학습하는 과정에 그 가치를 둔다. 왜냐하면 학습 활동과 경험 속에 포함된 유아의 흥미 그 자체를 가치 있는 것으로 보기 때문이다. 따라서 교육활동은 유아의 선택과 행동으로부터 나오게 되며 미리 계획될 수 없다. 이 입장에서 중요한 것은 유아자신이다. 따라서 교사는 유아의 요구와 흥미를 기초로 하여 자연스럽게 활동할 수 있는 분위기를 마련해 주고 끊임없는 관찰과 배려로써 그들을 안내하도록 힘써야 한다. 유아를 중심으로 하는 개별화된 교육이라는 장점은 있으나 교육과정의 범위가 너무 모호하여 유능한 교사를 필요로 하는 단점이 있다.

이 교육과정의 신념은 교사에 의해 선택된 내용보다는 유아자신에 의해 선택된 내용에 자발적인 학습 참여의 의욕이 높고 학습 또한 잘 이루어진다는 데 근거하고 있다. 그러나 교육이 유아의 흥미와 욕구에서 비롯된다고 하여 교사가 활동을 계획할 필요가 없다는 것은 아니다. 유아의 선택은 준비된 환경 안에서 결정되므로 자유롭고 적절한 선택이 이루어질 수 있도록 환경을 구조화할 필요가 있다. 이 교육과정의 특징은 인본주의 교육사상을 바탕으로 유아가 모든 선택의 중심이 된다는 점이다. 이는 교사의 입장에서 볼 때 유아의 욕구와 흥미를 자극할 수 있는 것들을 선택하고 시간표와 환경을 배치하는 등의 많은 업무가 따르며, 더욱이 바람직한 즉석 결정을 내릴 수 있는 경험 있는 교사를 필요로 한다는 점이다.

2) 유아가 학교에서 갖게 되는 모든 경험으로서의 교육과정

유아가 학교에서 갖게 되는 모든 경험을 교육과정으로 보는 입장으로서 교사의 의도적인 경험뿐 아니라 의도하지 않았지만 유아에게 영향을 줄 수 있는 잠재된 교육과정까지를 포함하는 것이다. 따라서 의도된 경험 뿐 아니라 계획되지 않은 많은 요인이 유아에게 영향을 미친다는 점에서 교사의 민감성이 요구된다. Schwab(1973)은 교육과정 경험의 4가지 요소를 교사, 학습자, 교과, 학습환경이라고 제시하고 있다. 이 4요소가 변화됨에 따라 경험도 변화되어지며 학습의 결과도 달라진다. 따라서 경험으로서의 교육과정에서는 교실의 분위기, 교사와 유아 및 유아와 유아간의 정서적 유대관계, 유아와 유아간의 역동적인 상호작용, 유아와 교구와의 상호작용 등과 같은 모든 물적 · 인적 환경이 중요시된다. 학교에서 갖게 되는 모든 경험으로서의 교육과정은 교사가 각 유아의 인성, 성격, 외모, 신념, 행동 등 모든 면에 세심한 주의를 기울여야 하고 또한 다른 유아와의 관계, 환경과의 관계에 대해서도 세심한 주의를 기울여야 한다. 또한 교사는 유아의 교육에서 의도한 경험 뿐 아니라 의도하지 않은 경험까지 유아들의 학습결과에 영향을 미칠 수 있다는 점을 감안하고 교사가 기대하지 않은 학습결과나 통제할 수 없는 요소가 존재한다는 사실을 염두에 두어야 한다. 교사는 학습이 일어나는 상황에 좀 더 세심하게 주의를 기울일 필요가 있으며 사회적 변화에 민감해야 하고 학습결과에 영향을 끼칠 수 있는 많은 예측할 수 없는 요인들에 대해 좀 더 세심한 배려를 해야 한다.

3) 교수를 위한 계획으로서의 교육과정

교수계획으로서의 교육과정은 오래 전부터 교육과정의 개념으로 이해되어 오고 있는 보편적인 정의라고 할 수 있다. 교수를 위한 계획으로서의 교육과정은 교사 중심의 교육과정으로서 교육과정은 매우 구체적일 수도 있고 포괄적일 수도 있으며 장기적 계획일 수도 있고 단기적 계획일 수도 있다. 교육과정의 계획안에는 유아를 위한 활동의 교육목표, 내용, 방법. 평가가 포함되어지며 그 형태는 매일 매일의 교육내용을 진술하고 있는 것에서부터 주제나 내용 영역에 따라 일련의 활동들을 진술하는 것까지 다양하다.

이 교육과정은 활동중심, 내용중심, 과정중심 또는 이 세 가지가 혼합된 형태로 볼 수 있다. 활동중심은 교사와 유아들의 활동을 묘사하는 활동에 대한 계획이며, 내용중심은 유아들이 학습해야 할 사실, 기능, 정보 등을 강조하는 내용에 대한 계획이며 과정중심은 분류능력과 같은 장기적 발달측면을 강조하고 있다. 따라서 이 입장은 계획을 유아를 위한 교수의 기초로 보는 것이다. 왜냐하면 이러한 교수계획은 유아의 욕구, 흥미, 활동을 예견하고 자료와 환경을 체계화하도록 도와줌으로써 경험이 풍부한 교사나 초보적인 교사 모두에게 큰 어려움이 없게 하기 때문이다. 그러나 이러한 교사의 미리 짜여진 교수계획은 유아의 매일 매일의 요구, 흥미에 대한 융통성 있는 교육을 감소시킬 수 있는 가능성이 높다고 비판받고 있다.

4) 교수요목으로서의 교육과정

이들에게 가르칠 교육 목표와 내용, 순서를 일련의 문서로 작성한 교수요목을 교육과정으로 규정한 매우 좁은 의미의 교육과정 정의이다. 이 교육과정은 유아의 개인차 및 지역사회의 특성을 반영하지 못하고 있으며 교육과정의 문제를 너무 단순화시키고 있다는 비판을 받고 있다. 그리고 교수요목으로서의 교육과정이 국가수준에서 중앙집권적으로 획일화된 문서로서 제시된다면 유아교육의 특징을 살리기는 힘들 것이다. 왜냐하면 유아교육기관과 지역사회의 특성, 유아들의 흥미와 요구, 현장에서의 실제적인 경험들이 반영되기 힘들기 때문이다. 특히 유아의 수준과 흥미가 다양하다는 점에서 볼 때 획일화된 교육과정의 적용은 무리가 있다고 하겠다. 그러나 무엇을 가르칠 것인가에 대한 구체적인 내용이 제시되어 있다는 점과 교육성과를 확인할 수 있다는 점에서 초보교사에게 매우 유용하게 적용될 수 있다.

5) 프로그램으로서의 교육과정

유아교육과정은 프로그램이라는 용어와 혼용되기도 한다. 그러나 엄밀한 의미에서 유아교육과정은 유아교육 프로그램과는 다르며 유아교육과정이 유아교육 프로그램을 포함하는 의미로 이해를 할 수 있다. 즉 유아교육과정의 특수한 한 형태가 유아교육 프로그램이라고 할 수 있다. 유아교육 프로그램을 대표하는 것으로는 1960년 이후 사회·문화적 보상운동의 일환으로 개발된 헤드스타트 프로그램을 중심으로 그 후의 팔로스루(Follow Through) 프로그램 모델들은 유아교육과정을 유아교육 프로그램으로 부르게 되는 경향을 가져왔다. 유아교육프로그램이라고 하면 특정 이론에 기초하여 조직된 교육과정 모델로서 일반적인 교육과정의 개념보다는 구체화되고 실제 현장에서 가르치는 교육내용을 상세하게 진술한 협의의 개념으로 이해된다. 대표적인 유아교육 프로그램으로 몬테소리 프로그램, 뱅크스트리트 프로그램, 프로젝트 접근법, 레지오 에밀리아 접근법 등이 있다.

3. 유아교육과정의 접근법

유아교육과정 유형은 발달과 학습에 관한 입장에 따라 세 가지로 구별할 수 있다. 이 세 가지 입장은 성숙주의, 행동주의, 구성주의로 대별할 수 있으며 이러한 기본 입장으로부터 많은 유아교육 프로그램 모델들이 개발되었다.

유아교육 프로그램의 주된 이론적 배경이 된 세 가지 입장에 근거하여 프로그램의 특징을 논의해 보는 것은 1970년대 이후 개발된 많은 유아교육 프로그램 모델들을 이해하는 데 도움이 된다.

1) 성숙주의적 접근법

성숙주의적 입장은 인간의 발달에 영향을 미치는 환경적 요소의 영향을 최소한으로 인정하였고 인간발달의 가장 중요한 힘은 유아의 내부로부터 나온다고 믿었다. 대표적인 학자로는 루소와 게젤 등을 들 수 있으며, 루소는 유아에게 자연적인 방법으로 성장할 수 있는 기회를 주는 것이 가장 중요하다고 보았다. 발달은 유전적으로 이미 가지고 태어나는 부분이 성장하면서 개화(unfolding)되어진다고 보았다. 따라서 유아는 자신의 잠재 가능성을 최대한 발달시키는 것이 중요하며, 교사와 부모는 유아의 자연적 성장을 절대로 방해하지 말아야 한다고 보았다. 교사와 성인의 역할은 직접적 · 체계적 지도가 아니라 유아의 요구를 들어주고 그에 따르는 것으로 보았다.

교육활동의 일반적인 원리

① 유아에게 많은 선택의 기회를 주고 성인의 개입을 최소화하라. 이는 유아 자신의 스케줄에 따라 활동을 선택하도록 하며, 유아의 성숙을 재촉하기 위한 성인의 지나친 개입은 바람직하지 않은 것으로 보았다.

② 유아에게 다양하고 풍부한 자료를 사용함으로써 발달을 촉진시켜라. 특정한 유형의 활동을 매일 일정한 시간에 진행시킨다. 유아들의 사고를 표출하기 위해 활동을 위한 충분한 시간의 제공이 필요하다.

③ 자신의 발달수준에 적합한 활동이 제공되어져야 한다. 집단구성은 발달수준이 같은 또래집단으로 구성하는 것이 가장 효과적이라고 보았다.

④ 작업이나 놀이의 결과에 대한 성인의 수정은 최소한으로 제한한다. 대부분의 많은 것은 시간이 지나면 저절로 달성 될 수 있다고 보았다.

⑤ 유아의 발달은 자신의 내적 성장의 힘에 따라 이루어진다. 따라서 바람직하고 적절한 경험이 아무 조건없이 제공되어져야 한다. 이상의 원리에 따르면 교사의 역할에 대한 애매함이 존재할 가능성도 또한 배제할 수 없다.

2) 행동주의적 접근법

행동주의적 입장은 환경의 영향이 개별 유아의 행동을 어떻게 형성하게 하는지에 관심을 갖고 있었고 외적인 환경을 조직하고 변화시킴으로써 유아의 행동을 촉진, 변화, 감소시킬 수 있다고 보았다. 대표적인 학자로는 로크, 손다이크, 스키너, 왓슨 등이 있으며 환경주의, 문화전달주의라고도 한다. 왓슨의 "나에게 12명의 아이를 준다면 그들을 자신이 원하는 의사든 변호사든 도둑이든 거지든 만들 수 있다"라는 말은 행동주의의 입장을 잘 나타낸 것이라 할 수 있다. 인간의 모든 행동은 학습된 것으로 간주하였으며 생물학적인 유전은 전혀 인정하지 않았다. 교사와 성인의 역할은 강화, 보상 등을 유아에게 적절히 주어 사회화를 경험하고 학습하게 하는 것으로 보았다.

대표적인 프로그램으로는 잉글만과 베커(Englemann-Becker), 디스타(DISTAR)프로그램, 행동분석모델 등이 있다.

교육활동의 일반적 원리

① 달성하기 위한 구체적인 목표가 제시되어야 한다.

② 학습의 내용을 단순화, 위계화, 순서화 시켜서 조직한다.

③ 학습과정에서 교사의 지시, 수정, 강화의 역할이 강조된다.

④ 직접적 경험을 통한 학습의 단계를 넘어선 추상적인 학습내용을 다루기 위한 도구로서 언어적 능력이 강조된다.

3) 구성주의적 접근법

구성주의적 입장은 유아의 능동적인 활동능력을 강조하였으며 환경과의 상호작용의 중요성을 지적하였다. 구성주의는 성숙주의와 행동주의의 이론을 적당히 조합하여 형성된 이론이 아니었다. 이들은 새로운 하나의 입장인 제 삼자적 입장을 취하고 있다.

발달은 성숙주의에서 주장하는 내적 개화의 개념이 아니고 유기체의 내적 구조변화에 따른 활동의 결과라고 보았다. 유기체는 자신이 처한 환경 속에서 환경과의 상호작용을 통하여 내적 구조의 변화를 가져오게 된다. 또한 발달을 질적으로 다른 여러 단계가 순서적으로, 즉 연속적으로 진행되는 것으로 본다.

대표적인 학자로는 듀이, 피아제, 비고츠키 등을 들 수 있으며 피아제는 지능을 개인과 환경의 끊임없는 상호작용이라 보았으며, 인지발달이란 환경에 대한 적응능력의 발달을 의미하며 이것은 동화와 조절에 의해 가능하다고 주장하였다.

부모나 교사는 유아가 자발적으로 관심을 갖는 것을 허용해야 한다. 유아가 사물에 대해 강한 관심을 보일 때 그것은 인지적 불평형을 호소하는 것이고 인지적 성장의 동기를 갖게 된 것이기도 하다.

교수학습의 원리

① 각 개인은 사회적, 물리적 환경과의 상호작용을 통해 인지구조를 재구조화 한다. 따라서 다양한 물리적, 사회적 현상과의 풍부한 경험을 제공하는 것이 필요하다.

② 유아의 직접적 활동을 강조 한다. 가장 풍부한 발달은 아동 중심적 경험에서 이루어지며, 그 과정에는 적절한 교사 및 또래와의 상호작용이 수반되어질 때 더 효과적이다.

③ 활동의 구성은 유아 주도적 활동과 교사 주도적 활동이 균형을 맞추도록 하는 것이 요구된다.

④ 유아의 호기심을 자극하고 유아가 능동적으로 활동할 수 있는 환경을 제공한다.

성숙주의, 행동주의, 구성주의의 유아에 대한 이해 및 교육 방법이 아래의 표 5-1에 비교 제시되어지고 있다.

표 5-1 세 가지 기본가정의 정리 비교표(Peters, Neisworth & Yawkey, 1985)

구분	성숙주의	행동주의	구성주의
목적	전 인격적인 아동으로서의 성장	특별한 지식이나 기술을 강조, 내용지향적	학습과정과 관련된 태도와 성향의 형성
아동	적응적	능동적이고 수동적	능동적
	정서측면에서 성인과 질적으로 다름	학습에서 성인과 질적으로 동일함	성인과 사고과정이 질적으로 다름
발달	갈등해결의 결과로 발달단계별로 이루어짐	양적, 점차적인 확장	상황에 따라 그때 그때 일어남
	풍부한 환경속에서 예정적, 유전적으로 계획된 과정임	환경적 자극과 조작을 통하여 유아의 행동발달이 이루어짐	생물학적인 단계가 정해지나 환경과 유아와의 상호작용을 통하여 더 높은 수준의 발달로 나아감

구분	성숙주의	행동주의	구성주의
학습	발달에 기초하여 내적, 외적 동기 유발	환경으로 부터의 동기 유발	내면으로 부터의 동기 유발
	사회적 경험에 기초를 둠	언어에 기초를 둠	감각교육에 기초를 둠
	자연적 전개	특별한 훈련에 기초를 둠	다양한 경험에 기초를 둠
	개인적 표현 / 과정	결과 접근법	과정 접근법

4. 유아교육과정 구성 및 운영

1) 학습환경 구성

환경구성은 단적으로 유아교육과정이라고 말할 수 있다. 유아들이 주어진 환경 안에서 자신의 흥미에 의해서 다양한 활동들을 선택하고 진행시켜 나가도록 좋은 프로그램들은 배려하고 있다. 즉 유아의 발달적 특징을 고려한 학습 환경 속에는 교사의 의도와 계획이 녹아들어 있다. 유아들이 어떻게 배우는가를 이해하는 현명한 교사는 아이들이 그들의 에너지를 최대로 흥미 있는 영역의 학습에 기울일 수 있도록 환경을 준비한다. 그리고 나서 자료와 활동에 대한 유아의 즐거운 탐색을 통하여 그 학습 환경 자체에서 배울 수 있도록 환경을 제공한다. 교사는 이러한 환경을 매우 주의 깊게 준비해서 유아 개개인이 교사로부터의 많은 지시를 받지 않고 스스로 환경을 사용할 수 있도록 해야만 한다. 교사는 환경이 유아 개개인의 광범위한 흥미와 능력에 적합한 자료와 활동을 포함하도록 해야만 한다. 교사는 각각의 흥미영역이 서로 독립적이면서도 각 영역은 또한 전체 교육과정안에 적합한 방법으로 통합되어지도록 해야만 한다.

(1) 흥미영역별 학습환경 구성의 가치

흥미영역별 공간 배치는 다음과 같은 효과를 제공할 수 있다(Mindess & Mindess, 1972).

① 유아에게 활동에 대한 선택의 기회를 풍부히 해주고 자신의 활동계획 수행을 좀 더 분명하고 손쉽게 해 주며, 사려 깊고 목적이 뚜렷한 활동이 되도록 도와준다.
② 물리적, 시간적으로 경계가 뚜렷해지고 영역별 참여인원을 정할 수 있으므로 공격성이 줄어들고 다른 유아의 방해를 자연적으로 통제하게 되므로 유아가 보다 안정된 분위기에서 활동에 몰두 할 수 있다.
③ 각 흥미영역 활동에 고르게 참여할 수 있도록 교사가 관찰을 통해 유아를 배려할 수 있다.
④ 유아는 스스로 활동을 선택하고 계획할 수 있는 기회를 갖게 되므로 의사결정 능력 및 자율성을 길러줄 수 있다.
⑤ 유아는 자신의 속도에 맞추어 활동을 진행할 수 있다.
⑥ 영역별 공간 배치에서 유아는 다른 유아와의 언어적 상호작용이 증가하고 건전한 활동을 위한 신체적 행동이 나타난다.

Hallinan(1973)에 의하면, 전통적 교실환경을 흥미영역별로 재배치하여 변경한 후 교사-유아, 유아-유아들 간의 상호작용이 증가됨을 발견하였다. 효과적인 배치로 유아들을 통제하고 지시하는데 드는 불필요한 관리시간을 줄일 수 있다.

(2) 흥미영역별 공간배치의 원리

유아교육기관의 물리적 환경 중 활동실의 공간구성은 움직일 수 있는 시설인 가구를 어떻게 배치하는가에 따라 달라질 수 있다. 교실에서의 물리적 환경 변화를 용이하게 하는 가구들은 칸막이, 이동식 교구, 정리장, 책꽂이, 책상, 의자 등이다.

활동영역별 배치에서 활동실을 정돈하고 가구를 배치할 때 유의해야 할 몇 가지 기본적 고려사항은 다음과 같다(Decker & Decker, 1984).

① 유아가 원할 때 자유선택활동을 할 수 있는 개별적 공간의 구성으로 유아가 편안하고 안정감을 느낄 수 있게 한다.

② 유아가 개별적으로 몰두 할 수 있는 공간의 필요성은 많은 교육자들에 의해 주창되었다(Prescott, 1977). 개별 공간의 특성은 편안함, 자유로운 표현 활동과 연결시킬 수 있다. 이러한 특성을 살릴 수 있는 실내 가구와 소품 및 자료는 흔들의자, 큰 쿠션, 커다란 양탄자, 애완용 봉제동물, 밀가루 반죽, 점토 등이 있다.

③ 활동실을 그 때의 교육과정에 따라 알맞게 변화시킬 수 있도록 배치한다. 이렇게 일정에 따른 공간의 변화가 가능하려면 가구 자체가 활동 변화에 따라 변형, 배치될 수 있고 쉽게 옮겨질 수 있도록 설계되어져야 한다. 들어서 나를 수 있는 가구, 움직일 수 있는 이동식 교구장, 칸막이 등이 있다.

④ 하루 종일 운영되는 프로그램 또는 점심을 제공하는 프로그램에서는 낮잠, 점심을 위한 방이 따로 없을 때 활동실의 가구를 움직여 활동이 가능하게 한다.

⑤ 유아의 신체 크기에 알맞은 가구를 사용해야 하며, 자료 배치는 유아의 키에 맞게 이루어져야하는 등 유아가 독립적으로 활동할 수 있도록 한다.

⑥ 활동영역을 구분하여 영역별 이름을 붙임으로써 유아들이 쉽게 이해하고 활동 시 참조할 수 있도록 한다.

⑦ 유아들이 혼잡하지 않은 상황에서 함께 활동 할 수 있도록 배치하며, 서로 활동을 자극하고 격려할 수 있는 활동들을 인접하여 배치하도록 한다.

⑧ 소음이 심한 블록 영역에는 카펫을 깔면 소음을 줄일 수 있다. 활동영역별로 그 영역 안에서 활동하는 유아의 수, 가구, 재료, 기구 등을 고려하여 충분한 공간을 할당한다. 개인사물함은 활동실 인접지역에 배치하는 것이 좋으나 가능하지 못할 경우 활동실 내에 배치한다.

⑨ 교사가 모든 영역을 볼 수 있도록 배치한다.

2) 교육내용 구성

교육내용의 구성은 목표, 내용 선정, 내용 조직, 교수-학습 방법, 평가 등이 포함되어진다.

(1) 목표

멕코비와 젤러는 유아교육의 목표를 다음의 세 가지로 구분하였다(Decker & Decker, 1997 재인용).

성숙주의는 목표를 인간이 갖추어야 할 건전하고 바람직한 인성 특성과 일련의 덕목이라고 규정하고 있다. 행동주의는 행동주의 학습이론을 바탕으로 빠른 시간 안에 계획적 강화에 의해 구체적인 학습목표를 세우고 달성하는 것이다. 구성주의는 진보주의 교육이념에 바탕을 두고 있으며 발달적, 철학적 전략을 사용하면서 궁극적인 교육의 목표를 발달로 보고 있다.

다음은 NAEYC(1991)의 연구결과를 참고로 3-8세 유아교육 프로그램을 위한 구체적 목표 진술의 형태를 일부 사례로 보여 준다.

- 학습에 대한 긍정적 자아개념과 태도, 자기조절력과 소속감을 발달시킨다.
- 세계에 대한 호기심, 학습자로서의 자신감, 창조력과 상상력, 개인적 순발력을 기른다.

- 성인과 또래와의 상호 신뢰감과 존경의 관계, 타인의 관점에 대한 이해, 집단생활의 규칙을 사용하고 타협하기를 발달시킨다.
- 사건, 사물, 사람과의 관계속에서 분류, 서열, 수, 공간과 시간같은 개념이해를 구성한다.
- 예술, 문학과 과학에 대한 감상과 이해를 한다.

(2) 내용 선정

'무엇을 어떻게 가르칠 것인가?' 라는 질문은 교육과정에서 가장 기본적으로 제기할 수 있는 질문이다. '무엇이란?' 가르칠 내용에 대한 부분이고 '어떻게?'는 교육방법적인 부분이다. 이 장에서는 '무엇을?' 에 해당하는 질문에 답을 해보기로 한다. 교육내용 선정 시에 우리가 꼭 기억하고 기본적으로 고려해야 할 부분은 유아발달에 대한 지식, 유아의 개인적 특성, 다양한 원리에 기초한 지식, 우리문화의 가치, 부모의 요구, 사회적 요구 등이 포함되어야 한다는 것이다. 이러한 고려사항이 충분히 반영되어질 수 있도록 하기 위한 몇 가지의 질문이 있다.

NAEYC에서 유아교육 내용 선정을 위한 기준이 될 만한 다음과 같은 질문을 제시하였다(Bredekamp & Rosegrant, 1985).

① 교육과정이 상호작용적인 학습을 이끌어 나가며 유아의 지식 구성을 격려하는가?
② 교육과정이 사회, 정서, 신체 및 인지적 목표를 달성하도록 돕는가?
③ 지식이나 기술을 습득해 나가는 동안 학습에 대해서 유아에게 긍정적인 느낌을 갖게 하며 학습을 하고자 하게 만드는가?
④ 교육과정이 유아들에게 의미가 있는가? 즉 유아의 삶과 연관되어 있는가? 혹은 유아의 개인적인 경험과 관련하여 적절한지, 유아가 그 교육과정을 통해서 직접적인 경험을 쉽게 갖도록 돕는가?

⑤ 유아에 대한 기대가 현실적인가? 또는 유아가 성장한 후에 배우는 것이 더욱 쉽고 효율적인가?

⑥ 교육과정이 유아와 교사에게 흥미로운가?

⑦ 교육과정이 문화적, 언어적 다양성을 잘 반영하며 그 다양성에 예민하게 반응할 수 있는가?

⑧ 유아에게 현재 지니고 있는 지식이나 능력을 확립하고 발전시킬 기회를 주는가?

⑨ 유아에게 의미 있는 상황 속에서 활동을 구성하도록 해줌으로써 개념의 이해를 도와주고 있는가?

⑩ 전통적인 교과영역과 충분히 통합되어 있는가?

⑪ 관련분야의 기준에 따라 지식이 정확하고 신빙성 있게 제시되는가?

⑫ 그 내용요소가 알만한 가치가 있는 것인가?

⑬ 활동적인 학습을 촉진하며 유아에게 의미 있는 선택을 하도록 허락하는가?

⑭ 유아가 과업을 완수하는데 정답에만 중점을 두기보다는 유아의 탐구과 탐색을 촉진하는가?

⑮ 사고하고 추론하고 문제해결을 수행하고 의사결정을 하는 능력을 길러주도록 하는가?

⑯ 유아와 성인 혹은 또래 간의 사회적 상호작용을 장려하고 촉진하는가?

⑰ 활동성, 감각적인 자극, 맑은 공기, 휴식, 영양, 배설에 대한 유아의 생리적 욕구를 존중하는가?

⑱ 유아의 심리적 안정감, 안전, 소속감 등을 장려하는가?

⑲ 성공의 느낌, 학습의 즐거움을 장려하는 경험을 제공하는가?

⑳ 교사와 유아에게 융통성을 허용하는가?

(3) 내용 조직

Schwartz & Robison(1982)은 유아교육 내용을 조직하기 위한 원칙을 네 가지로 제시하였다.

첫째, 학습은 구체적인 것의 학습에서 추상적인 것으로 진행되어야 한다. 구체적인 것은 구체물이며 추상적인 것은 표상 및 상징체계를 의미한다.

둘째, 단순한 것에서 복잡한 것으로 조직되어야 한다. 이는 항목이나 변인 또는 사건 수의 증가 형태에 따른 복잡성을 의미한다.

셋째, 단순한 사실에서 개념으로 진행하도록 한다. 사물이나 사건의 관계를 이해함을 기초로 하여 개념의 발달을 진행시킨다.

넷째, 학습은 이미 알고 있는 것에서 점차 모르는 것으로 진행되도록 조직한다. 유아는 자신과 관련이 있는 것에 흥미가 많다. 유아가 주도적으로 활동을 진행하여 학습의 효과를 극대화시키기 위해서는 우선적으로 유아의 흥미를 고려해야 한다.

(4) 교수-학습 방법

유아교육과정에서 제시하는 교수-학습방법의 원리는 다음과 같다.

① 각 영역별로 제시된 내용은 지도의 순서를 의미하는 것이 아니므로, 적절한 시기와 상황에 맞추어 통합적으로 운영될 수 있도록 교육활동을 계획한다.

② 교육내용의 Ⅰ수준, Ⅱ수준, 공통 수준은 유아의 발달과 경험 정도를 고려하여 연속성 있게 조직한 것이므로, 유아의 관심, 흥미, 발달수준에 따라 내용을 선정하고, 그에 적절한 방법으로 운영한다.

③ 교육내용은 주제, 유아의 요구 및 상황에 따라 다양한 활동을 통하여 여러 번 다룰 수 있다.

④ 교육활동은 발표, 토의, 관찰, 실험, 조사, 견학 등 유아들이 직접 참여할 수 있는 다양한 수업방법들을 활용하도록 한다.

⑤ 교육활동은 놀이 중심으로 이루어지도록 하며, 흥미영역과 교재·교구는 계절, 주제, 행사 및 유아의 요구 등에 따라 적절히 재구성한다.

⑥ 하루의 교육활동은 동적인 활동과 정적인 활동, 실내 활동과 실외 활동, 개별활동과 대 · 소집단 활동, 유아주도 활동과 교사 주도 활동 등이 균형있게 이루어지도록 한다.

⑦ 하루의 교육활동은 유아와 교사, 유아와 유아, 유아와 교구의 상호작용 등 여러 가지 유형의 상호작용이 일어날 수 있도록 제시한다.

⑧ 방과후 과정의 일과는 오전의 교육활동을 오후에 그대로 반복하거나 단순히 유아를 보호하는 것이 아니라, 유아의 신체적, 심리적 상태를 고려하여 하루의 교육활동이 균형있게 이루어지도록 한다.

⑨ 교재 · 교구는 다양한 정보를 얻을 수 있는 교수 매체를 활용하되, 가능한 한 구체적이고 직접적인 경험을 주는 실물자료를 사용한다.

⑩ 교사는 긍정적이고 지지적인 언어와 태도로 유아와 상호작용을 한다.

⑪ 교사는 확산적 질문을 많이 하여 유아의 호기심과 학습동기를 유발하고, 창의적인 사고를 촉진한다.

⑫ 특수교육 대상이라고 생각되는 유아는 부모와의 상담을 통해 전문가의 도움을 받도록 하고, 유치원의 상황에 따라 알맞게 교육한다.

(5) 평가

평가의 종류는 유아 평가, 교사 평가, 프로그램 평가로 크게 나누어 볼 수 있다. 평가는 관찰된 행동에 기초해야 하며 주관적 감정에 치우쳐서는 안 된다. 평가를 위해서는 다양한 평가도구로 여러 가지 상황에서 정기적으로 실시하여 조직적인 자료를 얻는 것이 필요하다.

유아를 위한 평가방법은 관찰을 통한 사례연구와 발달에 관한 행동목록법, 포트폴리오, 유아작업의 수집, 면담, 흥미영역 평가, 교사 제작 검사, 표준화 검사, 자기 평가 등이다. 교사를 위한 평가는 교사로서의 개인적 자질 및 전문적 자질에 대한 평가가 있다. 프로그램 평가는 교육과정 계획에서부터 실시, 평가 자체에 이르기까지 절차, 내용, 운영 등에 대한 평가를 말한다.

유아교육과정에서 제시하는 유아 평가는 교육과정 영역별 목표와 내용을 준거로 하여 유아의 성취정도를 평가하도록 한다.

첫째, 유아의 건강, 기본생활습관, 정서적 안정감, 사회적 적응, 창의적 표현, 의사소통 능력 및 탐구심 등에 중점을 둔다.

둘째, 관찰, 일화기록, 작품분석, 면담 등 다양한 방법을 사용한다.

셋째, 유아 개인의 발달 특성 및 정도를 파악하여 그 결과를 문장으로 기술한다.

넷째, 평가 결과는 유아의 전인적인 성장, 효율적인 교육과정 운영, 부모 면담, 생활기록부 작성 등을 위한 기초자료로 활용한다.

3) 유아교육과정 운영

교육과정 운영은 구성되어진 교육과정을 현장에 적용하는 과정에서 고려되어져야 할 여러 가지 상황들이 다루어질 수 있다. 본 절에서는 유아교육과정의 일과 계획 운영의 기본원리, 일일 활동 전개방법 등에 대해서만 다룬다.

(1) 일과 계획 운영의 기본원리

① 일과 활동계획은 각 프로그램의 철학에 근거해야 한다. 철학이나 이론이 없이 계획되고 수행되어지는 활동은 그 타당성과 가치를 인정받을 수 없다.

② 매일의 일과 계획은 일관성이 있어야 한다. 일과의 운영이 일관되게 운영되어야 유아들은 안정되게 하루의 활동을 진행할 수 있다. 일과가 자주 변경되거나 바뀌면 유아들은 변화에 적응하는 과정에서 불안감을 느낄 수 있고 다음에 진행되어질 활동에 대한 예측을 할 수 없는 것에서 오는 불안을 경험하게 된다.

③ 일과 계획 속의 시간은 유아의 신체적 욕구을 반영하도록 운영한다. 간식

시간, 식사 시간, 휴식 시간, 낮잠 시간, 화장실 다녀오기 등의 시간이 주어져야 한다.

④ 일과 계획은 교사가 미리 자신의 짜여진 틀 속에 유아들을 끼워 맞추는 것이 아니라 유아의 욕구에 적극적으로 참여해야 한다. 유아가 주도적으로 활동에 참여할 수 있는 동기유발이 필요하다.

⑤ 일과 운영은 균형잡힌 계획으로 수행되어야 한다. 하루 일과는 교사 주도적인 활동-유아 주도적인 활동, 대그룹 활동-소그룹 활동-개별 활동, 조용한 활동-활발한 활동이 균형을 이루어야 한다.

⑥ 하루의 일과 속에서 여러 가지 유형의 상호작용이 일어날 수 있도록 고려한다. 교사-유아, 유아-유아, 유아-교구 간의 다양한 형태의 상호작용이 일어나도록 운영한다.

⑦ 하루의 일과는 융통성 있게 운영한다. 활동의 계획에 너무 얽매이지 말고 상황에 따라서 융통성 있게 운영할 수 있는 묘미를 살린다. 예를 들면, 계획한 활동에 유아들의 흥미가 없거나 끝내야 할 활동에 흥미가 지속되어질 경우는 상황에 따라 적절히 운영할 필요가 있다.

⑧ 효과적인 일일 활동계획은 활동을 계획한 다음 그 활동을 수행해 보고 활동의 평가가 이루어질 수 있도록 한다. 평가는 다음 활동의 계획 시 고려하도록 하고 이러한 과정 속에서 발전된 교육과정의 운영이 되도록 활용한다.

(2) 일일활동의 전개

① 교육내용을 전개하기 위해 사용될 매체를 선정한다. 다양한 흥미영역 안에서 이루어질 각 활동에 적절한 매체를 선정한다.

② 실제 활동에 사용될 교구의 종류를 선정한다. 활동을 가장 효율적으로 전개하기 위해 어떠한 교구가 필요한지를 결정하고 준비한다.

③ 활동의 전개에 적절한 유아의 집단형성을 고려한다. 대집단, 소집단, 동일

연령, 혼합연령구성 등의 내용을 고려한다.

④ 활동의 전개에 필요한 시간대를 결정한다.

⑤ 전체적인 교실환경을 고려한다. 교실의 분위기, 환경구성, 집단배치 등의 상태를 고려하여 활동을 전개한다.

⑥ 제시 형태를 고려한다. 게임, 노래, 미술 작업, 이야기 나누기 등의 다양한 형태 중에서 필요한 제시 형태를 선정한다.

⑦ 동기유발의 형태를 결정한다. 학습의 효과를 극대화하고 활동에 유아들이 적극적으로 참여할 수 있도록 하기 위해 활동 전에 동기유발을 시킬 수 있는 방법들을 고려하고 준비한다.

5. 우리나라 유아교육과정의 변천

1) 유치원 교육과정 제정 이전

우리나라에 유치원이 처음 설립된 것은 1897년 한국에 주제하고 있는 일본인 자녀를 위해 부산에 세운 '부산 유치원'이라고 할 수 있다. 그 후 우리나라 유아를 위해 세워진 1909년 함경북도 나남의 '나남 유치원' 등이 설립되면서 현대적 유치원의 면모를 갖추게 되었다. 1914년 선교사에 의해 한국 최초의 유치원인 '이화 유치원'이 설립되었고 한국인의 의지로 세워진 1916년 '중앙 유치원'이 있다. 강원도 강릉의 '금천 유치원'은 1924년 월정사에 의해서 설립된 유치원이다(이상금, 1987).

그 후 1945년 해방 무렵까지 약 165개의 유치원이 설립되기에 이르렀다. 해방 전 까지의 유아교육의 철학적 개념은 프뢰벨의 사상과 기독교 사상이 주가 되었다. 유치원 교육은 두 가지 교육적 이념에 영향을 받았는데 하나는 일본인에 의해 전파된 일본식 프뢰벨 사상을 중심으로 한 이념이었고, 다른 하나는 미국인 선교사들에 의해 전파된 기독교적 정신을 바탕으로 하는 유아교육 이념이었다. 전자의 경우 순수한 프뢰벨 교육 원리 및 방법이 우리나라에 전수되었다고 보기는 어려운데, 그 이유는 프뢰벨의 이론 중 자발 활동의 원리와 유아의 자유를 강조하는 면이 부각되지 않고 통제적이고 규제적이며 집단적 생활을 하는 면이 강조되었던 일본식 프뢰벨 사상의 영향이라고 할 수 있다. 이는 우리나라가 일제식민지 상태에서 일본에 전파된 프뢰벨 사상이 일본식 프뢰벨 사상으로 변화된 형태로 우리나라에 들어왔기 때문이다.

식민시대의 유치원은 한국계와 일본계로 구분이 되며, 일본계는 일본인 자녀를 위해 설립된 공·사립 유치원이 있었다. 한국계 유치원은 사립으로 운영이 되었으며 대부분 기독교 유치원이었다. 이러한 역사적 특징에 의해 1970년대까지 한국에서 가장 많이 볼 수 있는 유치원의 운영 주최는 교회 부설 유치원이다.

1920년대까지 유치원의 설립 및 운영은 대부분 이러한 형식에 의해 이루어졌으며 우리나라에서 최초로 유치원에 관한 법령을 만든 것은 1922년 2월 4일 공포된 '제 2차 조선 교육령'이었으며, 이어 2월 16일에 유치원 규정이 포함된 '소학교령'이 공포되었고 이 법령은 해방 후 우리나라의 교육법이 제정되기 전까지 유치원의 유일한 법적 근거가 되었으며(이기숙, 1992), 이 유치원 규정에 포함된 보육 항목인 유희, 창가, 담화, 수기 등의 교육내용은 일본의 유치원 보육 및 설비규정의 보육항목과 일치하는 것이었다(김옥련, 1992; 이상금, 1987).

해방 이후부터는 1920년대부터 미국의 유치원 교육이 프뢰벨의 교육이론을 탈피하여 생활중심, 경험중심 교육을 강조하는 진보주의 교육경향과 아동연구 운동에 영향을 받게되어 그 교육의 내용과 형태 면에서 큰 변화를 가져왔고 그러한 변화는 우리나라 유치원 교육과정에 반영되었다. 특히 1932년 패티 스미스 힐의 활동에 기초한 아동교육법은 오랫동안 우리나라 유치원 교육에 영향을 주었다. 그 내용구성은 자유선택활동 시간, 간식, 휴식, 바깥놀이 시간, 현장견학, 생활주변을 돌아보며 유아의 흥미를 유발시키는 활동 등으로 이루어졌고 교육의 운영 원칙은 유치원과 1학년 학생은 자발적 활동과 자발적 행동의 원리에 의해 교육되어져야 함을 강조하였다. 이는 최근 우리나라 유아교육과정에서 강조하고 있는 생활 중심, 경험 중심의 교육과정의 원리와 유사하다.

1922년 조선 교육령이 일본인에 의해서 제정된 이후 우리나라가 해방을 맞고 최초로 1949년 교육법이 법률 제 86호로 공포되면서 유치원 조항을 제 146, 147, 148조에 포함시키고 있다. 제 146조에서는 유아를 보육하고 적당한 환경을 주어 심신의 발육을 조장하는 것을 목적으로 제시하고 있으며, 제 147조는 다음에 따르는 목표를 제시하고 있다. ① 건전하고 즐거운 생활을 하기에 필요한 일상의 습관을 기르고 신체의 모든 기능의 조화적 발달을 도모 ② 집단생활을 경험시켜 즐겨 이에 참가하는 태도를 기르며, 협동 자주와 자율의 정신 배양 ③ 신변의 사회생활과 환경에 대한 바른 이해와 태도 배양 ④ 말을 바르게 쓰도록 인도하고 동화, 그림책 등에 대한 흥미 배양 ⑤ 음악, 유희, 회화, 수기, 기타 방법에 의하여 창작적 표현에 대한 흥미를 기른다. 제 148조는 유치원의 입학 연령을 만 4세부터 초등학교 취학 시기에 달하기까지의 유아로 제시하고 있다.

이 법령은 한국전쟁으로 그 기능을 제대로 발휘할 수 없었으며, 전쟁 이후에는 전쟁으로 인해 부모를 잃은 전쟁 고아들이 늘어남에 따라 사회복지 차원에서 그러한 아이들을 보호, 양육해 주는 기관이 급속하게 늘어나게 되었다. 유치원 교육과정은 1969년 제 1차 유치원 교육과정이 제정되기 이전까지는 국가수준에서의 정책적 배려를 받지 못하였고, 개인 또는 종교단체에 의해 운영되는 경우가 대부분이었다.

2) 유치원 교육과정 제정 이후

(1) 제 1차 유치원 교육과정(1969. 2. 19. 문교부령 제 207호)

제 1차 유치원 교육과정은 우리나라에 1897년 유치원이 처음 소개된 지 약

70여 년이 지나고 1949년 교육법이 제정되고도 20년이 지나서야 처음으로 제정되었다. 1960년대 들어 유치원의 수가 급증하게 되었고 유치원 교육의 내, 외적인 정비가 필요하게 되었다. 따라서 1962년 유치원 시설 기준령을 통한 유치원 교육의 외적 정비가 이루어졌고 내적 정비를 위하여 1969년 유치원 교육과정이 제정·공포되었다. 제 1차 유치원 교육과정은 유치원 교육의 목표, 영역, 수업일수, 운영 방법 등을 제시함으로써 전국의 유치원 교육에 중요한 지침이 되었다. 교육목적은 건강한 신체와 건전한 정신으로 생활할 수 있는 유능한 한국인 양성으로 하고 있다. 교육과정 구성은 건강, 언어, 사회, 자연, 예능 등 5개 생활영역으로 나누고 경험 중심, 생활 중심, 아동 중심, 흥미 중심의 학습형태를 취하고 있다. 특히 바람직한 인격 형성, 건강과 위생, 신체발달을 강조하며, 5개 영역의 목표 모두가 습관과 태도를 기르는 것을 중요시하고 있다. 연간 교육일수는 200일 이상으로 하고 하루 3시간(180분) 기준으로 하되 기후, 계절, 유아의 발달정도, 교육내용의 특성을 감안하여 시간을 조절할 수 있음을 밝히고 있다.

(2) 제 2차 유치원 교육과정(1979. 3. 1. 문교부 고시 제 424호)

제 1차 유치원 교육과정이 제정되고 10년이 지나 제 2차 유치원 교육과정 개정이 이루어졌다. 제 2차 유치원 교육과정은 국민교육헌장의 이념 아래 국민적 자질의 함양, 인간교육의 강화, 지식·기술 교육의 쇄신을 기본 방침으로 자아실현, 국가발전 및 민주적 가치를 강조하는 일반 목표를 갖고 제정되었다. 교육과정 영역은 사회·정서, 인지, 언어, 신체 및 건강 등 4개 발달 영역으로 구성되었다. 이 교육과정은 1970년대 인지발달을 강조하는 세계적 추세에 맞추어 인지발달을 강조하고 있으며 학문중심의 교육과정 성격을 띠고 있다. 인지발달에 대한 영향은 교육과정에 논리·수학적인 개념 형성이라든가 표상능력 등의 내용을 포함시키고 있다. 여기서 사용한 논리·수학적 개념이나 표상능력이라는 전문적인 용어는 현장의 교사들조차 그 의미를 이해하지 못하는 경우가 많아 교육과정을 제대로 이해할 수 없다는 지적을 받기도 하였다.

연간 교육일수는 200일로 하며 교육시간은 주당 18-24시간, 하루 3-4시간으로 운영하도록 하였다.

(3) 제 3차 유치원 교육과정(1981, 12. 31. 문교부 고시 제 442호)

제 3차 유치원 교육과정은 제 5공화국이 들어서면서 새로운 교육적 전환을 위해 기존의 교육과정을 전면적으로 수정 · 보완하려는 의도로 제 2차 교육과정이 개정된 지 2년 만에 다시 개정되었다. 제 3차 유치원 교육과정 개정에서부터 유치원 교육과정의 개정이 초 · 중등 교육과정 개정과 함께 이루어지게 되었다. 문교부가 교육전문 연구기관인 한국교육개발원에 교육과정의 연구 · 개발을 위탁하여 체계적인 연구에 의해 교육과정을 개정하였다. 교육과정의 목적은 민주 · 복지 · 정의사회의 건설에 적극적으로 이바지 할 수 있는 자주적이고 창의적인 국민을 길러내는 것이었고, 유치원 교육의 목적은 유아에게 알맞은 교육환경을 마련해 주어 전인적으로 성장하도록 돕는 것이었다. 교육과정 영역은 신체발달 영역, 정서발달 영역, 언어발달 영역, 인지발달 영역, 사회성 발달 영역 등 5개 영역으로 내용을 편성하고 놀이 중심, 경험 중심, 흥미 중심의 교육을 주류로 하고 있다. 제 2차 유치원 교육과정에서 하나로 제시되었던 사회 · 정서 발달이 사회성 발달 영역과 정서발달 영역으로 분리가 되었으며, 신체발달 및 건강영역이 신체발달 영역으로 흡수 통합되어졌다. 이 교육과정에서는 피아제의 인지발달이론, 타일러, 타바 등의 교육과정 이론의 영향을 받으며 학문 중심 교육과정의 형태를 표방했다.

연간 교육일수가 기존의 200일에서 180일 이상으로 하향 축소되었고, 하루 교육시간은 3~4시간 기준으로 필요에 따라서 변동할 수 있도록 하였다.

(4) 제 4차 유치원 교육과정(1987. 6. 30. 문교부 고시 제 87-9호)

제 4차 유치원 교육과정은 제 3차 유치원 교육과정이 개정된 이후 5년 후 교육과정의 내용 및 운영상의 문제점을 개선하도록 개정되었다. 교육의 목적은 건강한 사람, 자주적인 사람, 창조적인 사람, 도덕적인 사람으로 기르는데 역점을 두었다. 교육과정 영역은 신체발달 영역, 언어발달 영역, 인지발달 영역, 정서발달 영역, 사회성 발달 영역으로 제 3차 유치원 교육과정과 영역이 동일하며, 교육과정은 내용 부분을 없애고 목표 수준만을 제시하였으며 지도상의 유의점이 신설되었다. 이것은 각 영역별로 목표와 내용이 제시되는 경우, 각 발달 영역이 교과로 잘못 인식될 가능성이 크기 때문에 이런 단점을 배제하고 제시된 목표 수준에 따라 유치원 현장에서 교육활동을 선정하고 재구성하기 위함이었다. 이 교육과정에서 내용 수준이 생략되어짐에 의해 유아교육 현장의 교사들은 어떠한 내용을 교육해야 하는지를 결정해야 하는 어려움이 따르게 되었다. 이 교육과정에서는 흥미 중심, 경험 중심, 놀이 중심의 개별 지도를 강조하는 교육에 초점을 두었으며 교육내용의 통합적 구성을 제시하였다. 피아제의 인지발달 이론, 타일러, 타바의 교육과정 이론에 영향을 받았고 학문중심 교육과정의 형태를 띠고 있다. 평가 부분에서는 유아의 발달을 이해하고 도와주기 위한 교육의 과정으로 실시하며 평가의 대상과 내용에 따라 다양한 평가방법을 사용하도록 하고 있다.

연간 교육일수는 연간 180일 이상, 하루 3시간 기준으로 상황과 여건에 따라 조정할 수 있도록 하고 있다.

(5) 제 5차 유치원 교육과정(1992. 9. 30. 교육부 고시 제 1992-15호)

제 5차 유치원 교육과정은 교육부가 한국유아교육학회에 연구·개발을 위촉하여 개정이 이루어졌다. 1991년 교육법이 개정되면서 유치원 입학 연령이 기존의 4-5세에서 만 3-5세로 조정되었다. 대상 연령의 폭이 넓어짐에 따라 교육내용도 수준에 따라 Ⅰ수준, Ⅱ수준, 공통수준으로 구분이 되었다. 1995년도부터 지방자치제에 의한 교육자치가 실시되었기 때문에 국가 수준의 교육과정을 기초로 각 시·도 교육청과 유치원은 지역의 실정에 맞는 교육과정을 편성·운영하도록 하였다. 부모의 요구에 따라 취업모 가정의 자녀를 위한 방과후 과정 운영과 읽기 · 쓰기에 대한 구체적인 지침을 제시하는 등 학부모의 요구도 교육과정에 반영하였다. 제 5차 유치원 교육과정에서는 사회적 관계와 기본생활습관을 강조하도록 하였다.

교육 목표는 건강한 사람, 자주적인 사람, 창의적인 사람, 도덕적인 사람을 이상적인 인간상으로 추구하며, 기본생활교육의 강조, 창의적인 문제해결 능력 신장 등을 강조하고 있다. 이 교육과정은 듀이, 피아제, 매슬로우, 아이즈너 등의 다 학문적 배경을 바탕으로 유아의 흥미 · 요구 · 개별성의 존중, 놀이 중심교육, 유아의 전인적 성장 발달 등의 교육을 중점으로 하는 인간 중심 교육과정으로 분류된다. 교육 영역은 건강생활, 사회생활, 표현생활, 언어생활, 탐구생활의 5개 생활영역으로 구성되었다. 학습은 능동적 학습 경험과 흥미를 중시하여 통합적으로 운영하도록 하였다. 평가는 각 영역별 목표에 준하여 교육내용, 교육환경 및 교육자료, 교육방법 그리고 유아에 대한 평가가 이루어지도록 하였다

연간 교육일수는 180일 기준으로 지역적 여건과 상황에 따라 변경 가능하도록 하였고, 하루 180분 기준으로 하고 조정 가능하도록 하였다.

(6) 제 6차 유치원 교육과정(1998. 6. 30. 교육부 고시 제 1998-10호)

21세기의 세계화 · 정보화 시대를 주도할 자율적이고 창의적인 한국인 육성을 기본 방향으로 하는 제 6차 유치원 교육과정은 건강생활, 사회생활, 표현생활, 언어생활, 탐구생활 영역으로 내용을 구성하였다. 교육과정은 수준별 적절성을 고려한 교육, 교육시간 운영의 다양화 추구, 기본생활습관 및 협동적인 생활태도 강조, 감성계발교육 강조, 창의성과 정보능력 함양교육의 강화, 세계화에 대비한 전통문화 교육에 강조점을 두고 개정되었다.

교육의 목표는 몸과 마음이 건강하게 자랄 수 있는 경험, 기본생활습관을 기르고, 다른 사람과 더불어 생활하는 태도, 생각과 느낌을 창의적으로 표현하는 경험, 바르게 언어를 사용하는 경험, 일상생활의 문제에 대하여 스스로 궁리하는

태도 등을 기르기이다.

교육과정은 건강생활, 사회생활, 표현생활, 언어생활, 탐구생활 영역으로 구성하고 있으며, 교육일수는 연간 180일 이상으로 하고, 하루의 교육시간은 180분을 기준으로 하되, 유아의 연령과 발달 수준, 기후, 계절, 학부모의 요구 등을 고려하여 실정에 맞도록 조정한다. 1일 3시간 이상 5시간 미만의 반일제, 5시간 이상 8시간 미만의 시간 연장제, 8시간 이상의 종일제 프로그램으로 구분, 운영하여 부모들이 선택하도록 한다.

(7) 2007 개정 유치원 교육과정(2007. 2. 28. 교육인적자원부 고시 제2007-79호)

2007 개정 유치원 교육과정은 종전까지 전면 개정으로 이루어졌던 대한민국 교육과정 개정 체제를 수시 개정 체제로 바꾼 뒤 개정된 네 번째 교육과정이다. 2007 개정 유치원교육과정부터는 기존의 차순으로 이루어진 교육과정이 아닌 2-4년에 한번씩 수시로 개정하게 된다. 2007 개정 유치원 교육과정 개정에서는 5차, 6차 유치원 교육과정을 승계하는 형식으로 개정이 되었으며 기본생활습관, 전통문화, 창의성을 전 영역에서 강조하고 있으며 유치원과 초등학교 교육과정의 연계성을 강화하고 있다.

표 5-2 유치원 교육과정 비교표

구분	제 1차 (1969. 2. 19. 문교부령 제 207호)	제 2차 (1979. 3. 1. 문교부 고시 제 424호)	제 3차 (1981. 12. 31. 문교부 고시 제 442호)
교육목적	건강한 신체와 건전한 정신으로 생활할 수 있는 유능한 한국인 양성	1. 자아실현 2. 국가발전을 위한 주체의식 확립 및 사명감 인식 3. 민주적 가치의 강조	유아들의 전인적 성장 조력
영역별 교육목표	1. 건강 및 안전교육 철저 2. 기초적인 생활습관과 기능 익히기	1. 사회화에 필요한 경험 습득하기	1. 감각 및 운동기능을 기르고 신체의 조화로운 발달 이루기

구분	제 1차 (1969. 2. 19. 문교부령 제 207호)	제 2차 (1979. 3. 1. 문교부 고시 제 424호)	제 3차 (1981. 12. 31. 문교부 고시 제 442호)
	3. 자연과 사회의 제 현상에 관심을 가지며 과학적이고 민주적인 사고력 싹트기 4. 바르게 듣고 말하기 5. 심미적인 태도와 창조적인 표현력 기르기	2. 사회와 자연현상에 대하여 흥미를 가지고 다양하게 표현하기 3. 탐구력과 적응력 기르기 4. 언어습관 및 태도 기르기 5. 신체건강 및 안전에 대한 습관 및 태도 기르기	2. 긍정적인 자아개념 형성 및 창의적으로 표현하기 3. 기초적인 언어 기능 습득하기 4. 자연과 사회현상에 대한 기초적인 이해와 문제해결능력 기르기 5. 가족과 이웃을 사랑하는 태도 및 일상생활에 필요한 기본적인 예절과 규범지키기
학습형태	생활, 경험, 흥미 중심	놀이 · 경험 중심, 흥미 고려	활동 · 놀이 · 생활 중심 개별화 교육, 통합교육
편제	건강, 사회, 자연, 언어, 예능	사회 · 정서발달 영역, 인지발달 영역, 언어발달 영역, 신체발달 및 건강 영역	신체발달 영역, 정서발달 영역, 언어발달 영역, 인지발달 영역, 사회성 발달 영역
연간 교육 일수 및 하루의 교육시간	1. 연간 200일 이상 2. 하루 3시간(180분) 기준 기후, 계절, 유아의 발달 정도, 교육내용의 특성을 감안하여 시간 단위 조절	1. 연간 200일 2. 주당 18~24시간 3. 하루 3~4시간 기준(조정 가능)	1. 연간 180일 이상 2. 하루 3~4시간 기준(조정 가능)
평가	—	—	유아의 발달을 이해하고 도와주는 긍정적인 측면의 목표 지향적 평가가 이루어지도록 한다.
교육과정 유형	경험중심 교육과정	학문중심 교육과정	학문중심 교육과정

구분	제 4차 (1987. 6. 30. 문교부 고시 제 87-9호)	제 5차 (1992. 9. 30. 교육부 고시 제 1992-15호)
교육목적	유아의 전인적 발달 조력	교육과정에 미 제시
영역별 교육목표	1. 건강 및 안전 생활에 대한 올바른 습관과 신체의 조화로운 발달 도모 2. 언어이해 및 언어 표현의 기초 기능 습득 3. 주변현상에 대한 관심 및 탐구 태도 배양 4. 자부심 및 생황 주변에서의 느낌과 생각을 자주적으로 표현하기 5. 기본적인 생활습관 및 가족과 이웃을 사랑하는 태도 배양	1. 기본적인 감각운동 능력을 길러 신체와 정신의 조화로운 발달을 이루며 건강하고 안전한 생활하기 2. 기초적인 자기조절 능력을 기르고 사회적 지식과 태도를 익히게 하여 자신과 다른 사람을 존중하며 즐겁게 더불어 생활하기 3. 풍부한 감성과 상상력을 기르고, 자신이 느끼고 경험한 바를 창의적으로 표현하기 4. 말과 글에 관심을 가지게 하고 기초적인 언어능력을 기르게 함으로써 즐거운 언어생활하기 5. 여러 가지 사물과 현상을 탐구하고, 기초적인 사고능력과 창의적인 문제해결 능력을 기르기
학습형태	흥미 · 경험 · 놀이 중심 개별 지도 통합 구성	통합적 운영, 능동적 학습 경험 · 흥미 중시
편제	신체발달 영역, 정서발달 영역, 언어발달 영역, 인지발달 영역, 사회성 발달 영역	건강생활, 사회생활, 표현생활, 언어생활, 탐구생활
연간 교육 일수 및 하루의 교육시간	1. 연간 180일 이상 2. 하루 3시간 기준(조정가능)	1. 연간 180일 기준(조정 가능) 2. 하루 180분 기준(교육과정 편성, 운영지침에 의하여 교육일수와 시간에 관하여 따로 제시가능)
평가	유아의 발달을 이해하고 도와주기 위한 교육의 과정으로 실시하며 평가의 대상과 내용에 따라 다양한 방법을 사용한다.	각 영역별 목표에 준하여 교육 내용, 교육환경 및 교육자료, 교육방법 그리고 유아에 대하여 평가한다.
교육과정 유형	학문중심 교육과정	인간중심 교육과정

구분	제 6차 (1998. 6. 30. 교육부 고시 제 1998-10호)	2007 개정 (2007. 2. 28. 교육인적자원부 고시 제2007-79 호)
교육목적	교육이념으로 교육전반에 대한 목적 전술: 전인적 성장을 위한 기초교육, 유아의 일상생활에 필요한 기본 능력과 태도를 기르는데 중점	유아에게 알맞은 교육환경을 제공하여 유아를 교육하고 심신의 조화로운 발달을 돕는 것을 목적으로 함
영역별 교육목표	1. 몸과 마음의 건강 2. 기본생활습관과 더불어 생활하는 태도 3. 생각과 느낌 창의적으로 표현 4. 바르게 언어사용하는 경험 5. 일상생활 문제에 대해서 스스로 궁리하는 태도 기르기	1. 몸과 마음을 건강하게 기본생활습관 기르기 2. 더불어 사는 태도와 전통 문화를 사랑하는 마음 3. 자신의 생각과 느낌 자유롭고 창의적으로 표현하는 경험 4. 의사소통을 위한 언어 능력 및 바른 언어사용 습관 기르기 5. 호기심을 가지고 주변 세계를 탐구하며 자연을 존중하는 태도 가지기
학습형태	통합교육, 흥미와 유아중심 교수활동	통합교육, 놀이중심, 흥미와 유아 중심 교수활동, 활동간의 균형, 개별화, 긍정적 · 수용적 교사의 역할 강조
편제	5차와 동일	5차와 6차 승계
연간 교육 일수 및 하루의 교육시간	연간 180일 이상, 하루 180분 기준(유아의 연령과 발달 수준, 기후, 계절, 학부모의 요구 고려하여 조정가능)	연간 180일, 하루 교육시간은 180분을 최소 기준(시도 교육청의 지침과 유치원 실정에 따라 유치원에서 자율적으로 결정)
평가	모든영역 평가, 다양한 평가 방법 사용: 관찰, 일화기록등, 평가결과 문장 전술, 평가 결과 활용: 학습개선, 부모상담등	목표와 내용에 기초한 평가, 유아의 태도, 지식, 기능 세 가지 측면이 모두 반영된 평가 ,유치원 일과와 관련한 포괄적인 평가, 다양한 평가방법사용: 관찰, 포트폴리오등 평가결과 활용: 부모상담, 학습지도시 반영
교육과정 유형	인간중심	인간중심

6. 3-5세 누리과정

1) 3-5세 연령별 누리과정 제정의 배경

출발선상의 평등권보장 및 영유아기 발달의 중요성이 부각됨에 따라 국가 지원체계를 강화하게 되었다.

이원화되어 있는 유치원 교육과정과 어린이집 표준보육과정을 '3-5세 누리과정'으로 일원화하여 모든 유치원과 어린이집의 만 3-5세 유아에게 공통적으로 적용할 수 있는 공통과정을 개발하였다. 이에, 만 3-5세 유아는 2013년 3월부터 유치원과 어린이집에서 공통의 3-5세 누리과정을 배우게 되었다. 이러한 국가적 지원은 우리나라의 저출산의 요인이 되는 교육비 및 양육에 대한 부담을 덜어줌으로써 우리나라 출산률 문제를 해결하는 수단이기도 하다.

2) 3-5세 연령별 누리과정 제정의 특성

첫째, 3-5세 누리과정은 기본 생활습관과 창의, 인성 교육을 강조하되, 이를 별도의 영역으로 구분하지 않고 3-5세 누리과정 각 영역별 내용 전반에 걸쳐 반영하였다.

둘째, 3-5세 누리과정은 유치원 교육과정과 어린이집 표준보육과정 중 3-5세 유아에게 필요한 기본능력을 선별하여 수정 · 보완하였고 두 교육과정에서 강조한 공통적인 방향을 그대로 유지하도록 하였다.

셋째, 5세 누리과정은 만 3-4세와 구분되지만 세부내용은 연계되도록 구성하였다. 유치원 교육과정의 공통수준과 II수준, 어린이집 표준 보육과정의 III수준을 중심으로 II-III수준과 연계되도록 하였다. 또 초등학교 1~2학년의 창의, 인성 교육내용등과 체계적인 연계성을 확보하도록 하였다.

3) 3-5세 연령별 누리과정 구성의 기본 방향

① 질서, 배려, 협력 등 기본생활습관과 바른 인성을 기르는데 중점을 두어 구성하였다.

② 자율성과 창의성을 기르는데 중점을 두고, 전인발달을 이루도록 구성하였다.

③ 사람과 자연을 존중하고, 우리문화를 이해하는 데 중점을 두어 구성하였다.

④ 만 3-5세아의 발달 특성을 고려하여 연령별로 구성하였다.

⑤ 신체운동 · 건강, 의사소통, 사회관계, 예술경험, 자연탐구의 5대 영역을 중심으로 구성하였다.

⑥ 초등학교 교육과정과 0-2세 표준보육과정과의 연계성을 고려하여 구성하였다.

<table>
<tr><th>구분</th><th>2012년</th><th></th><th colspan="4">2013년 3월 이후</th></tr>
<tr><td rowspan="2">기관</td><td rowspan="2">교육 · 보육과정</td><td rowspan="2"></td><td>만 5세</td><td>만 4세</td><td>만 3세</td><td rowspan="2">만 0-2세
(복지부)</td></tr>
<tr><td colspan="3">(교과부 · 복지부 공동)</td></tr>
<tr><td>유치원
(교과부)</td><td>유치원교육과정
(5세 누리과정/
만 3-4세 교육과정)</td><td rowspan="2">⇒</td><td>5세
누리과정</td><td>4세
누리과정</td><td>3세
누리과정</td><td>-</td></tr>
<tr><td>어린이집
(복지부)</td><td>표준보육과정
(5세 누리과정/
만 3-4세/ 2세/ 2세 미만)</td><td>5세
누리과정</td><td>4세
누리과정</td><td>3세
누리과정</td><td>만 2세 미만
및 2세
표준보육과정
(복지부)</td></tr>
</table>

그림 5-1 3-5세 연령별 누리과정 일원화(안)

그림 5-1은 국무총리실, 기획재정부, 교과부, 안전행정부, 보건복지부의 3-4

세 누리과정 도입 확대를 위한 합동 보도 자료에 근거하여 제시되었다.

만 5세 누리과정에 이어 2013년 3월부터 만 3-4세까지 누리과정이 확대 도입됨에 따라 우리나라 모든 만 3-5세 유아들에게 유아교육 · 보육과정이 통합된 3-5세 누리과정을 제공함으로써 취학 전 교육의 질을 제고하고, 교육에 있어서의 출발점 평등이 이루어지게 되었다.

제 6 장

유아교육과 놀이

1. 놀이의 개념 및 특성
2. 놀이와 영유아의 발달
3. 놀이발달에 영향을 미치는 요인
4. 놀이지도 시 교사의 역할

'놀이를 즐기는 인간'이라는 뜻의 호모 루덴스(Homo Ludens)는 네덜란드의 후이징가라는 문화사학자가 인간의 특징이 놀이에 있다는 것을 강조하기 위해 만든 조어이다. 후이징가에 의하면 인간의 문화는 놀이에서 나온 것이며, 인간이 인간다울 수 있는 것은 놀이를 하기 때문이라고 주장하였다. 즉, 사냥을 하는 것, 먹는 것과 같이 생존을 위한 활동은 인간이나 동물이나 차이가 없지만, 놀이는 생존과 별개의 것으로 인간만이 가진 특징이라는 것이다.

'놀이'란 즐거움을 얻기 위해 자발적으로 행하는 모든 활동을 말한다. 놀이는 유아의 발달과 밀접한 관계가 있다. 놀이는 유아의 성장과 발달을 이끄는 중요한 수단이 되며 유아의 전인적 성장, 발달에 중요한 매개체가 된다. 놀이를 통해 유아는 새롭게 직면하는 문제를 계획하는 기술과 태도가 형성되며 창의성과 집중력이 향상되는 등 신체, 정서, 사회성, 인지, 언어, 창의성 등 제 발달을 이룬다. 또한 유아를 위한 놀이 활동은 유아의 성장, 발달, 그리고 흥미에 기초하여 유아와 교사가 함께 만들어가는 즐겁고 가치 있는 경험이 되어야 한다. 따라서 놀이는 유아교육의 시작과 끝이라고 할 만큼 유아교육에 있어 중요한 핵심용어이며, 유아의 전인발달을 도와줄 수 있는 놀이를 잘 이해하고, 유아의 주도적인 놀이를 지원하고 자극하며, 유아교육 교수-학습 목표와 내용에 적합한 놀이를 계획하고 실행할 수 있는 능력을 갖추는 것은 매우 중요한 유아교사의 과제라고 할 수 있다.

본 장에서는 놀이 이론을 통해 놀이지도의 기본 원리를 이해하며, 유아교육에 있어서 놀이의 중요성에 대해 다룬다.

1. 놀이의 개념 및 특성

영유아의 삶은 놀이로부터 시작되며, 놀이를 통해 성장한다.

1) 놀이의 개념

(1) 놀이와 탐색의 차이

허트(Hutt, 1971)는 놀이와 탐색은 내적으로 동기화 된 활동이라는 점에서 비슷하지만, 놀이와 탐색을 서로 다른 행동으로 규명하며 정의한다.

- 탐색 : 유아가 익숙하지 않은 사물에 호기심을 보이면서 속성에 대해 의문을 갖는다.
- 놀이 : 유아가 익숙한 사물을 대할 때, 물건의 용도를 알아보는 행동을 한다.

즉, 탐색은 자극 중심의 활동으로 어떤 물체에 대한 정보를 얻는 데 관심이 있으며, '이 물체의 특성은 무엇인가?'하는 물체의 속성에 의해 활동이 통제된다. 반면, 놀이는 유기체 중심의 활동으로서 어떤 물체에 관한 '이 물체를 가지고 내가 무엇을 할 것인가?'에 관심이 있다. 물체를 가지고 활동하는 사람의 욕구에 의해 활동이 이루어진다.

놀이와 탐색 활동에서 유아의 놀이 활동을 정리하면, 일반적으로 탐색이 선행된 후 놀이가 진행된다. 즉, 탐색을 통해 물체의 속성을 파악한 후 이를 기초로 놀이가 이루어진다. 또한 놀이와 탐색은 모두 외적 목표를 성취하기 위한 것이 아니라 내적으로 동기화된 행동이라는 점이 유사하다.

(2) 놀이와 비놀이의 차이

레비(Levy. 1978)는 놀이는 가장 창의적이고 심오하게 인간의 특성을 계발하도록 돕는다고 하였다. 레비는 놀이와 비놀이의 개념을 비교하여 놀이의 개념을 정의하였다. 즉, 놀이는 내적 동기를 유발하고, 현실을 유보하며, 내적 통제 신념이 작용된다고 하였다.

① 내적 동기 유발

놀이	비놀이
내적 동기유발	외적 동기 유발
행동 자체에 몰입되어 만족을 얻음	행동의 결과에서 만족을 얻음

② 현실의 유보

놀이	비놀이
현실적인 자아를 상실함	현실감
잠시 환상적이 되거나 상상의 세계로 빠지는 상태	논리적

③ 내적 통제 신념

놀이	비놀이
주체자로 통제권이 있음	외적 통제
몰입, 효율성	몰입의 효율성이 떨어짐

(3) 놀이와 일(작업)의 차이

프로스트 & 클레인(Frost & Klein, 1979)은 놀이의 개념을 설명하기 위하여 '일'과의 차이점을 들어 설명하였다.

놀이	일
능동적, 자발적	수동적, 강요적
재미	단조로움
과정 중심(목표 없음)	외적 목표에 구속

듀이(Dewey)에 의하면 놀이와 일(작업)은 같은 맥락으로 간주된다. 특히 유아의 활동에서는 놀이와 일을 구별하기란 모호하다고 하였다. 몬테소리(Montessori)에 의하면, 놀이는 발달을 이루기 위한 현실적인 목표가 결여된 것이기 때문에 교구를 통한 조작 활동을 놀이가 아닌 작업(일)으로 본다.

스폰셀러(Sponseller)는 놀이와 반대 개념으로 일을 생각하였으며, 교육현장에 적용하기 쉬운 놀이에 관한 도식을 제공하였다.

↑ 일(학습) ↑ 놀이로 가장된 일 ↑ 지시된 놀이 ↑ 안내된 놀이 ↑ 자유놀이

- 자유놀이 : 유아는 누구와 무엇을 하고 어디서 어떻게 놀지 언제 놀지를 스스로 정한다.
- 안내된 놀이 : 유아는 자유롭게 놀 수 있지만 교실 내에서 지켜야 할 규칙이 제안되거나 정해져 있다.
- 지시된 놀이 : 유아는 교사의 지시에 따르면서 놀이를 한다.
- 놀이로 가장된 일 : 유아에게 과제를 놀이의 형태로 제공하지만 유아는 이를 놀이로 여기기보다 일(학습)로 간주한다.
- 일(학습) : 유아가 어떤 일을 할지, 어떻게 할지, 무엇을 할지 등을 선택할 수 없다.

(4) 유아의 연령과 기관의 프로그램 특성에 따른 놀이유형

스폰셀러(Sponseller)에 의하면, 놀이 유형은 유아의 연령과 기관의 프로그램 특성에 따라 달라진다.

① 연령에 따른 제공

- 연령이 낮은 영아교실에서는 자유놀이가 지시된 놀이나 놀이로 가장된 놀이보다 많이 이루어진다.
- 연령이 높아질수록 자유놀이는 적어지며 지시된 놀이, 안내된 놀이가 많아진다.
- 초등학교 저학년에 이르러서는 놀이로 가장된 일과 일(학습)이 많이 이루어진다.

② 교육 프로그램의 특성에 따른 제공

- 구조화되고 교사 주도적인 교실에서는 학습에 가까운 놀이유형이 많이 나타난다.
- 유아 중심의 교실에서는 놀이 중심의 활동이 많이 나타난다.

2) 놀이의 특성

놀이는 인간이 즐거움을 얻기 위해 하는 활동을 말한다. 또한 놀이는 물질적 보상 또는 대가를 바라지 않고 하는 행위이며 외부의 강제에 의한 행위도 아니다. 특히, 노동이나 일과 구별 된다. 다만, 노동에도 유희적 측면이 있다고 보는 견해도 있다. 그러나 일반적으로 놀이는 기분 전환을 위한 여가 활동으로 규정되며, 서양의 승부와 관련 있는 놀이는 게임으로 불리기도 한다. 즐거움 외에도 민첩성이나 사회성 등 성장에 필요한 경험을 얻기 위해 놀이를 하기도 하는데 이는 인간뿐 아니라 동물들에게서도 발견되는 현상이다(위키백과).

놀이에는 기본적인 요소로 참여자와 목표가 있어야 하며, 목표에 도달하기 위한 방법(rule)이 추가 요소로 포함될 때도 있다. 놀이는 기본적으로 방법을 포함하고 있는 것을 의미한다.

놀이의 핵심은 즐거움이다. 놀이의 참여자는 놀이 규칙에 따라 수행하는 여러 가지 행위를 하면서 '즐거움'을 얻거나 특정 행위 이후에 돌아오는 보상으로 즐거움을 얻고자 한다. 즉 한 사람 이상의 참여자가 과정 또는 목표를 통해 즐거움을 얻을 수 있는 행위를 놀이라고 할 수 있다. 여기서 즐거움이란 통념상 타인에게 피해를 입히지 않는 범위 안에서 느끼는 긴장감, 성취감, 기쁨 등의 건강한 정신 상태를 말한다. 따라서, 놀이는 인간이 즐거움을 얻기 위해 하는 활동이며, 물질적 보상 또는 대가를 바라지 않고 하는 행위이며 외부의 강제에 의한 행위도 아니다.

(1) 놀이의 특성

유아는 놀이를 통해 세계를 모방하고, 탐구하고, 분석한다. 또한 놀이는 성취동기와 경쟁을 경험하게 하며 세계를 보다 깊이 이해하기 위해 경험을 종합하게 한다. 유아의 경험을 종합시키는 놀이의 특성은 다음과 같다.

① 비실제성

- 놀이 속에서 형성된 내재적 실제가 일상생활 속에서 형성된 외현적 실제보다 우선한다.
- 상상적이다.
- '마치 ~처럼' 행동하는 가작화 요소를 포함한다.
- 일상적인 사물의 의미가 새로운 의미로 대체된다.

② 내적 동기

- 놀이를 위한 동기는 개인의 내부에서 시작된다.

- 능동적으로 놀이를 선택하고 참여한다.
- 외적 자극, 보상이 있을 때 즐거움, 몰입이 감소된다(Green & Leeper, 1974).
- 스스로 학습 동기를 부여하는 능력이 생겨나며, 한 가지 과제에 열중하고 집중하는 방법을 배운다.

③ 과정지향성

- 활동 자체에 초점을 둔다.
- 목표에 대한 부담이 없다.
- 활동이 다양하고 융통성 있다.
- 놀이 자체가 즐겁고 기쁘다.

④ 자유로운 선택

- 유아는 블록 쌓기와 같은 활동을 자신이 자유롭게 선택하면 놀이라고 생각하는 반면, 교사의 지시에 의해 활동을 하게 되면 일이라고 생각한다(King, 1977).
- 놀이는 무의식적이고 자발적이다.
- 놀이는 놀이자에 의해 자유롭게 선택되어지며 놀이자가 적극적으로 참여하는 것이 중요하다(Garvey, 1977).
- 스스로 선택하고 결정한 생각을 현실화시킬 수 있는 능력이 자란다.

⑤ 긍정적 정서

- 놀이는 재미있고 즐거운 활동이다. 스스로의 문제를 해결할 수 있는 힘을 기르는 강한 치료효과가 있다.
- 놀이 진행과정 속에서 드러나지 않더라도 유아는 놀이를 통해 즐거움과 기쁨을 경험한다.
- 놀이의 중요한 효과 : 독일 파사우대학 심리학과 한스 모겔교수는 '놀이는 아동 스스로 하고 싶은 것과 함께 할 친구를 자연스럽게 찾아서 할 수 있을

때 진정한 놀이의 의미와 효과(정서, 정신 발달)를 얻는다' 고 하였다. 놀이처럼 하는 공부는 유아가 무엇을 하고 놀아야 하는지 타인에 의해 결정되기 때문에 진정한 놀이 효과를 볼 수 없다. 학습을 위해 놀이를 이용하는 것보다 학습 전에 조건 없이 자유롭게 놀도록 한 다음 학습을 시작했을 때 동기 유발과 집중력이 배가 된다. 즉, 조건 없이 노는 것이 유아의 지능, 정서 발달에 좋은 영향을 미친다. 따라서 놀이처럼 하는 공부는 놀이의 효과를 활용할 수 없는 방법이다.

⑥ 유연성
- 유아의 놀이는 실험 행동이 많이 포함 된다.
- 다각도로 탐색을 하고 융통성 있는 사고를 하게 되는 것을 말한다.

⑦ 적극적 참여
- 호기심, 집중력으로 적극성을 띤다.
- 방관하거나 산만하지 않고 열의를 다해 참여한다.

⑧ 자유
- 자발적으로 나름대로의 규칙, 방식으로 놀이를 한다.
- 외적 규칙으로부터 자유롭다.

(2) 놀이의 자원

① 인적 자원 : 교사(체험 놀이, 레크리에이션), 유아(친구, 연상), 부모 등
② 물적 자원 : 환경(교실, 집의 형태-아파트 등), 놀잇감
- 자연물, 인공물(놀이터, 놀잇감)
- 실내(컴퓨터, 오락기를 가지고 하는 놀이가 많아짐), 실외
- 가정, 사회

(3) 놀이의 효과

놀이의 효과를 정리하면 다음과 같다.

첫째, 신체 성장과 기본 운동능력 증진이다. 놀이를 하려면 신체적 움직임이 요구된다. 놀이 과정을 통해 신체의 각 근육을 단련시키고 신체 부위를 움직이는 방법을 실험한다. 신체 기능 발달(신장, 체중, 근육 성장, 내장 기능 발달), 바른 자세 형성(걷기, 기기 등)에 도움을 준다.

둘째, 사회성이 발달된다. 장난감 나누기, 다툼과 협상, 협동하기 경험을 통해 사이좋게 지내면 놀이가 더 재미있어짐을 알며 사회성을 기른다. 역할 놀이는 사회성 발달을 촉진한다.

셋째, 정서가 순화된다. 언어 표현 능력이 미흡한 유아들은 놀이를 통해 다양한 감정 표출, 공포나 불만, 질투, 불안 등의 부정적 감정이 정화된다. 역할 놀이로 상대의 입장을 이해하게 된다.

넷째, 언어 능력이 향상된다. 놀이를 하면서 다양한 어휘를 배우게 되고 역할에 맞는 적절한 어휘 사용 방법을 습득하게 되며, 이해력과 표현력이 향상된다.

다섯째, 인지능력이 발달된다. 놀잇감을 보고, 듣고, 만지는 가운데 감각 활동을 하게 되고 인지 능력이 향상된다. 물리적, 수리적 지식도 놀이를 통해 습득한다. 논리적 사고의 틀, 인지능력이 발달된다.

여섯째, 창의성이 발달된다. 놀이에 관심이 많은 아이들은 호기심이 많고 적극적으로 행동한다. 또한 놀이를 통해 다각적 탐색을 하고 신기한 경험을 한다. 상상력이 발휘되고, 다양한 상황들로 인해 창의력과 사고 능력이 향상된다.

2. 놀이와 영유아의 발달

1) 놀이와 신체발달

유아는 놀이를 하면서 신체를 많이 움직인다. 몸 전체나 일부를 움직이며 놀이를 하므로 모든 놀이는 신체발달에 큰 영향을 미친다. 또한 근육발달 및 기본운동 능력 증진에도 효과가 있다.

(1) 대근육 발달

팔, 다리, 몸통과 같은 대근육 발달은 실외영역에서 흔히 계획된다. 놀이 시설 및 놀이 기회 제공이 필요하며 놀이를 방해하지 않는 충분한 시간을 제공하고 성인은 도움이 필요한 아이에 대한 정보를 알고 있어야 한다. 놀이 시설과 교구는 일상적인 재료들로 만들 수 있다(타이어와 밧줄로 만든 그네, 공과 타이어 굴리기, 모래, 물 등).

(2) 소근육 발달

손가락, 발가락, 눈, 손의 협응 발달을 위한 조작 놀잇감 제공이 필요하다(바느질 카드, 끈과 구슬, 블록, 등).

- 신체발달을 돕는 감각 및 신체를 이용한 놀이경험에 감각놀이, 탐색놀이, 신체놀이, 대 · 소근육놀이 등이 있다.
- 신체성장을 촉진시켜 바른 자세를 형성하고 기본 운동능력을 증진시킨다.
- 신장, 체중, 근육발달 등 양적인 성장과 함께 심장, 배설, 수면 등 생리

기능을 정상적으로 발달시킨다.

- 신체 균형, 신체 각 부분의 조화를 도모하며 바른 자세를 형성한다.
- 다양한 물체를 집어보고, 조작하며, 눈과 손의 협응을 도모하는 등 대·소근육의 운동능력을 증진시킨다.
- 신체가 유연해 새로운 기술을 잘 받아들인다. 또, 모험심이 많아 새로운 동작을 시도해 보려는 열의가 대단한 시기이기 때문에 다양한 놀이를 하면서 걷기, 뛰기, 구부리기 등과 같은 기본 운동기술을 학습한다.
- 안전 능력이 증진된다.

2) 놀이와 정서발달

유아기의 다양한 놀이 경험은 즐거움을 주며 정서적 안정과 건전한 인격형성을 돕는다.

- 감정의 정화, 긍정적인 자아개념, 자율성, 인내심, 만족감, 타인의 감정 이해 등 건전한 정서발달을 돕는다.
- 놀이를 통해 자신의 감정과 욕구를 표출함으로써 부정적인 감정을 자연스럽게 정화시킨다.
- 즐거움 및 성취감을 형성하고 더불어 긍정적 자아개념을 형성하게 된다.
- 자신의 감정을 통제하고 상황에 적절한 감정표현을 한다.
- 타인의 감정을 이해하고 감정을 조절하는 방법을 익히게 된다.
- 허락되지 않는 다양한 행동을 놀이를 통해 해봄으로써 마음의 안정을 찾는다.
- 타인과 원만한 인간관계를 형성하도록 도와주는 정서발달의 중요한 수단이다.
- 긴장과 피로가 해소된다.
- 다른 사람의 정서에 감정이입을 하고 자기중심성에서 탈피한다.

3) 놀이와 사회성 발달

- 놀이는 유아에게 사회적으로 인정할 수 있는 방법으로 정서적 긴장을 해소하고 내적 긴장을 완화하고 적개심, 증오감, 부정적 감정, 애정을 표현하는 적절한 수단이 될 수 있다.
- 놀이 활동을 통해 성취감, 즐거움, 만족감을 느끼고 긍정적 자아개념을 형성할 수 있다.
- 긍정적 자아개념→새로운 놀이 도전→정서적 안정으로 이어진다.

유아는 다양한 놀이 경험을 통해 타인과의 긍정적인 대인관계를 형성하거나 상호작용하는 방법을 익히고, 타인을 배려하고 타인에게 양보하며 타인과 협동하고 규칙을 지키는 등 다양한 사회적 기술과 태도를 형성한다.

- 친사회적 행동
- 도덕적 기준, 규칙, 성역할 습득
- 사회적 개념 형성

출생 초기에는 가정에서 부모, 형제와 놀이를 하면서 긴밀한 상호작용(잠잠놀이, 까꿍 놀이로 부모와 친밀, 애착형성)을 하다가 성장하며 친구들과 놀이를 할 기회가 많아지면서 사회적 능력이 발달된다.

파튼(Parten, 1932)은 유아의 사회적 발달 특성과 관련지어 유아의 사회적 놀이발달을 6가지 유형으로 분류한다.

- 비참여 행동 : 순간적인 흥미에 다라 어떤 것을 몰두해 바라보는 행동, 흥미가 없을 때 보이는 반복적 행동, 여기저기 돌아다니거나 교사를 따라다니는 행동 등이 여기에 속한다.
- 방관자적 행동 : 구경꾼으로 참여하는 것으로 놀이에 직접 참여하지는 않지만 가끔씩 말을 걸거나 질문을 하기도 하며 제안을 하기도 한다.
- 혼자놀이 : 2세경에 나타나는 놀이 유형으로 사회적 상호작용의 정도가 매우 낮다.

- 병행놀이 : 주변의 친구와 동일한 놀이를 하지만 함께 놀이를 하지는 않는다.
- 연합놀이 : 3.5세~4.5세에 나타나는 놀이 유형으로 유아가 같이 놀이하고 놀잇감을 공유하는 놀이 유형이다.
- 협동놀이 : 4.5세 이상에서 나타나는 놀이 유형으로 역할 분담과 목적의 공유가 이루어지는 놀이 유형이다.

4) 놀이와 인지발달

유아기의 다양한 놀이경험은 주변 환경과 사물에 대한 지식과 개념을 발달시킨다.

- 알고 있는 사실, 개념, 경험 등을 표현하며 인지적 능력과 기술을 사용하고 발달시킨다.
- 물체의 물리적 지식, 논리-수학적 지식 등 인지적 발달을 이룬다.
- 호기심과 문제해결력을 발달시킨다.
- 다양한 인지적 경험을 통해 조작적 사고능력이나 탈중심화, 문제해결능력 및 알고 싶어하는 태도와 성향을 발달시킨다.
- 추리력 및 탐구력을 발달시킨다.
- 놀잇감을 가지고 놀며 물체의 무게, 질감, 색깔, 크기 등의 물리적 지식을 학습, 수리적 지식 습득이 이루어진다.
- 자연물을 놀잇감으로 삼을 수 있다. 흙, 물, 나무토막, 돌멩이, 나뭇잎 등 물체의 속성 탐색, 실험 등을 통해 문제해결 능력이 발달된다.
- 유아는 자신의 인지적 발달 수준과 일치 하는 유형의 놀이에 참여한다.

5) 놀이와 언어발달

유아기의 다양한 놀이경험은 읽기, 쓰기, 듣기, 말하기 능력을 동시에 상호관련지어 자연스레 언어발달을 이루게 한다.

- 다양한 어휘력과 사회적 언어 사용 및 의사소통능력을 습득하게 된다.
- 문자언어 학습을 위한 기초가 형성된다(손가락 그림그리기, 점토놀이 등).
- 실제생활에서도 사회적으로 적절한 언어를 쉽게 적용한다. 사회적 언어 사용 및 의사소통능력을 습득하게 된다.
- 구어 및 문식성 발달이 증진된다.
- 친구와 놀며 의사소통 능력이 증진된다.

언어발달을 위한 놀이

- 의성어 · 의태어 놀이 : 의성어나 의태어를 재미있게 표현한 그림책
- 전화기 놀이
- 고개 놀이 : 스무고개 놀이를 아이들의 수준에 적합하게 조절(3번, 5번)
- 녹음기 놀이
- 노래 부르기
- 인형 놀이 : 심리적 부담을 줄일 수 있음. 상상놀이, 역할 놀이. 아이가 좋아하는 장난감을 이용(자동차, 블록 등)
- 소리 나는 장난감 놀이

6) 놀이와 창의성 발달

유아기의 다양한 놀이경험은 상상력, 융통성, 독창성, 개방성 등 창의성 발달을 이루게 한다.

- 탐색, 실험, 조작을 해봄으로써 창의적인 문제해결력을 키운다.
- 가상놀이, 상상놀이를 통해 상상력과 융통성 있는 사고력을 키운다.
- 놀이에 대한 아이디어와 조건을 제시해보는 경험을 통해 독창성과 유창성 및 개방성을 기른다.
- 확산적인 사고력을 발달시킨다.
- 놀이 행동에는 실험 행동이 많다. 다각적 탐색, 융통적 사고로 창의성이 증진된다.

• 구체적 사고력을 추상적 사고력으로 전환한다. 장난감 강아지를 실제 강아지처럼 생각, 새로운 연상을 하게 되어 창의성이 발달된다.

3. 놀이발달에 영향을 미치는 요인

놀이 발달은 미시 발생적(단기적)과 개체 발생적(장기적)인 것을 모두 말한다. 변화는 순환 속에서 단기간에 걸쳐 나타날 수 있고 놀이 그리고 놀이와 연관된 행동으로 흘러간다. 또한 변화는 유아들의 놀이가 오랜 시간에 걸쳐 성숙과 경험을 통해서도 일어날 수 있다. 두 가지의 변화 모두가 중요하다. 더욱이 우리가 개인 뿐 아니라 유아 그룹을 관찰 할 때에도 놀이 발달을 볼 수 있어야 한다.

유치원 시기를 지난 아동들은 더욱더 정교한 운동놀이, 사물놀이, 상징놀이를 한다. 6-8세 아동들의 운동놀이는 빠르게 향상되어서 보다 바람직하고 총체적인 운동 능력을 사용하는 새로운 놀이 행동이 가능하다. 사회적 놀이는 유아들이 또래 집단을 구성하고 성인이 지도하는 활동에 참여함으로써 발달한다. 놀이에 있어 사물 사용능력은 보다 정교하고 도구적이며 상징놀이는 부가적인 형태를 가지고 복잡성에 있어서 새로운 수준에 도달하며 규칙을 가진 게임이 중심이 된다.

1) 연령

유아는 연령이 증가함에 따라 놀이의 형태나 유형도 점차 다양해지고 복잡해진다. 혼자놀이에서 또래와 함께 하는 놀이로 발전하여, 상징놀이, 협동놀이, 규칙이 있는 게임으로 놀이단계가 발달한다.

2) 성

유아의 성별은 놀이에 영향을 미치는 요인이다. 일반적으로 남아 놀이와 여아 놀이가 놀이유형과 놀잇감에서 차이를 보인다.

서튼-스미스(1967)에 의하면 놀이자료 및 활동에서 성역할의 정형화는 12개월 경에 나타나기 시작하여 3세경이 되면 성에 따른 놀잇감에 대한 선호가 분명해진다.

남아는 쌓기놀이, 블록, 자동차 등을 선호하고, 활동적이고 거친놀이를 선호한다. 군인놀이, 경찰놀이, 전쟁놀이, 교통놀이 등이 있다.

여아는 역할놀이, 인형, 부엌도구 등을 선호하고, 인형놀이, 밀가루 반죽놀이, 미술활동, 극화활동 등을 좋아한다.

3) 지적 능력

지적으로 우수한 능력을 가진 유아는 놀이과정에서 사고능력이 요구되는 놀이, 조용한 놀이, 상상놀이, 창의적인 놀이에 좀 더 관심을 보이는 반면, 지적 능력이 다소 낮은 유아는 단순하고 반복적인 놀이를 많이 하는 경향(Jhonson, 1976)이 있다.

사회극놀이나 상상놀이의 참여 빈도 등은 유아의 지능지수와 관련이 없다(스밀란스키, 1968, 이숙재, 1984). 유아가 선택하는 놀잇감이나 놀이의 유형으로 유아의 지적 능력을 단정하기는 어려우며 다만, 인지적 자극을 줄 수 있는 다양한 놀이 활동 제공이 중요하다.

4) 부모

부모는 최초의 상호작용자이며 놀이자이다. 부모의 양육태도는 놀이 형태와 놀이 수준에 가장 중요한 영향을 미치며, 부모가 유아의 놀이에 개입하여 함께 놀이를 할 때 놀이의 형태나 놀이의 수준이 달라질 수 있다. 부모와의 긴밀한 상호작용이나 안정된 애착관계는 유아의 상상놀이 참여를 자극하거나 촉진시킬 수 있다. 따라서 부모는 유아의 놀이에 관심을 가져주고 지켜봄으로써 유아에게 적절한 놀이환경을 제시하여 유아의 놀이영역을 확대시키기 위하여 새로운 방법을 제시하도록 노력하며 더불어 유아의 놀이에 대한 적절한 격려와 칭찬 및 다양한 놀이경험이 제공되도록 노력해야 한다.

유아의 놀이발달을 위하여 부모는 유아에게 적절한 놀이환경 제공하기, 놀이의 모델이 되어주기, 유아의 발달수준에 따라 같이 놀아주기, 놀이의 장소·기회·다양한 경험 등을 고려하기, 놀이를 격려하고 강화시켜 주기 등을 해 주어야 한다.

5) 사회·경제·문화적 배경

스밀란스키(1968)는 저소득층 자녀의 놀이가 여러 면에서 결핍되어 있다고 보았는데, 저소득층 가정의 유아들은 놀이의 빈도가 낮고 놀이의 질이 낮은 특성이 나타나 가정의 사회·경제·문화적 배경이 놀이에 영향을 미치는 것으로 나타났다.

존슨(1999)에 의하면 사회극놀이 같은 높은 수준이 요구되는 놀이의 경우, 사회·경제적 혜택을 보다 많이 받으며 자란 유아는 다양한 맥락에서 놀이를 할 때 편안함을 느끼므로 놀이수준이 높다고 보았다. 즉, 사회·경제·문화적 배경이 놀이에 영향을 미치지만 사회극놀이에서 나타나는 차이는 놀이수행의 차이이지 놀이능력의 차이는 아니다. 또한 사회계층이나 문화 차이도 동기적 차이이며 능력의 차이가 아님을 밝히고 있다.

따라서 교육현장에서 사회·경제·문화적 배경과 관련된 놀이 환경을 풍부하게 제공해야 함을 시사한다.

6) 교사

유아의 놀이에 대한 교사의 적절한 개입은 놀이의 유형, 지속시간, 놀이의 질에 중요한 영향을 미친다. 특히 교사가 지니고 있는 놀이에 대한 효능감은 유아와의 상호작용, 창의성 증진, 문제해결력에 도움을 주는 요인이다.

따라서 교사의 역할(Seefeldt, 1987)은 다음과 같이 정리할 수 있다.

첫째, 유아와 함께 놀이할 때 놀이를 즐기며 인내심을 가져야 한다.

둘째, 교사는 상황에 따라 적절한 개입을 해야 한다.

셋째, 교사는 협동적인 놀이와 다양한 문화적 · 사회적 · 정서적 활동 등의 가치 있는 경험을 제공해야 한다.

7) 공간의 밀도

놀이 공간의 크기와 공간의 구성은 놀이영역의 사용 및 놀이유형을 결정한다(Smith & Connolly, 1980). 유아 교실에서 공간 밀도가 높은 교실일수록 조작놀이가 빈번하게 나타나고 비참여 행동이나 방관자적 놀이행동이 많이 나타나며, 공간의 밀도가 낮은 교실일수록 블록이나 바퀴 달린 놀잇감 사용이 빈번하다.

4. 놀이지도 시 교사의 역할

1) 놀이와 교사 관련 연구

이종희 외 연구에서는 유아의 블록놀이 발달단계 연구에서 나이보다는 경험에 의해 블록놀이가 발달한다고 밝혔다. 또한 높은 수준의 질적인 블록놀이가 이루어지기 위해서는 블록놀이에 대한 교사의 이해, 계획, 중재가 가장 중요하다고 밝혔다(이종희 외, 1988).

유아교사의 놀이에 대한 교사효능감은 유아교육과정의 주요 요인인 놀이에 대한 교육적 신념과 현장 실제를 위한 실천적 지식을 내포하는 교수행동의 기초가 된다. 놀이에 대한 교사효능감이 높은 교사와 낮은 교사의 교수행동으로써 놀이 시 교사와 유아의 상호작용과 유아의 사회인지적 놀이 발달을 관찰 비교하였다. 연구 결과, 유아교사의 놀이에 대한 교사효능감은 유아의 놀이 시 교사와 유아의 상호작용의 질과 유아의 놀이 발달 수준에 영향을 주는 것으로 나타났다.

교사의 역할은 유아들의 대화, 공동 활동, 지식의 공동 건설을 자극하고 촉진하는 것을 통해서 발견의 기회를 제공하는 것이다. 지적 발견이 근본적으로는 사회적 과정이기 때문에 교사들은 어린 유아들도 타인의 말을 듣고, 타인의 목적과 아이디어를 고려하고, 타인과 성공적으로 의사소통하는 것을 배우도록 돕는다. 최적의 교수는 전문성과 끊임없는 자기 성찰이 요구되는 복잡하고, 미묘하고, 다양한 과업이다(김희진 외, 2000). 예를 들어, 유아들의 놀이 중 유아들의 정신세계를 가장 잘 나타내는 것은 가장놀이이다. 가장놀이를 통해서 그들의 경험세계를 나타내고, 그들의 경험을 확장하며, 모든 발달을 촉진한다. 가장놀이는 매우 자연적인 현상이다. 그러나 교사들이 유아들의 가장놀이를 지지할 때 놀이의 질은 더욱 발달된다. 그러므로 교사는 적절한 환경과 자료와 시간을 유아들에게 제공하거나 적절한 또래 친구를 제공하거나 교사 자신이 유아들의 친구가 되어 주어야 한다(홍순옥, 2000). 따라서 교사는 유아의 놀이에 가장 큰 영향을 주며, 놀이의 좋은 모델이 된다.

2) 놀이 영역 운영에서의 교사의 역할

① 활동 영역을 적절한 장소에 배치하도록 한다.

장소의 적절성 여부에 대한 질문은 다음과 같다.

- 어떤 활동 영역에서의 놀이가 일방적으로 정적·동적인가?
 - 정적 · 동적 활동 영역은 서로 떨어지게 배치한다.
- 어떤 영역끼리 근접해 있을 때 서로 좋은 자극·보완이 되는가? 또는 방해되는 영역에는 어떤 것들이 있는가?
 - 두 영역을 영합시키거나 거리를 두어 배치한다.
- 활동 중이나 치우는 시간에 물을 필요로 하는가?
 - 실내의 수돗가나 화장실 가까운 곳에 배치한다.
- 어떤 영역들이 밝은 조명을 필요로 하는가?
 - 햇볕이 잘 드는 곳에 배치하거나 부분 조명들을 설치한다.
- 각 영역의 통로 때문에 다른 영역의 유아들이 활동에 방해받지 않겠는가?
- 사물함의 위치는 어디에 둘 것인가?
 - 가능한 한 활동실 밖에 두고, 안에 둘 경우에는 영역 분리대로 활용할 수 있다.

② 유아들의 발달 수준, 흥미, 요구 및 주제에 따라서 활동 영역을 구성하고 계속 변화를 주도록 한다.

- 학년 초에는 활동 영역, 교구, 자료의 수를 제한하여 유아들에게 혼란을 주지 않도록 한다. 유아들이 활동실에 있는 각 활동 영역을 인지하고 놀잇감, 자료, 기구 등의 사용 방법을 알게 된 후 점차로 늘려 준다. 특히 유치원의 첫날은 교구의 수를 줄이도록 하고 유아들에게 익숙한 교구를 준비하도록 한다.
- 다양한 수준, 흥미, 능력 등도 고려하여 넓은 범위(단순 → 복잡, 구체 → 추상)의 교구를 준비한다.
- 어떤 활동 영역에 놓여진 자료의 다양성 풍부함이 유아들을 과잉 자극하지

않도록 한다.

- 새로운 교구 또는 수정, 보완, 첨가된 교구들은 매력적으로 전시한다.
- 유아들이 사용하지 않는 놀잇감, 자료는 일단 치웠다가 시간이 지난 뒤에 다시 내어 준다.

③ 유아들로 하여금 활동 영역의 이름, 자료의 종류 및 놀이 방법 등을 확실히 알도록 한다.

④ 교사와 유아들이 활동 영역에 필요한 규칙을 함께 정한다. 놀잇감, 자료, 교구 등을 기록하여 각 활동 영역에 붙여 놓는다.

⑤ 교구의 특징, 양과 수, 장소의 크기를 고려하여 활동 영역에서 놀이할 수 있는 적정 인원 수를 정하고 활동 영역에 각각 표시한다.

- 유아들이 쓰고 난 물건을 반드시 제자리에 치우도록 한다.
- 다른 친구의 활동을 방해하지 않는다. '어떻게 할 때 방해가 될까?'를 생각하게 한다.
- 어떤 장난감을 여러 친구들이 가지고 놀고 싶어할 때는 어떻게 하면 좋을까?에 대해 논의한다.
- 유아들의 활용 선택을 용이하게 도와 주고 또한 기록으로 남길 수 있는 방법을 고안한다. 이는 교사로 하여금 유아들이 한 영역에 몰리지 않도록 도와 주고 교사가 유아들의 흥미를 이해하고 평가하는 데 도움을 준다.

⑥ 활동실의 분위기와 유아들의 행동을 관찰한다.

⑦ 자유선택활동에 대한 평가를 한다. 기분표, 놀이 계획 등을 이용할 수 있다.

3) 놀이 지도 시 교사의 역할

(1) 놀이환경 제공자로서의 교사

영유아의 욕구와 흥미를 자극하는 바람직한 놀이환경 제공자로서의 교사는 교실을 다양한 영역으로 배치하고 영유아가 자신의 하루일과를 계획하고 자율적으로 놀잇감을 선택하고 다양한 활동을 경험할 수 있도록 준비한다.

(2) 놀이 관찰자인 교사

놀이를 확장하고 발전시키기 위해 필요한 일이 무엇인지 파악하고 이를 토대로 놀이에 개입할 수 있다. 교사는 다양한 관찰방법을 통해 보다 체계적으로 관찰하고 놀이에 나타나는 문제점 등을 파악하고 유아들의 놀이를 살펴 이를 토대로 놀이지도를 계획한다.

(3) 놀이에 개입하는 교사

놀이가 진행되는 동안 교사는 놀이의 구성원이 되어 함께 노는 놀이자의 역할을 담당할 수도 있고, 적극적 혹은 소극적으로 개입을 하여 유아의 놀이를 확장시키는 놀이 지도자의 역할을 담당할 수도 있다. 교사는 유아들이 놀이가 가치있는 활동으로 인식할 수 있도록 모범을 보이고, 권위적으로 인식하지 않도록, 좀 더 높은 수준의 놀이로 발전되도록 개입한다.

(4) 문제해결자로서의 교사

놀이가 진행되는 동안 일어나는 다양한 갈등에 개입하여 문제해결에 도움을 주고, 다양한 해결방안을 제시하고, 갈등해결을 위한 대안을 생각할 수 있는 기회를 제공한다. 유아들에게 갈등이 일어난 문제를 파악하고, 여러 관점에서 문제를 이해할 수 있도록 하고, 문제의 원인과 결과를 이해할 수 있는 과정을 제공한다.

4) 현대 영유아들의 놀이환경의 문제점

① 놀이장소가 줄었다. 산업화와 도시개발로 인해 아이들이 뛰어놀 수 있는 안전한 공간이 현저하게 줄어들었다.
② 놀이시간도 적어졌다. 학원과 공부 때문에 아이들이 한 곳에 모이는 시간은 한정되고 줄어들었다.
③ 놀이집단도 줄었다. 집단의 크기도 줄었고, 혼합연령의 놀이집단은 찾아보기 힘들어 또래들로만 구성된다.
④ 놀이방법 또한 시대와 함께 변해버렸다. 자연지대가 없어지고 대신에 컴퓨터와 같은 실내놀이, 기계놀이가 생겨났으며, 따라서 복잡함과 일체를 경험하며, 놀이가 전승되는 실외놀이가 사라지고 놀이는 단순해졌다.

5) 놀이 평가

놀이 결과의 평가는 피아제의 탐구법을 이용하여 교사나 어른이 능숙한 질문을 통해 유아의 내부에 일어나고 있는 상황을 파악하고 그들의 사고 수준을 판단하도록 하는 일이 바람직하다(김순란, 1985).

(1) 성인의 관찰

유아의 놀이 평가는 주의 깊은 관찰에 의해 할 수 있다. 관찰은 유아의 놀이행동을 이해하는 중요한 열쇠가 된다. 주의 깊은 관찰은 놀이 개입의 여부도 결정한다. 관찰은 유아가 놀이를 발달시키고 확장하는 데 필요한 것이 무엇인지

밝혀 준다. 관찰은 필요한 시간, 장소, 놀이 자료, 경험이 제공될 시간, 직접적인 성인의 놀이 개입이 유용한 시간을 알려 주어 놀이와 성인 개입의 연결고리의 기능을 한다(신은수 외, 2001).

유아관찰을 위한 지침

- 먼저 유아의 놀이에 대해 알고자 하는 것이 무엇인지를 결정하고 그 목적에 적절한 방법을 선택한다.
- 유아가 능력을 최대한 발휘할 수 있는 환경에서 관찰하도록 노력한다.
- 가능한 실내·실외 모든 영역에서 유아를 관찰한다.
- 유아가 서로 친숙해지고 교실 환경에 익숙해질 때 관찰한다.
- 정확한 관찰을 위해 놀이행동을 여러 번 관찰한다.

(2) 놀이 평가표에 의한 평가

놀이 평가표에 의한 평가

- 유아가 하루의 일과를 계획한다.
- 각 계획의 시행여부를 체크한다.
- 놀이시의 느낌과 감정 등을 평가한다.
- 자신의 놀이경험을 다른 유아들과 이야기 나눈다.
- 다음의 놀이를 위해 다양한 방법, 전략 등에 대한 제안을 한다.

놀이 관찰은 단순히 놀이를 지켜보는 것과 체계성, 객관성 있어서 많은 차이가 있다. 관찰자가 무엇을 보고자 하는지 정보를 어떤 방법으로 기록해야 할지, 어떤 계획과 방법에 따라 진행되고 있는 지 등을 알고 있다면 이러한 놀이 관찰은 더욱 체계적이다. 또한 관찰자가 편견 없이 단순히 발생하는 행동 자체로 주의 깊게 관찰하고 모든 유아들이 공정하고 동등하게 여겨진다면 그러한 놀이 관찰은 객관적이라 할 수 있다.

먼저 유아의 놀이에 대해 관찰하고자 하는 것이 무엇인지를 결정하고 이러한 목적을 달성하기 위해 가장 효과적인 방법을 선택한다. 일반적으로 유아들의 놀이 능력의 모든 부분을 볼 수 있도록 구성된 환경에서 관찰을 하려고 노력해야 한다. 운동놀이(예 : 오를 수 있는 구조물, 공, 바퀴 있는 장난감), 구성놀이(예 : 블록, Tinkertoys, 레고), 가상놀이(예 : 인형들, 소꿉놀이 소품, 의복, 주제과 관련된 소품 상자)를 포함하여 모든 종류의 놀이 행동에 도움이 되는 충분은 교구들을 사용할 수 있을 때 사례화 되기 쉽다.

다음으로 놀이발달의 형태를 관찰하기 위한 충분한 시간을 가져야만 한다. 충분한 시간이 사용될 수 없다면, 놀이 기술의 부족보다 시간이나 교구의 부족에서 중요한 놀이 형태의 결여가 야기되어질 수 있다. 또한 가능하다면 놀이 관찰은 실내·외에서 이루어져야 한다. 몇몇 연구는 실내보다는 실외에서 놀이할 때 사회, 인지적으로 더 높은 수준의 놀이가 나타난다고 보고하고 있다(Henniger, 1985 ; Tizard, Philps, & Plewis, 1976a, b). 유아가 서로를 알게 되고 기관 환경에 익숙해 질 때까지 관찰을 연기한다. 유아는 친숙한 동료들과 보다 높은 사회, 인지적 놀이를 하는 경향이 있다. 따라서 학기 초에 이루어지는 관찰은 유아의 놀이능력을 제대로 평가할 수 없다.

유아의 전형적 놀이행동에 대한 특성을 파악하기 위해서는 여러 번에 걸쳐 놀이 행동을 관찰해야 한다. 유아는 누구와 놀이를 하는지, 어떤 물건을 가지고 놀이하는 지의 여러 가지 조건 등에 의해 특별히 그 날의 놀이 행동에 영향을 받을 수 있다. 따라서 가능한 긴 시간에 걸쳐 여러 번 관찰을 함으로써 이러한 특별한 요인의 영향을 최소화 할 수 있다. 어떤 일시적인 요인의 효과를 최소화 하기 위해 가능한 긴 시간 동안 관찰을 하려고 노력해야 한다. 적어도 일주일에 두세 번의 관찰이 최소치이다.

놀고 있어요(JUST PLAYING)

BY-ANITA WADLEY (김명희 역-수정)

제가 쌓기 놀이에서 무엇인가 만들고 있을 때
"놀기만 하는구나"라고 말씀하지 마세요.
저는 즐거운 놀이 속에서 배우고 있으니까요.
균형과 여러 모양에 대해서요.
누가 알아요.
제가 커서 건축가가 될런지…

제가 예쁘게 치장하고 식탁도 꾸미고 아기를 돌보고 있을 때
"또 놀고 있구나."라고 생각하지 마세요.
저는 즐거운 놀이 속에서 배우고 있으니까요.
언젠가 될 엄마, 아빠의 역할을 해 보면서요.

여기저기 물감 칠을 하며 화판 앞에 서 있거나
점토로 무엇인가 만들 때
"놀기만 하는 구나." 하는 말씀은 싫어요.
저는 즐거운 놀이 속에서 배우고 있으니까요.
내 마음을 그려보면서 창의력도 기른답니다.
어쩌면 예술가나 발명가가 될지도 모르잖아요.

혼자 의자에 앉아 텅 빈곳을 향해 책을 읽고 있다고
"혼자 놀고 있구나."하고 웃으면 싫어요.
저는 즐거운 놀이 속에서 배우고 있으니까요.
언젠가는 선생님도 될 수 있는 꿈을 꿉니다.

벌레들을 찾아 풀숲을 헤치고 다니며
여러 가지 잡동사니로
주머니를 채웠다고 혼내지 마세요.

저는 지금 놀이 속에서 배우고 있답니다.
먼 훗날 유명한 과학자가 될 수도 있잖아요.

조작놀이를 하거나 다른 놀이로 시간을 보낼 때
놀이로 시간을 낭비한다고 염려하지 마세요.
즐거운 놀이 속에서 깨우치고 있는 중이니까요.
여러 가지 놀이를 하면서 문제해결을 하고 집중력도 기른답니다.
언젠가는 큰 사업가가 될 수도 있을 거예요.

음식을 만들고 맛을 보며 즐겁게 놀이하고 있을 때
"저 애는 또 놀고 있구나."하고 생각하지 마세요.
순서를 따르고 그 변화를 느끼니까요.
둥글고 흰 기다란 모자를 높이 쓴 주방장 모습을 상상해 보세요.

깡충 뛰기, 달리기, 스킵, 온몸으로 움직이는 것을 보고
"열심히 놀고 있구나."하고 생각하시겠지요.
저는 즐거운 놀이 속에서 배우고 있답니다.
몸의 부분들이 할 수 있는 것을 해보며 몸을 단련한답니다.
어쩌면 의사나 간호사, 체육인이 될지도 모르잖아요.

"오늘 유치원에서 무엇을 했니?"라고 물어 보실 때
"놀았어요(I Just Played)"라고 대답한다고 실망하지 마세요.
여러 가지 놀이 속에서 많은 것을 배우고 있으니까요.
즐거움이 무엇인가를 느끼고
내가 할 수 있는 일에서 성취감을 얻으며
내일을 위해 준비하고 있답니다.

지금! 저는 어린이이고
저의 일이란 즐겁게 놀이하는 것이랍니다.

제 7 장

유아를 위한 물리적 환경

1. 유아를 위한 물리적 환경구성 및 운영
2. 활동 성격에 적합한 교재·교구
3. 영역별 교재·교구의 평가기준

통합적인 교육과정을 운영하는 교사는 교실의 영역을 구성하며 각 영역에 활동자료를 제시할 것이다. 이 때 교사는 유아들의 자유선택활동과 자기 주도적 학습활동을 촉진하기 위해 교육과정의 운영에 적합한 활동자료와 교육환경을 제공해야 한다. 본 장에서는 물리적 환경구성 및 운영과 교수학습에 필요한 매체와 교재·교구, 그리고 놀잇감에 대해서 알아보고자 한다.

1. 유아를 위한 물리적 환경구성 및 운영

유아교육기관의 영유아를 위한 물리적 환경을 살펴보려면 자유선택활동 영역에 대한 이해가 있어야 한다. 자유선택활동 영역은 안전하고 질서가 있어야 하며, 다양하고 흥미로운 놀이자료와 교재를 포함해야 한다. 유아들은 자유선택활동 영역 안에서 자신의 방식대로 실험하고, 적용하고, 응용하면서 탐색해 나간다. 유아를 위한 교육목표를 달성하고 행동의 변화를 가져오기 위해서는 유아들의 생활을 풍부히 해주고 성장을 촉구할 수 있고, 다양한 경험을 유인해 줄 수 있는 각종 풍부한 물적 환경을 마련해 주어야 한다. 유아에게 환경은 의사소통의 강력한 수단이며 유아의 학습 방법과 내용에 절대적인 영향을 미치기 때문이다.

1) 자유선택활동의 의미

자유선택활동 시간이란 흥미영역을 중심으로 유아가 자신의 개별적인 흥미와 욕구 및 발달수준에 따라 스스로 활동을 계획·선택하여 활동하고 평가해 보는 시간이며, 자유선택활동 시간은 교육과정 운영의 핵심으로 학습이 가장 역동적으로 이루어지는 시간이며, 교사로서의 전문성과 성실성이 가장 잘 나타날 수 있는 시간이다. 자유선택활동 시간은 교사의 통제나 지시에 따른 활동과는 구별되며, 유아가 자율적으로 계획하고 선택하여 활동하므로 유아의 학습과 발달에 가장 효과적인 시간이다.

자유선택활동 시간이란?

① 유아 스스로 활동을 계획하고 선택하는 시간이다.
② 유아가 주도적이고 자발적이며 능동적으로 활동하는 시간이다.
③ 유아 개인의 학습속도에 따라 개별학습이 이루어지는 시간이다.
④ 다양한 흥미영역에서의 통합적 학습이 이루어지는 시간이다.
⑤ 유아의 의사결정 능력과 책임감 발달을 돕는다.
⑥ 유아 학습의 효율성을 높인다.
⑦ 유아의 개별학습을 촉진한다.
⑧ 통합적인 학습을 촉진한다.
⑨ 대인관계 기술 등 유아의 사회·정서적 발달을 촉진한다.
⑩ 유아에게 즐거움을 제공한다.

(1) 놀이공간을 조직하기 위한 교사의 고려사항

- 유아가 흥미를 느끼는 것은 어떤 것인가? 유아의 흥미를 자극하고 지속시키며 확장하기 위해서는 어떤 자료들과 도구들이 있어야 하는가? 흥미로운 주제는 무엇인가?
- 어떤 가구 배치와 방 배치가 활동적인 학습을 촉진시키는가? 어떤 활동영역이 필요한가?
- 자료의 진열은 어떻게 할 것인가? 벽, 바닥, 천장은 어떻게 이용할 것인가? 놀이실 밖의 어떤 공간을 사용할 수 있으며 어떻게 사용할 것인가?
- 유아가 좋아하는 신체적 자세는 무엇인가? 예를 들면, 유아는 책을 읽거나 게임을 하기 위해 바닥에 눕기를 좋아한다는 것 등을 고려한다.

(2) 활동 영역에서의 활동 준비사항

- 직접적인 경험을 줄 수 있는 것
- 어려움의 정도가 다양한 활동들
- 프로그램의 목적과 목표를 강조하는 활동들
- 사고력과 문제해결능력을 발달시킬 수 있는 활동들
- 나누기와 협동심을 시험해 볼 수 있는 활동들

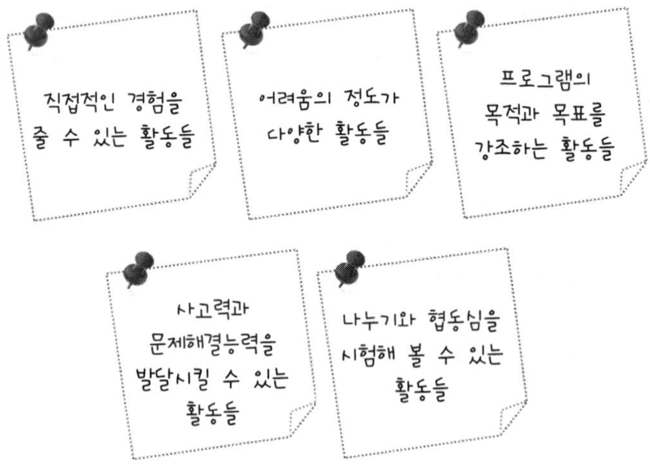

(3) 자유선택활동 영역에서의 교사의 역할

① 작업 영역

- 유아들의 소근육발달 상황을 관찰한다.
- 도움 요청을 많이 할 경우, 가능하면 유아가 하도록 유도하고 혼자서 해결할 수 없는 경우 도와준다.
- 어느 때 도와주고 도와주지 않아야 하는지를 관찰을 통해 알고 실천한다.
- 개인차를 알고 인정하며 이에 대처하여 지도한다.
- 작업을 할 경우 유아가 필요한 재료를 찾아가도록 장소만 가르쳐 준다.
- 색종이 접기나 교사가 처음 제시하는 활동에 대해 잘 모르는 경우 솔직하게

이야기한다(예 : 선생님도 잘 모르겠다, 다른 선생님께 여쭤 보자 등).

- 유아의 작품에 대해 유아가 설명을 하도록 유도한다(예 : 참 재미있는 것을 그렸구나! 선생님한테 설명해 줄 수 있겠니?).
- 다른 친구의 작품과 비교하지 않는다.

② 역할 영역

- 극놀이에 직접 참여하고 그 상황을 구체화시켜 주며 문제 제시도 해 준다.
- 색깔, 수, 모양 등 인지에 관한 학습으로 유도한다.
- 가족의 명칭, 기능 등 인지에 관한 학습으로 유도한다.
- 실제로 물을 사용하는 것은 제한한다.
- 입었던 옷, 사용했던 그릇은 사용 후 제자리에 두도록 한다.

③ 쌓기 영역

- 놀잇감을 던지거나 일부러 파괴하지 않도록 한다.
- 종이벽돌을 밟지 않도록 한다.
- 파손된 장난감이 있는지 유심히 살핀다.
- 장난감 나누어 쓰기, 양보하는 것을 습관들이도록 한다.
- 끼우기, 맞추기 할 때 쓰는 것은 놀이 후 제자리에 다시 담아놓도록 한다.

④ 언어 영역

- 시작한 책은 끝까지 읽도록 한다. 특히 읽는 중간에 교훈에 관하여 얘기하지 말고 끝까지 다 읽은 후 줄거리를 물어 본다.
- 가능한 한 책을 읽다가 자리를 뜨지 않도록 한다.
- 유아가 읽었던 책은 꼭 다시 제자리에 갖다 두도록 한다.
- 책을 너무 많이 읽어서 목이 아플 경우 솔직하게 이야기한다.
- 막대, 융판, 자석동화 등은 교사가 시연한 후 유아들이 실제로 해 볼 수 있도록 유도한다.

- 교사가 동화를 들려 줄 때에는 목소리의 고저, 음색의 변화 등으로 실감 있게 표현한다.

⑤ 수 또는 문자 영역

- 유아가 선택한 자료에 대하여 최대한으로 효과를 보도록 유도한다.
- 지식 전달 위주보다는 관찰, 실험, 문제발견, 문제해결, 비교하기, 의사소통 과정을 중요하게 생각하고 지도한다.
- 각 유아의 발달 정도에 따라 개별적인 도움을 준다.

2) 흥미 영역의 의미

흥미 영역이란 분리대나 교구장 등을 이용하여 경계를 암시함으로써 교실을 분리시켜 조직해 놓은 놀이 영역이다. 흥미 영역의 물리적 시각적 경계는 유아의 주의를 집중시키고 안정감을 주며, 다른 활동을 하는 유아로부터 방해를 통제한다. 또한 다양한 교재 · 교구의 제공으로 구체적인 경험을 제공하며 유아의 활동 선택과 정리 · 정돈을 돕고 각 영역에서의 규칙 지키기를 학습할 수 있게 한다.

① 흥미 영역 구성 시 서로 유사한 성격의 영역은 인접하여 배치하고 상반된 성격의 영역은 분리하여 배치한다.
② 흥미 영역은 필요한 자료와 설비를 고려하여 배치한다.
③ 흥미 영역은 놀이공간의 크기, 유아의 수, 연령, 시기 등을 고려하여 그 종류와 수를 다르게 배치한다.
④ 유아의 연령에 따라 놀이의 형태와 지속 시간이 다르므로 그 차이를 고려한다.
⑤ 생활주제, 유아의 흥미나 계절에 따라 흥미 영역의 위치에 변화를 준다.
⑥ 흥미 영역의 표지판은 유아의 연령을 고려하여 제시한다.
⑦ 영역별 표지판과 함께 유아의 참여를 나타내는 이름표 부착판을 준비한다.

⑧ 다양한 수준의 교구를 제시한다.
⑨ 영역별로 너무 많은 자료나 교구를 한꺼번에 제공하지 않는다.
⑩ 이동 통로와 빈 공간을 마련한다.
⑪ 모든 흥미 영역은 교사가 한눈에 관찰할 수 있도록 배치한다.

(1) 실내놀이 환경

실내놀이 환경에는 물리적인 위치, 시각적인 경계, 작업 및 앉는 면, 수납, 교구의 진열 등이 포함되며, 실내활동 영역에는 미술, 적목놀이, 목공, 요리, 극놀이, 듣기, 실내 대근육운동, 조작놀이, 수, 음률, 읽기 · 쓰기, 모래 · 물놀이, 과학 영역 등이 포함된다. 따라서 휴식을 지원해 주는 공간, 높은 공간, 낮은 공간, 어두운 영역, 밝은 영역, 작은 요소, 큰 요소, 그리고 직접 만질 수 있는 다양한 재료 등이 포함되어야 한다.

실내 자유선택활동은 하루 일과 중 2시간 30분 이상이 할애되는 중요한 시간이다. 특히 연령이 어릴수록 집단 활동보다는 개별적인 놀이가 많으므로 실내 자유선택활동의 비중이 크다. 흥미 영역의 구성은 교육기관의 철학, 교육 목적, 교육과정 운영 형태, 유아의 연령, 지역사회의 특징과 여건 등에 따라 서로 다르게 설치된다. 자유선택활동을 시작하기 전에 유아들과 계획하는 시간을 마련한다. 흥미 영역별로 어떤 활동이 준비되어 있고 참여할 수 있는지 전체적으로 소개해 주고 어떤 놀이부터 하고 싶은지 생각해 보게 한다.

① 영아를 위한 실내 흥미 영역

영아를 위한 실내 흥미 영역은 영아의 생리적 욕구에 기초한 기저귀 갈이와 배변 · 낮잠 · 수유 · 식사 영역 등의 생활영역 구성과 영아가 새롭게 습득한 기술을 연습하고 운동 능력을 발휘하고 도전해 보고 성취감을 가질 수 있도록 하는 흥미 영역으로 구분하여 구성한다.

또한, 영아는 신체적으로 면역력이 약하고 장시간 동안 많은 영아들과 생활하기 때문에 기저귀 갈이대, 화장실, 놀이실 등의 공간 및 놀잇감 등을 항상 청결하게 유지·관리하며 영아의 신체 크기와 능력에 적합한 환경 구성이 이루어져야 한다. 성인에게 의존하면서도 독립적으로 혼자서 해보려는 특성이 강하므로 안전한 환경을 마련해 주는 것이 중요하다. 교구나 놀잇감의 안전성 뿐만 아니라 동선을 고려하여 교구와 놀잇감을 배치한다.

㉮ 기저귀 갈이대

㉯ 수유 영역

㉰ 휴식 영역

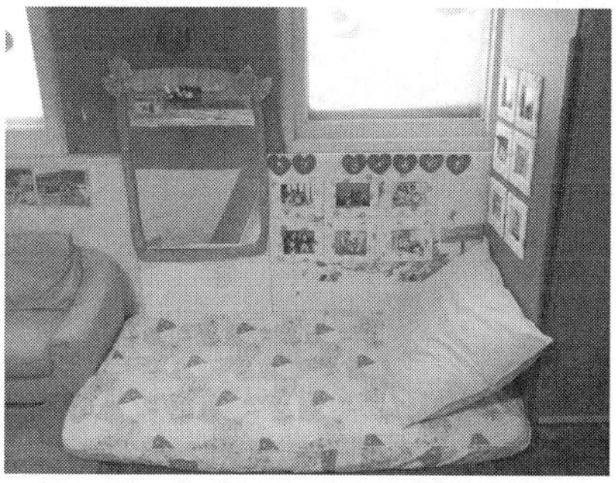

㉱ 낮잠 영역

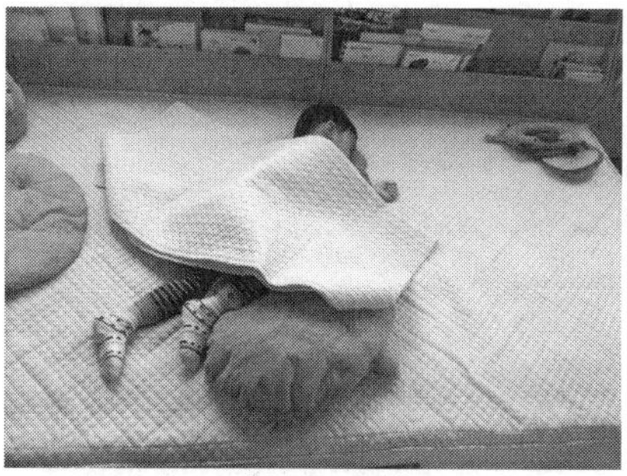

㉲ 대근육 영역

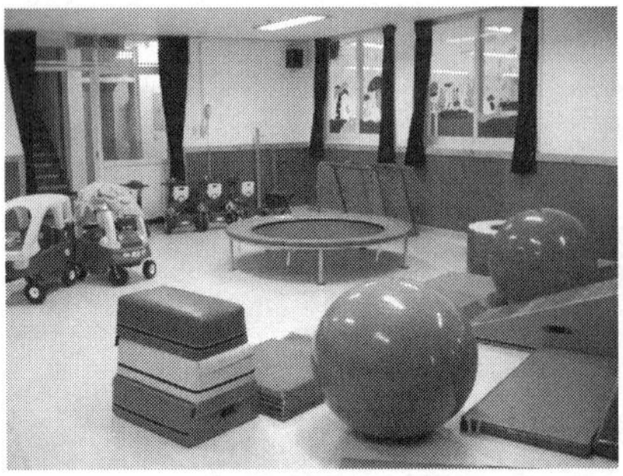

㉶ 언어 영역

㈔ 탐색 영역

㈕ 음률 영역

㈖ 미술 영역

㉾ 쌓기 영역

㉿ 역할 영역

② 유아를 위한 실내 흥미 영역

㉮ 쌓기 영역

블록, 나사 끼우기, 토막쌓기, 모양맞춤 블록, 각종 공구(드릴, 망치, 큰 못, 톱, 대패) 등을 비치한다.

㉯ 역할 영역

인형, 소꿉놀이, 병원놀이, 장난감, 종, 손 인형, 가면, 장난감 차, 역할 놀잇감, 교통표지판, 의상 등의 교재 · 교구를 비치한다.

㉰ 언어 영역

동화책, 그림책, 동요, 동시, 융판, 동화자료, 낱말카드, 전화기, 라디오, 녹음자료 등을 비치한다.

㉱ 미술 영역

크레용, 물감, 분필, 점토, 색종이, 풀, 털실, 스펀지, 가위, 연필, 나무토막 등의 재료를 비치하고, 필요시 보충한다.

㉤ 수 영역

숫자블록, 숫자카드, 숫자 맞추기, 달력, 셈판, 숫자퍼즐 등이 교재 · 교구를 수준별로 준비한다.

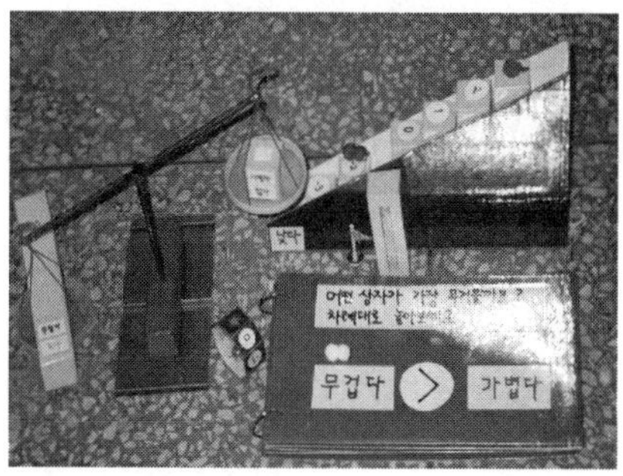

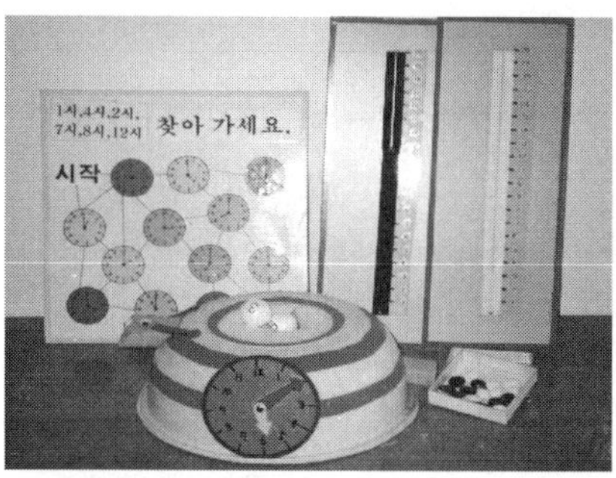

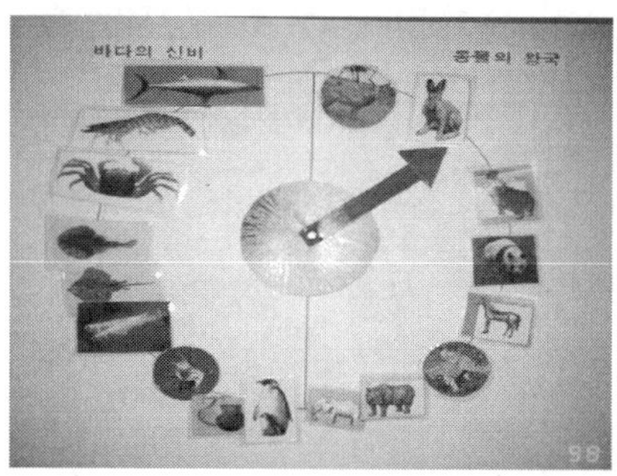

㉥ 조작 영역

그림퍼즐, 입체퍼즐, 맞춤블록, 색깔블록, 모양찾기, 퍼즐, 페그와 페그보드, 구슬과 줄, 볼트와 너트, 도미노, 바느질 도구, 본뜨기, 일상생활 훈련틀 등을 비치해 둔다.

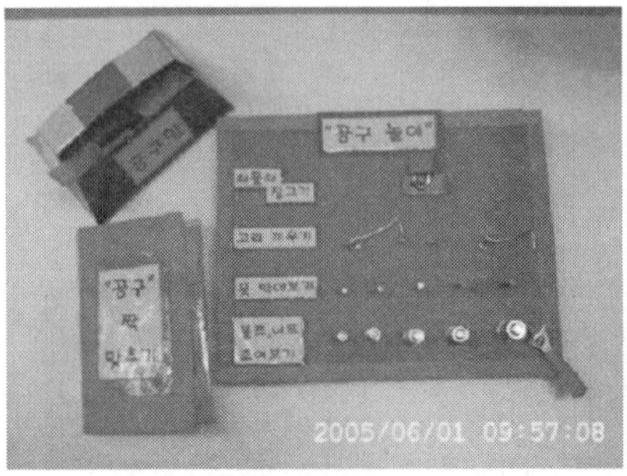

㈔ 과학 영역

화분, 어항, 온도계, 자석, 자, 슬라이드, 사진, 저울, 각종 표본, 만화경, 계량컵, 시계, 확대경 등의 교재 · 교구를 제공한다.

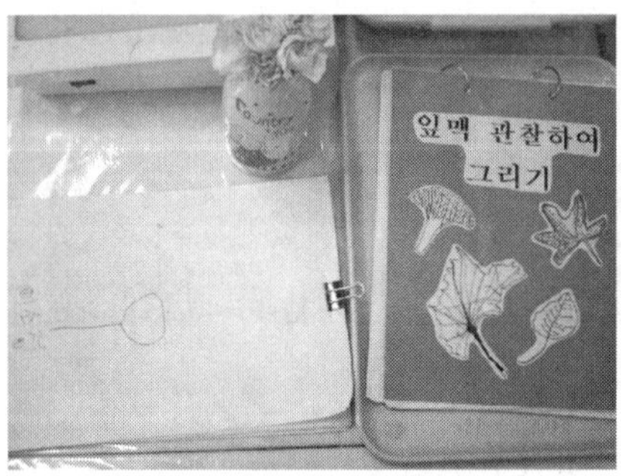

㉵ 음률 영역

카세트 레코드, 실로폰, 마라카스, 북, 피아노, 캐스터네츠, 장구, 심벌즈, 트라이앵글, 스카프, 리본 등의 다양한 음률활동 자료를 준비한다.

㉶ 컴퓨터 영역

언어 영역과 이웃하게 두어, 유아들이 활동에 필요한 자료를 출력하여 활용할 수 있게 한다. 사용방법과 순서표를 함께 제시하여 규칙을 지키도록 유도한다.

(2) 실외놀이 환경

실외놀이 환경에는 모험놀이, 극놀이, 상상놀이, 대근육운동, 조작놀이, 자연놀이, 개방공간놀이, 개인적인 놀이, 잠시 동안 혼자 있을 수 있는 장소가 포함되어야 한다. 또한 활동적인 놀이 외에 뚜렷한 목적이 없는 수동적인 놀이를 위한 공간도 제공해야 한다.

영유아 교육기관의 실외 놀이터는 실내놀이의 연장일 뿐만 아니라 자연과 더불어 놀이 경험을 더욱 폭넓게 확대시켜 나갈 수 있는 공간이다. 실내에서 제공 될 수 없는 장점이 실외환경에 있으므로 두 공간을 모두 활용하는 것이 좋다. 실외 놀이터에는 영유아들에게 도전의 기회가 되며, 단순한 놀이보다는 다양한 놀이 유형이 나타날 수 있도록 준비해 줄 필요가 있다. 실외놀이 공간 구성은 실내놀이 공간과 마찬가지로 정적인 활동과 동적인 활동으로 구분하여 배치해준다.

정은경(2000)의 연구에서는 실외놀이에 대한 질적 연구에서 유치원 교육현장에서 유아들이 실외놀이를 어떻게 경험하고 있는가를 묘사하고 해석하여, 유아들이 실외놀이에 부여하는 의미를 이끌어 내었는데 첫째, 실외놀이에서 이루어진 유아들의 사회적 상호작용에서 유아들은 '결속력 있는 유아'로서의 모습을 나타내었다는 것 둘째, 유아들은 실외에서TV 만화 내용을 재현하는 환상적인 상상놀이, 놀이기구를 통해 유아의 현실 세계에서 경험할 수 있는 주제의 상상놀이, 자연세계에 관한 상상놀이 등 자신들의 풍부한 상상력을 발휘하였다는 것 셋째, 유아에게 '밖'이라는 공간의 변화를 주었을 때, 유아들은 교실과 다른 새로운 모습의 능력을 발현하고 있었다는 것을 밝혔다.

실외 환경의 질적 수준에 따라 유아의 놀이행동에 차이가 있다(김명준, 2000). 즉 질적 수준이 높은 유치원의 유아는 집단놀이가 많으며, 질적 수준이 낮은 유치원의 유아는 혼자놀이와 병행놀이가 많고, 방관자 행동과 공격적 행동에 더 많이 참여한다고 한다.

실외에는 커다란 놀이시설을 설치할 수 있고, 움직임의 범위가 크기 때문에 실외 놀이터는 유아의 운동기술을 향상시키며, 대근육과 소근육의 발달을 돕고, 실내의 좁은 공간에서와는 다른 성격의 사회적 기술을 증진시킨다는 장점이 있다.

전통적으로 실외 놀이터는 일정한 실외 공간에 고정 시설을 줄지어 배치하는 것이었으나, 이러한 방식은 유아의 발달이나 경제적 측면에서 바람직하지 않다. 현대적 의미의 놀이터는 많은 유아의 다양한 놀이를 동시에 수용할 수 있도록 제한된 공간에 세심하게 계획되어야 한다.

Esbensen(1987)은 실외 환경을 다음과 같이 아홉 가지 영역으로 설정하였는데, 신체활동 영역, 극화활동 영역, 탐구활동 영역, 작업활동 영역, 물 · 모래활동 영역, 이동 영역, 보관 영역, 개방된 공간, 조용히 생각할 수 있는 빈 공간이다.

- 신체활동 영역 — 오르기, 미끄러지기, 구르기, 달리기, 뛰기와 같은 활동을 위한 놀이시설
- 극화활동 영역 — 장난감 자동차와 트럭, 운전대, 커다란 상자, 놀이집
- 탐구활동 영역 — 채소밭과 꽃밭, 나무, 풀, 동물 사육장
- 작업활동 영역 — 속이 빈 적목, 이젤, 목공상
- 물 · 모래활동 영역 — 모래밭 근처에 수도를 설치
- 이동 영역 — 궂은 날씨 장화와 우산, 모자 등으로 인해 유아들이 실외 놀이용 옷을 입고 벗을 수 있는 장소가 필요
- 보관 영역 — 시설물을 충분히 보관할 수 있는 곳, 매일, 매주 또 계절에 알맞도록 영역을 구성하는데 도움이 된다.
- 개방된 공간 — 게임과 집단활동을 위해 평평하고 개방된 공간
- 조용한 공간 — 구석이나 나무 그늘 또는 유아가 들어갈 수 있는 큰 상자 등을 준비하여 유아가 혼자 있거나 조용한 놀이를 하고 싶을 때 사용하도록 한다.

이상과 같이 공간구성을 할 때, 활동의 종류를 구분하여 배치하면서 영역 또는 놀이기구 사이의 통로를 충분히 두어 다른 활동을 방해하지 않으며 유아도 방해받지 않고 안전히 활동할 수 있도록 한다.

① 영아를 위한 실외 흥미 영역의 예

영아와 걸음마기 유아들도 실외놀이 공간을 필요로 한다. 일반적으로 큰 유아의 놀이터와 분리하여 설계되지만, 놀이를 지도하는 교사가 계획만 잘 한다면 큰 유아가 어린 유아를 데리고 놀고 도움을 줄 수도 있다.

㉮ 대근육 영역

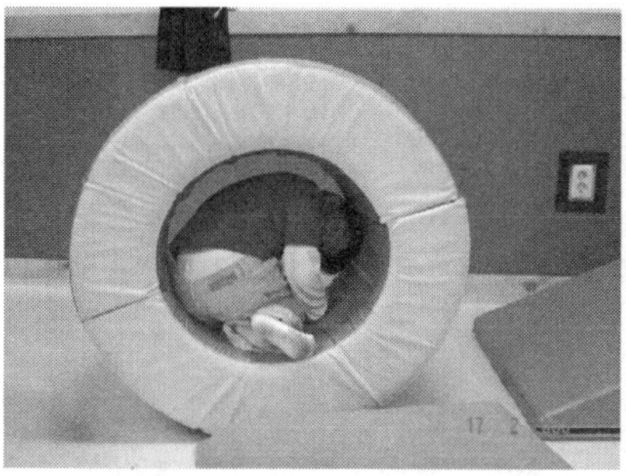

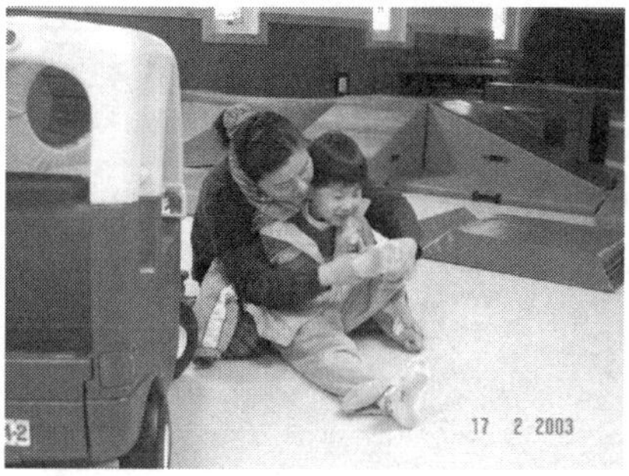

㉯ 물 · 모래놀이 영역

모형 배와 모형 썰매
모래 영역에서 놀 수 있도록 배치해 두었는데 다른 곳으로 이동 가능

영아를 위한 모래놀이 욕조

㉰ 탐구 영역

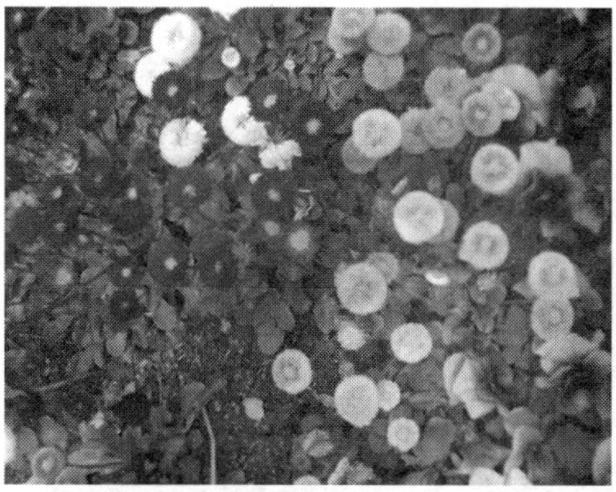

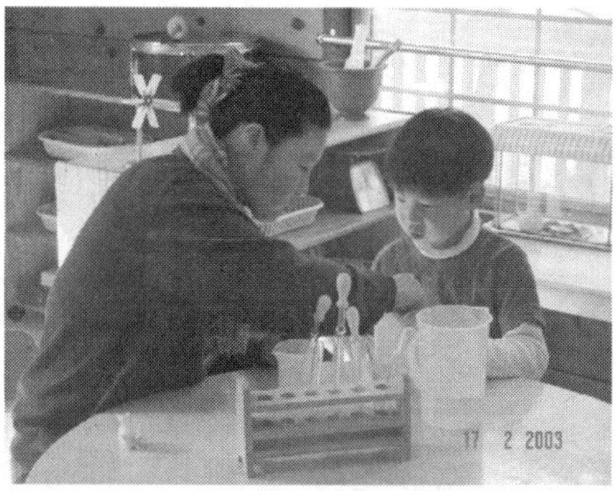

② 유아를 위한 실외 흥미 영역의 예

㉮ 대근육 영역

미끄럼틀, 시소, 정글, 고리던지기, 공, 여러 가지 탈 것, 평균대, 줄넘기, 타이어, 징검다리 등으로 영역을 구성한다.

㉯ 모래놀이 영역

㉰ 식물 기르기 영역

㉱ 동물 기르기 영역

2. 활동 성격에 적합한 교재 · 교구

페니와 마가릭(Feeney & Magarick, 1984)은 영유아기에 필요한 교재 · 교구를 활동 성격에 따라 감각적 교재 · 교구, 대근육 활용 놀이기구, 구성놀이자료, 조작적 놀이자료, 극화놀이자료, 책과 녹음자료, 미술자료로 분류하였다. 활동 성격에 따라 연령별로 필요한 기본적인 교재교구를 제시하면 표 7-1과 같다. 활동 성격에 따른 분류는 영유아들이 활동을 할 때 주로 활용하는 신체기관이 감각기관인지, 대근육인지로 나누거나, 활동을 할 때 놀이가 구성놀이인지, 조작적 놀이인지, 극화놀이인지로 구분하거나 활동을 할 때, 사용하는 자료가 책인지, 미술자료인지에 따라 구분할 수 있다(최일선, 박해미, 이진화, 2013. 재인용).

표 7-1 활동 성격에 따른 연령별 교재 · 교구

구분	2-3세	3-4세	5-6세
감각자료	물 · 모래놀이 용구, 컵, 삽, 밀가루 점토, 소리짝 짓기 게임, 벨, 우드블록, 트라이앵글, 북, 같은 질감 헝겊 짝짓기, 느낌 상자	물놀잇감(측정컵, 달걀 거품기), 모래놀잇감(컵 케이크 빵틀, 각종 소도구), 실로폰, 마라카스, 탬버린, 찰흙	물놀이감(식용 색소, 펌프, 깔때기), 모래놀잇감(여러 가지 통들, 각종 소도구), 하모니카, 기타, 레코드 찰흙과 소도구
대근육 활동놀이 기구	낮은 오르기 기구, 낮은 그네, 낮은 미끄럼, 웨건, 카트, 큰 고무공, 세 바퀴차(소형)	세 바퀴차, 롤러스케이트, 오르기 기구, 로프 그네, 타이어 그네, 플라스틱 야구방망이, 공, 여러 크기의 고무공, 평균대, 상자들, 낡은 타이어, 볼링대, 팥주머니와 목표물	두발자전거, 공차기
구성놀이 자료	유니트 블록과 소품: 동물, 사람, 나무자동차, 나무트럭, 끼우기 자료(큰 조각), 해머, 부드러운 나무, 못	많은 수의 유니트 블록, 블록 액세서리들, 테이블용 블록, 실물과 비슷한 모형 탈것들, 건설자료 세트, 목공놀이대, 톱, 사포, 못	보다 많은 수의 유니트 블록과 소품, 길과 도시 관련 다양한 소품, 공간블록 나무 나사와 도구, 스크루드라이버, 나사못, 미터측정기, 목공놀이 소품
조작놀이 자료	나무퍼즐(4~5조각), 나무못 판, 큰 나무 구슬과 끈, 바느질 카드, 쌓기 놀이기구, 그림 도미노,	퍼즐 나무 못판, 작은 구슬 끼우기판, 블록, 분류자료 확대경, 단순한 카드게임판 게임, 융판과 융판그림 자료, 글자와 수	보다 복잡한 퍼즐, 도미노 어려운 카드게임, 털실, 큰 바늘, 헝겊 자료, 자석, 속성블록
인형과 극화놀이 자료	씻을 수 있는 인형과 옷, 인형침대, 유아용 크기의 테이블과 의자, 접시, 팬,여러 종류의 옷, 모자, 구두, 셔츠, 손 인형, 쇼핑카드	인형과 액세서리, 인형 운반대, 유아크기의 스토브와 싱크대, 여러 종류의 옷들, 놀이용 음식, 인형 집과 소품	계산대, 놀이 돈, 극화놀이소품, 타자기

구분	2-3세	3-4세	5-6세
책과 녹음 자료	그림책, 이야기, 시, 레코드, 테이프(고전음악, 민속음악, 유아노래)	단순한 과학책, 보다 세밀한 그림과 이야기책, 견고한 레코드 플레이어 또는 테이프 플레이어, 다양한 음악 녹음책과 녹음 세트	문화 관련 책, 이야기책, 요리책
미술 자료	굵은 수성매직, 큰 종이, 이젤, 붓, 핑거페인트, 끝 이 무딘 가위, 풀	이젤, 가는 붓, 굵은 크레용 분필, 풀과 마스킹테이프, 콜라주 자료	물감, 크레용, 목탄, 작은 종이, 스테플러, 구멍펀치, 칠판, 단순 기능의 카메라, 필름

3. 영역별 교재·교구의 평가기준

일반적으로 유아교육기관에서 보유하고 있는 교재·교구는 그 종류와 수량이 많으며, 각 활동실과 자료실에 나누어 비치되고 있으므로 기록된 자료에 의존하지 않고는 전체적인 파악이 용이하지 않다. 그러나 교육자료와 교육의 질과의 관계를 볼 때, 유아교육기관에서 교재·교구의 체계적인 구입과 제작과정을 거쳐 활용과 관리를 한다고 하여도 교재·교구에 대한 전반적인 이해와 평가를 소홀히 할 수 없다.

유아의 자발적인 자유선택활동이 제한을 받지 않도록 충분한 자료를 제공해 주어야 하되, 각 영역에 활동자료가 고르게 제시되어 있는지, 준비된 자료가 유아의 주도적 활동을 촉진시키는지 등은 교재·교구에 대한 전반적인 평가를 통해 점검되어야 할 것이다.

그러나 교사가 특정한 평가도구나 평가기준이 없이 학급의 교재 · 교구를 평가하기는 어렵다. 또한 학급의 교재 · 교구는 수시로 교체되어 제시되므로 수시 평가를 시행하기는 더욱 어려운 과제이다. 이런 문제를 해결하기 위한 방안으로 학급에 편성된 영역을 중심으로 전반적인 교재 · 교구 환경을 평가하는 방법을 적용할 수 있다. 반복적인 평가활동은 다음의 학습활동을 계획할 때 반영될 수 있으므로 준비된 환경을 제공하는데 도움을 준다. 활동자료에 대한 종합적인 평가를 위해 교실의 흥미영역 평가기준을 제시하면 표 7-2와 같다(이기숙 외, 1995).

표 7-2 흥미 영역 평가기준

영 역	평가 기준
쌓기놀이 영역	· 다양한 형태를 만들 수 있는가? · 형태가 안정되고 균형이 잘 잡히는가? · 놀이를 통해 성취감을 쉽게 느낄 수 있는가? · 수량이 유아의 수에 적합한가? · 모서리 부분과 표면이 안전한가? · 견고하고 내구성이 있는가?
역할놀이 영역	· 다양한 역할 및 기능을 이해시키는데 적합한 교재 · 교구인가? · 공격적인 행동을 유발시키지는 않는 것인가? · 고정적인 성 역할 관념에서 탈피한 것인가? · 유아의 문화와 환경에 적합한가? · 모양이나 색깔이 유아의 흥미를 끌 수 있는가? · 크기나 형태가 유아의 연령별 발달 수준에 적합한가? · 재질이나 도료가 안전하고 내구성이 있는가? · 실물을 모방한 놀잇감의 경우 실물이잘 묘사되었는가? (기능, 질감, 색체, 형태) · 폐품이나 실제 사물을 이용할 경우에는 위생적이고 사용이 간편한가? · 유아간의 상호작용을 조장시킬 수 있는가?

영 역	평가 기준
조작놀이 영역	· 유아의 손가락, 손, 팔, 눈의 기능을 촉진시키면서 각 기능 간의 협응을 조장하는가? · 난이도가 유아의 연령별 발달 수준에 적합한가? · 색채가 선명하여 유아의 흥미를 자극할 수 있는 형태로 제작되었는가? · 조작 부품이 정교하게 끝손질이 되었는가? · 재질이나 도료, 형태가 안전한가? · 견고하고 내구성이 있는가? · 수량이 유아의 수에 적절한가? · 성인의 도움 없이 유아가 조작할 수 있는가?
언어놀이 영역	· 다양한 듣기 · 말하기 기회를 제공하는가? · 언어의 정확한 이해와 정확한 표현에 도움을 줄 수 있는가? · 바른 언어를 사용할 수 있는 기회를 제공하는가? · 언어 표현에 기초가 되는 사고능력을 신장시키는데 도움되는 교재 · 교구인가? · 일상생활과 관련된 낱말과 문장을 사용하는가? · 글자가 바르고 크게 쓰여져 있는가? · 유아의 흥미를 끌 수 있는 유아의 연령별 발달 수준에 적합한가? · 견고하고 내구성이 있는가? · 카세트, 녹음기 등이 작동하기 간편하고 성능이 좋은가?
미술놀이 영역	· 자유로운 표현의 기회를 제공하는가? · 미술놀이를 통해 성취감을 느낄 수 있는가? · 색이 선명하고 색감이 좋은가? · 재료가 유아의 연령별 발달 수준에 적합한가? · 유아가 다루기 쉽고 질이 좋은가? · 유해 성분이 없고 안전한가? · 충분한 양이 제공될 수 있는가? · 폐품을 이용할 경우에는 위험성이 없고 위생적으로 처리되었는가? · 다양한 개별 활동과 집단 활동 경험을 제공하는가?

영 역	평가 기준
수학놀이 영역	· 10 이하의 숫자를 다루었는가? · 분류, 수, 이해, 순서, 공간, 측정 등의 속성에 해당하는 자료가 골고루 준비되었는가? · 자료의 수가 너무 많아 유아에게 부담을 주지 않는가? · 교구가 매력적이고 유아가 사용하기에 편리하며 흥미로운가? · 각 교구마다 실수를 스스로 발견할 수 있는 단서가 있는가? · 자료의 수준이 유아에게 적절한가?
과학놀이 영역	· 자연현상에 관심을 갖고 이해하는데 도움이 되는가? · 생활에 간단히 적용할 수 있는가? · 호기심과 탐구심을 조장할 수 있는가? · 사고력과 문제해결력을 증진시킬 수 있는 기회를 제공하는가? · 정확하고 정밀하게 구성되었는가? · 위험성이 없고 안정한가? · 유아의 흥미를 끌 수 있는가? · 물리적 변화를 관찰할 수 있고 다양한 실험을 유도할 수 있는가? · 크기나 무게, 사용법이 유아에게 적절한가?
음률놀이 영역	· 여러 가지 소리를 탐색할 수 있는 자료가 제공되었는가? · 정확한 음정과 아름다운 소리를 가진 악기를 접할 수 있는가? · 노래 활동을 활발히 유도하는 다양한 자료가 있는가? · 감상용 음악 선곡이 유아의 발달 수준에 적합한가? · 신체적 표현을 유도하고 다양한 활동으로 전개할 수 있는 보조 자료가 준비되었는가?
물놀이 영역	· 휘젓기, 퍼 올리기, 붓기, 운반하기 등 다양한 근육운동을 할 수 있는 기회를 제공하는가? · 물의 변화를 관찰할 수 있고 물을 이용한 실험이 가능한가? · 형태, 크기, 난이도가 유아의 연령별 발달 수준에 적합한가? · 위험하지 않고 안전한가? · 물에 견고하고 내구력이 있는가? · 다양한 촉각 경험을 제공하는가?

영 역	평가 기준
모래놀이 영역	· 실내 · 외에서 골고루 모래놀이가 가능한가? · 모래에 불순물이 제거되어 안전한가? · 모래에는 적당한 습기가 있어서 바람에 날리는 것을 예방하는가? · 실외놀이 시설은 직사광선을 피할 수 있으며 물놀이 영역과 인접해 있는가? · 양의 측정과 다양한 모양, 부피를 실험할 수 있는 안전한 용기들이 준비되었는가? · 파고, 뚫고, 퍼내는 데에 적합한 도구가 골고루 있는가? · 모래놀이 영역에서 일어날 수 있는 극화 활동에 필요한 도구가 준비되었는가? · 모래놀이 도구를 유아 스스로 안전하게 정리, 보관할 수 있는 공간이 마련되었는가?
목공놀이 영역	· 목공놀이 영역을 각 교실의 한 영역으로 설치할 때와 공동 영역으로 설치할 때 목공놀이 테이블의 크기와 소음방지를 위한 사전 조치가 되어 있는가? · 목공놀이 테이블은 유아의 책상 높이와 일치하는가? · 목공놀이 테이블의 다리가 견고한가? · 각종 기구(바이스 등)를 설치하기에 목공놀이 테이블의 목재가 단단한가? · 각종 도구는 유아가 사용하기에(무게, 크기 등) 적절한가? · 각종 도구는 제 기능을 다하는가? · 못질하기에 적당한 자료(딱딱한 것)와 톱질이 용이한 자료(무른 것)가 골고루 준비되었는가? · 도구를 안전하게 정리, 보관할 공간이 있는가? · 나무와 못(중간 크기)의 크기는 유아가 사용하기에 적절한가?
요리활동 영역	· 자유로운 탐색의 기회를 제공하는가? · 미각, 후각, 시각, 청각, 촉각 등 다양한 감각 경험을 제공하는가? · 요리 과정의 즐거움과 성취감을 제공할 수 있는가? · 안전하게 사용하고 위생적으로 관리할 수 있는가? · 크기, 형태, 무게 등이 유아가 다루기에 적절한가? · 요리 과정이 유아의 연령별 발달 수준에 적합한가? · 요리 순서 카드가 유아가 이해할 수 있도록 만들어졌는가?
대근육 활동 영역	· 대근육 활동이 골고루 활용되는 놀이기구인가? · 인체 공학적인 측면에서 안정성이 있으며 크기는 적절한가? · 미끄럼대의 경사, 오름대의 간격, 이동 놀잇감 등이 제 기능을 다하는가? · 혼자 또 여럿이 놀 수 있는 놀이 시설이 골고루 준비되었는가? · 교구의 재질이 유해하지 않은가? · 교실 공간과 타 영역과의 관계를 고려할 때 놀이기구의 크기가 적당한가?

제 8 장

유아교육과 교사

1. 교직과 유아교사의 전문성
2. 유아교사의 역할 및 자질
3. 유아교사의 자격
4. 유아교사의 교육
5. 교직윤리

유아교사는 유아들이 스스로 주변을 탐색하고 상호작용을 통해 자신의 지식을 형성하는데 많은 영향을 미치고 있다. 아직은 사물에 대한 개념이나 이해가 완전히 형성되지 않아, 보다 새로운 경험에 의해 이전의 개념이 쉽게 수정되고 변화될 수 있는 유아들에게 있어 교사의 역할은 매우 크다. 다시 말해, 유아는 주변의 인적·물적 환경들을 통해 사물에 대한 개념을 형성해 나가기 때문에, 유아들에게 필요한 경험은 다양하고 구체적이며 정선된 것일 필요가 있고, 질적으로 우수한 것일 필요가 있다는 것이다. 이 과정에서 유아교사는 가소성이 큰 유아들에게 발달에 필요한 경험이나 개념을 제공하기 위해서 일반 교사들과는 다른 보다 전문적인 자질이 필요하게 되는 것이다.

따라서, 본 장에서는 교직의 의미 고찰을 통해 유아교사의 전문성과 역할, 교사 양성과정과 재교육에 관한 우리나라의 제도를 소개하고자 한다.

1. 교직과 유아교사의 전문성

1) 교직의 의미

직업으로서의 교직에 대한 관점을 조사하면 교직이라는 직업을 어떻게 파악하고 있는지를 이해할 수 있다. 일반적으로 교직관은 성직관, 노동직관, 전문직관으로 구분한다(김경이 외, 2001).

- 교직에 관한 성직관은 전통적 교직관으로 교직을 성직자와 같이 소명의식을 가진 직분으로 보는 관점이다. 교직을 성직으로 볼 때, 교사에게 있어서 윤리적 덕목이 가장 우선시되며, 사회경제적 지위가 낮더라도 감수해야 한

다는 관점이다. 일부에서는 성직이란 명분으로 교사 권리가 침해되고 희생만을 요구한다는 시각으로 성직으로서의 교직관은 현대사회에 적합하지 않다는 비판을 하고 있다. 그러나 오늘날 우리 사회가 갖고 있는 교직에 대한 기대에서 성직자적 접근이 완전히 배제되었다고 볼 수 없으며, 가치관 혼란의 사회 환경 속에서 교사의 성직자로서의 소명의식은 오히려 다시 강조되고 있다고 할 수 있다.

- 교직은 정신적 노동을 수행하지만 계약에 의해 고용된 상태임을 강조하여 교사직도 하나의 노동직으로 간주하는 노동직관이다. 노동의 대가로 급여를 받고, 보수와 근무조건 개선을 위해 단체 활동 하는 것을 당연하게 간주한다.
- 전문직관으로 교직을 지적 · 정신적 활동을 위주로 하는 직업이며, 애타적 사회봉사활동으로 규정한다. 이러한 전문직관은 가장 광범위하게 받아들여지고 있는 관점으로, 교직을 수행하기 위해서는 전문적 기술과 지식을 습득해야 하며 이러한 것을 증명하기 위해 자격증 제도를 실시할 수 있다.

이상 각각의 교직관은 교사의 역할 범위를 확장 또는 제한하게 되는데, 이것은 교직에 대한 일반적인 요구를 나타내는 것이다. 오늘날 교직에 대한 기대로 비교적 광범위하게 받아들여지고 있는 교직관은 전문직관이다.

1966년 UNESCO '교원의 지위에 대한 권고문'에서 다음과 같이 교직을 전문직이라고 선언하였다(대한교육연합회, 1971).

> '교직은 전문직으로 인정된다. 교직은 엄격하고 계속적인 연구를 통하여 획득되고 유지되는 전문적 지식과 기능을 교원에게 요구하는 공공봉사의 일종이다. 그리고 교사는 학생의 교육과 복지에 대하여 개인적 및 연대적 책임을 요구한다.'

우리나라의 경제기획원의 한국표준직업분류(1963)에서도 교직을 법학 관계자,

의료관계자 등과 함께 전문직으로 분류하고 있다. 이것은 교직이 다른 전문직과 같이 장기간에 걸친 특별한 교육을 받지 않고서는 아무나 종사할 수 없는 직업임을 나타낸 것이다. 리버만(Liberman, 1956)은 전문직의 특성을 다음과 같이 제시하고 있다.

- 전문직은 유일하고 독특한 종류의 사회적 봉사기능을 갖는다.
- 전문직은 고도의 지적 기술을 요한다.
- 전문직은 오랜 기간의 준비교육을 필요로 한다.
- 전문직은 개인적으로, 집단적으로 광범위한 자율권을 행사한다.
- 전문직은 자율적 판단이나 행위에 대해 책임을 진다.
- 전문직은 자치조직을 갖는다.
- 전문직은 경제적 보수보다 사회적 봉사가 우선되어야 한다.
- 전문직은 자체의 직능을 수행하는데 적합한 직업윤리를 가지고 있다.

이러한 관점에서 대체적으로 교직은 전문직이라고 평가할 수 있다.
한편, 교직은 다른 전문직과 다른 다음과 같은 특성을 갖는다(곽영우 외, 1997).

- 교직은 인간을 대상으로 하는 직업이다. 교직은 인간을 대상으로 하는 직업이며, 교육대상 및 그의 가족을 포함한 인간에 대한 이해를 바탕으로 하는 직업이다.
- 교직은 인간의 전인적 측면을 대상으로 하는 직업이다. 교직을 제외한 다른 어떤 직업도 인간을 총체적, 전인적으로 다루지는 못한다. 교사들은 단순한 지식 전달뿐만 아니라 학습자의 전인적인 성장도 중요시한다.
- 교직은 미성숙자를 대상으로 하는 직업이다. 교사는 아직 성장의 가능성이 많은 인간을 대상으로 하는 직업이다.

이와 같이 전문직으로서의 교직은 타 전문 직종과 여러 가지 면에서 구분되며,

교직을 전문직으로 보는 관점이 우세하므로 이에 따라 어린 유아들을 교육대상으로 하는 유아교사의 전문성도 이해하여야 한다.

2) 유아교사의 전문성

유아교육을 담당하는 교사는 유아의 학습과 발달에 매우 중요한 영향을 미치며 교육의 질을 결정하므로 유아의 발달, 교육, 교수-학습방법 등에 관련된 전문적인 지식과 자질을 갖추어야 함에도 불구하고 유아교사의 전문성에 대해서는 의문을 제기하는 사람들이 있다. 유아교사의 전문성에 대한 논란은 계속되어 왔는데, 1980년대부터는 이 주제가 본격적으로 논의되기 시작했다.

페니(Feeny, 1983)는 유아교사는 다음과 같은 특징을 갖고 있기 때문에 전문성을 갖는다고 주장하였다.

- 유아교사는 유아에게 지식을 전달하고 자신에 대해 긍정적으로 느끼게 교육한다.
- 다른 학교교육과 다른 특별한 지식, 유아의 발달과 학습에 대한 지식이 필요하다.
- 유아교육에 관련된 전문적인 이론을 교육현장에 적용한다.
- 유아에게 적합한 프로그램 선택, 운영을 위해 지식과 기술을 지속, 보완해야 한다.

위의 입장과는 달리 일부 학자들은 유아교사가 교직 수행에 필요한 체계적 지식이 부족하고, 전문직의 권위와 특전에 대한 사회적 인정도가 낮으며, 봉사의 기능이 적으므로 전문가로 보기 어렵다고 지적하기도 한다.

에드(Ade, 1982)는 유아교직에 전문성이 부족하다고 주장하면서, 그 이유로 유아교직 담당자들 중 사회사업이나 아동복지 등과 같은 인접 학문 분야에서 배출된 종사자가 많고, 전문화된 교사로서의 권한이 확실하지 않아 보모로 여겨지는 경우가 있으며, 여성 전담직에 대한 잘못된 인식 때문인 것으로 보고 있다.

이와 같은 유아교사의 전문성에 대한 찬반의 논란은 아직까지 계속되고 있다. 논란이 계속되고 있다는 사실 자체가 유아교사는 아직도 완전한 전문직으로 인정받고 있지 못하다는 사실을 입증하는 것이다.

오래 전부터 교직은 전문직으로 간주되어 왔다. 모든 전문직이 그러하듯 교원이 되기 위해서는 교원자격을 받아야 하고, 교원자격제도는 다른 전문직에 비해 비교적 일찍부터 정립되었다는 사실로도 교사의 전문성은 입증된다. 그러나 전문직으로서 교직의 성숙도는 확립된 것이라기보다 발전되어 가는 과정에 있다고 볼 수 있으며, 실제로 교직이 당연 전문직이어야 함에도 불구하고 실제적으로는 전문직답지 않게 수행되는 많은 점이 문제로 지적된다(김재웅, 1998).

따라서 교직이 전문직으로서 직분과 위상을 확립하기 위해서는 지속적인 노력이 이루어져야 할 것이다.

2. 유아교사의 역할 및 자질

1) 유아교사의 역할

유아교사의 역할은 시대적 변화는 물론 사회, 문화, 제도 등에 따라 달리 규정되므로 한마디로 규정하는 것은 쉬운 일이 아니다.

넓은 의미에서 보면 유아교사의 역할은 유아의 성장과 발달을 돕는 것이다. 그러나 이러한 역할이 교육현장에서 실천될 때는 형태가 다양해진다. 즉, 유아교사가 교육의 초점을 어디에 두느냐에 따라, 유아의 성장과 발달에 필요한 능력이 무엇인가에 대한 판단이 달라진다. 이 능력이 사실적인 지식이나 기술의 습득일 수도 있고, 또 문제 해결력이나 창의력일 수도 있다. 어느 경우라도 유아는 미성숙하고 성인에게 의존하는 존재이므로 유아교사는 유아의 전반적인 부분을 모두 다루어야 한다.

캐츠(Katz, 1970)는 유아교사의 역할을 모성 역할, 치료 역할, 교수 역할로 분류하였고, 사로초(Saracho, 1988)는 유아교사의 역할을 진단자, 교육과정 설계자, 교수 조직자, 상담자 및 조언자로 보았다. 이은화(1985)는 유아교사의 역할을 환경제공자, 관찰자, 프로그램 계획자, 연구자, 부모교육 담당자, 평가자, 유아 요구에 반응하는 역할의 7가지로 분류하였다.

한국유아교육학회에서는 유아교사가 전문가로서 수행해야 할 역할을 다음과 같이 제시하고 있다(양옥승 외, 2003).

- 유아교사는 유아를 보살피고 가르치는 역할을 함으로써, 유아가 전인적으로 성장 · 발달 할 수 있도록 돕는다.
- 유아교사는 교육계획안을 작성하고 실행하여야 한다.
- 유아교사는 유아가 자유롭고 편안한 분위기에서 능동적으로 활동하면서 배울 수 있는 환경을 조성하여야 한다.
- 유아교사는 바람직한 상호작용을 통해 유아가 일상생활 속에서 자신의 감정과 사고를 정교화하고 확장할 수 있게 하여야 한다.
- 유아교사는 유아의 흥미, 요구, 관심을 존중하는 자유선택활동 과정에서 유아가 자기조절능력을 기르고 창의적으로 문제를 해결할 수 있도록 도와주어야 한다.
- 유아교사는 유아의 발달수준과 사회 · 문화적 배경에 적절하게 교육과정을 조직하고 운영하여야 한다.
- 유아교사는 유아의 행동을 관찰하고 평가하여 교육계획과 과정에 반영해야 한다.
- 유아교사는 다양한 채널을 통해 가족 및 지역사회와 의사소통 할 수 있어야 한다.

• 유아교사는 유아교육기관 운영에 관한 의사결정을 할 수 있어야 한다.

이상의 유아교사의 역할을 요약하면, 교사는 유아들이 전인적으로 성장하고 발달할 수 있도록 그들의 기본적인 욕구를 충족시키며, 유아를 위한 교육 프로그램을 계획하고, 교육과정을 설계하며, 교수활동을 조직하고, 유아 행동을 적절히 관찰하고 평가할 수 있는 사람으로 요약될 수 있다. 즉, 유아교사는 기본적으로 유아의 신체적 · 정신적 보호자이자 관리자가 되는 동시에 전문적 지식과 기술을 가진 교수자, 상담자, 연구자로서의 다양한 역할을 수행해야 한다.

이에, 유아교사의 역할을 기본적인 유아 양육자뿐만 아니라 관찰자, 교수자, 안내자, 의사결정자 등의 역할로 구분하여 살펴보고자 한다.

(1) 양육자 역할

유아교사는 유아의 건강과 안전을 지키고 그들을 사랑과 관심으로 돌보아 정상적인 발달을 보조해 주는 양육자의 역할을 수행해야 한다. 이러한 경향은 최근 유아교육 대상 연령이 하향화되고 유치원의 운영시간이 늘어남에 따라 더욱 중요하게 부각되고 있다. 특히, 어린 유아를 가르치는 교사일수록 양육적 기능이 더 필요한데, 그 이유는 어린 유아들은 자신의 기본적 욕구를 적절한 언어로 표현하기 어렵고 부모와 떨어져 불안감을 느끼기 때문이다. 유아교사는 가정과 같은 편안한 분위기를 만들어 유아로 하여금 정서적 안정감을 갖도록 하는 것이 중요하다.

또한, 방과 후 과정의 경우에는 유아들이 하루 종일 기관에서 지내게 되므로 기본과정에 비해 유아의 건강과 안전 문제가 더욱 중요하게 인식되어야 한다. 따라서 교사는 유아들이 정신적 · 신체적으로 건강한 상태를 유지할 수 있게 배려해 주어야 하는데, 유아가 처음으로 집단생활을 시작하게 되는 기관을 편안한 곳으로 느끼고 잘 적응할 수 있게 된다면 이후의 학교생활 적응도 무리가 없을 것이다.

(2) 관찰자 역할

효과적인 교육을 수행하기 위해서 유아교사는 유아의 개인적인 능력이나 요구, 개인차를 파악하여 개별화된 교육을 수행해야 한다. 유아교사는 항상 유아의 건강상태나 행동, 생각, 느낌을 유심히 관찰한 후 기록하고 그 결과를 교육계획에 반영해야 한다. 관찰은 유아의 성장 발달에 대한 정보를 제공해 줌으로써 발달에 적합한 활동을 계획하고 유아의 발달과정에 있어서의 문제점을 밝혀주며, 학부모에게도 필요한 정보를 제공해 줄 수 있게 한다. 또한, 교사들로 하여금 자신의 교수-학습 방법을 보고 개선할 수 있는 기초자료를 마련해 준다.

자유선택활동 시간이나 간식 및 점심시간 등을 이용하여 유아들의 활동과 행동을 관찰한다면, 유아들에 대한 귀중하고 올바른 정보를 얻을 수 있을 것이다. 교사는 관찰한 내용을 즉시 기록으로 남기고, 자신의 선입견이나 주관을 최대한 배제하고 유아의 행동을 객관적으로 기술하고 이해하기 위해 노력해야 한다(이은혜, 정미라, 박경자, 이종희, 1995).

(3) 교수자 역할

유아교사는 교수의 가장 중요한 측면인 학습활동의 계획 및 조직, 평가에 이르는 일련의 과정을 계획하고 수행해야 한다. 유아의 발달수준, 유아교육기관의 철학 및 특성, 부모와 지역사회의 요구, 국가수준의 교육과정 등을 기초로 교육계획을 수립하고, 이러한 계획을 연간 계획, 월간 계획, 주간 계획, 일일계획 등으로 구성한다. 이러한 치밀한 계획에 따라 유아와의 수업 활동을 전개하는 것이 교수자의 역할이다. 또한, 교육계획에 따라 활동을 수행하고 나서 교사는 활동에 대한 유아의 반응을 다양한 방법을 통해 관찰하고 평가함으로써, 그 결과를 다음 교육계획에 반영해야 한다. 이러한 과정의 수행을 통해 교사는 유아의 학습을 촉진할 수 있는 것이다.

(4) 안내자 역할

유아는 구체적인 경험과 다른 사람들과의 적극적인 상호작용을 통해 더욱 효과적으로 학습할 수 있다. 따라서 유아교사는 유아가 놀이하고 활동하는 동안 유아의 개별적 요구와 관심을 민감하게 관찰한 후, 알맞은 교구와 교재를 준비해 주고 상호작용해야 한다. 교사가 자신을 신뢰하고 인정해 줄 때 유아는 보다 높은 학습의욕을 갖게 되고 적극적으로 활동에 참여하게 되어 학습의 성과가 커지게 된다.

구성주의자들의 입장에 따르면 유아들은 다른 사람들과의 상호작용을 통해 경험의 폭을 확장하며, 다른 사람의 입장이나 관점을 이해할 수 있게 되고 자기 중심적 사고에서 탈피할 수 있게 된다고 한다. 유아교사는 유아들의 학습을 계획하고 상호작용하며 적절한 환경을 구성해 줌으로써 유아의 학습을 보조해 주는 역할을 수행해야 한다. 더불어 유아교육기관에서 유아 뿐만 아니라 유아의 부모와도 상호작용하게 되는데, 이러한 과정에서 상담자, 조언자, 부모교육자로서의 과제를 수행하며 부모들의 안내자 역할을 할 수 있다.

(5) 의사결정자 역할

유아교사는 교육계획을 수립하는 과정에서, 교수-학습을 진행하는 과정에서, 수시로 일어나는 크고 작은 일상적 상황에서 의사결정을 해야 한다.

매일 매일의 학습활동을 계획하고 운영하는 일 즉, 활동의 종류부터 필요한 재료, 집단구성 방법, 시간 계획 등에 이르기까지 교사의 결정이 필요하다. 활동이 진행되는 동안에도 갑작스러운 유아의 요구에 따라 즉석 결정을 내려야 하는 경우도 생기며, 교육목표 설정, 예산 책정, 부모교육 등에 관련된 정책 구안에도 끊임없는 의사결정이 요구된다. 이러한 의사결정은 바로 교육의 질을 결정하기 때문에 신중하고 사려 깊은 의사결정력이 필요한데, 적절한 의사결정을 위해서 유아교사는 투철한 사명의식을 갖고 연구와 현직교육을 통해 끊임없는 자기개발의 노력을 해야 한다.

2) 유아교사의 자질

'교육의 질은 교사의 질을 능가하지 못한다.'라는 말은 교사의 자질이 교육의 질을 좌우한다는 의미로 많은 시사점을 준다. 이렇게 중요한 교사의 자질은 사회의 교육관 및 교사의 역할에 대한 기대 등에 따라 다르기 때문에 한 마디로 규정하기가 쉽지 않다. 아무리 좋은 교육여건과 교육내용, 시설이 주어져도 교사의 자질이 낮으면 교육목적 달성을 기대하기는 어려울 수 있다.

리퍼 등(Leeper, Skipper, & Witherspoon, 1979)은 유아교사가 갖추어야 자질로 온화한 성격, 개방적 성격, 직무수행 능력, 창의성, 유머, 단정한 외모, 말씨, 음성, 자신감, 의사소통능력 등의 10가지 조건을 나열하였고, 람세이와 베일리스(Ramsey & Bayless, 1980)는 우수한 유아교사의 특성을 제시하며 유아교사의 자질에 대해 다음과 같이 언급하였다.

- 교사로서 자격을 갖춘 자로서 전문적인 경험과 능력을 소유한 사람
- 이해심과 온화함, 인내심을 가지고 타인을 돌볼 수 있는 사람
- 유아의 상이한 문화, 풍습, 언어습관을 이해하고 수용할 수 있는 사람
- 유아 흥미, 요구, 능력 수준에 따라 교육내용을 선택, 적용할 수 있는 사람
- 유아 발달에 적합한 학습자료 계획 및 착안을 추진하는 적극성을 가진 사람
- 유아를 융통성과 일관성을 가지고 진정한 마음으로 대할 수 있는 사람
- 부모 및 동료 직원과 상호 협력하여 의욕적으로 생활할 수 있는 사람
- 인생에 대해 긍정적 태도를 갖고 재치와 유머를 지닌 외모가 단정한 사람
- 자신의 발전과 성장을 위해 끊임없이 노력하는 자세를 가진 사람
- 책임감이 강하고 교사 역할을 실천할 수 있는 사람
- 각 유아의 특성을 잘 파악하고 그에 맞게 상호작용할 수 있는 사람

이와 같이 유아교사가 갖추어야 할 자질은 개인적 · 인성적 특성뿐 아니라 전문적 지식, 기술, 가치관에 이르기까지 포괄적이다. 이에, 유아교사가 갖추어야 할 자질을 개인적 자질과 전문적 자질로 나누어 살펴보기로 한다.

(1) 개인적 자질

유아교사는 신체적 · 정신적으로 건강한 긍정적 자아개념의 소유자로, 다른 사람을 존중하고 인정할 수 있는 능력 · 태도, 건전한 인생관, 정서적 안정감을 지녀야 한다. 또한 유아는 물론 모든 생명체를 사랑하며, 성실하고 사려 깊은 인성의 소유자로 원만한 인간관계를 형성하여야 한다. 더불어 올바른 가치관을 가지고 남을 배려하며 사회를 위해 봉사할 수 있는 자세와 태도를 가져야 한다.

① 신체 및 정신적 건강

유아교사는 하루 일과가 진행되는 동안 유아를 관찰하고 유아의 다양한 요구에 반응하면서 풍부한 교육활동을 제공해주어야 하므로, 신체적 건강은 유아교사가 갖추어야 할 기본능력이다. 신체적 · 정신적으로 건강한 교사는 유아의 요구에 민감하게 반응하고 다른 사람을 편안하게 해주어 교사로서 책임과 의무를 다 할 수 있다.

② 온정적인 성품

교사의 온화한 성품과 수용적인 태도는 유아들이 겪게 되는 환경의 변화에 따른 불안감을 해소해 주고 정서적으로 안정감을 가질 수 있도록 해준다. 유치원이나 어린이집은 유아들이 가정을 떠나 처음으로 집단생활을 경험하는 곳이므로 교사의 온정적인 성품이나 태도는 새로운 환경에 대한 적응 정도를 결정해주는 중요한 요인이 된다. 온정적 성품의 교사란 유아를 있는 그대로 수용하고 인정하고 존중해 줄 수 있는 능력과 태도를 가진 사람이다.

③ 인간과 생명에 대한 존엄성

인간과 생명에 대한 존엄성을 지닌 유아교사는 유아의 생각이나 느낌, 반응 등을 소중히 하고 수용해 줌으로써 유아로 하여금 자신에 대한 긍정적인 자아개념을 형성할 수 있게 도울 수 있다. 유아교사는 유아를 존중하고 소중히 하는 것은 물론 주변 사람들을 존중하고, 나아가 모든 생명체나 무생물까지도 소중히 하는 태도를 지녀야 한다. 이러한 교사의 태도는 유아의 고유한 권리와 가치를 인정하고 존중하고 유아들의 성장 가능성에 대한 믿음을 가질 수 있게 한다.

④ 성실하고 열성적인 태도

유아교사는 유아를 교육할 뿐만 아니라 자신의 삶에 의욕을 가지고 교직에 임해야 한다. 자신의 임무에 최선을 다해 노력하는 교사의 성실하고 열성적인 태도는 유아들에게 좋은 본보기가 될 수 있다. 특히, 전문적 지식과 기술을 배움으로써 교사전문성을 신장시키고 효과적인 교육방법이나 기술을 탐색하는 태도는 유아교사의 전문적 자질 향상과 현장교육 발전의 원동력이 될 것이다.

(2) 전문적 자질

교사의 전문적 자질은 유아나 유아교육에 관한 전문적인 지식, 교육과정을 구성하고 실천하며 교재·교구를 제작하고 활용하는 교수기술, 교육에 대한 소명감이나 직업윤리 등을 포함하는 교육관으로 크게 나누어 볼 수 있다.

① 전문적 지식

유아교사는 유아의 성장 발달 및 유아교육에 대한 전문적인 지식을 가지고 있어야 한다. 유아교육에 대한 전문적 지식을 갖추기 위해 교사는 유아에 대한 지식을 가져야 하며, 누리과정이나 교수-학습 과정 및 평가에 대한 정확한 지식을 가지고 있어야 한다. 이외에도 유아교육에 영향을 주는 사회·문화 제반 분야에 관한 일반 교양지식도 갖추고 있어야 한다.

② 교수 기술

유아교사는 교육현장에서 교육 프로그램을 계획하고 실천하는 과정에서 요구되는 제반 교수기술을 갖추어야 하며, 프로그램을 실천하고 평가할 수 있는 기술도 있어야 한다. 또한, 교재·교구를 제작하고 활용할 수 있는 기술도 갖추어야 하며, 이러한 과정에서 창의적 사고, 융통성을 발휘할 수 있어야 한다. 더불어, 유아뿐만 아니라 부모 및 전문가와의 상호 협조체제를 유지하여 유아교육에 참여시킬 수 있는 능력도 갖추어야 한다.

③ 교육관과 직업윤리

유아교사는 자신의 전문성을 계속해서 함양하기 위해 끊임없이 노력해야 하며, 교육에 대한 소명감을 가지고 교사로서의 직업윤리를 가져야 한다.

최근에는 유아교사의 개인적 자질은 물론 전문적 자질에 대한 요구와 관심도 증대되고 있다. 이에, 유아교사들은 지속적인 자기성찰과 자기개발을 통해 보다 나은 유아교사의 모습을 갖출 수 있도록 끊임없는 노력을 기울여야 할 것이다.

3. 유아교사의 자격

1) 유치원교원 자격기준

유치원 교육을 담당하는 교원은 원장, 원감, 1급 정교사, 2급 정교사, 준교사로 구분된다. 각 자격기준에 해당하는 자는 교육과학기술부 장관이 검정, 수여하는 자격증을 발급받는다. 유치원교원 자격기준은 표 8-1과 같다.

표 8-1 유치원교원 자격기준

구분 \ 내용	자격 기준
원장	· 유치원 원감자격증을 가지고 3년 이상의 교육경력과 소정의 재교육을 받은 자 · 학식 · 덕망이 높은 자로서 대통령령이 정하는 기준에 해당한다고 교과부장관의 인정을 받은 자
원감	· 유치원 1급 정교사 자격증을 가지고 3년 이상의 교육경력과 소정의 재교육을 받은 자 · 유치원 2급 정교사 자격증을 가지고 6년 이상의 교육경력과 소정의 재교육을 받은 자
1급 정교사	· 유치원 2급 정교사 자격증을 가진 자로서 3년 이상의 교육경력을 가지고 소정의 재교육을 받은 자 · 유치원 2급 정교사 자격증을 가지고 교육대학원 또는 교과부장관이 지정하는 대학원의 교육과에서 유치원교육과정을 전공하여 석사학위를 받은 자로서 1년 이상의 교육경력이 있는 자
2급 정교사	· 대학에 설치하는 유아교육과 졸업자 · 대학(전문대학 및 이와 동등 이상의 각종 학교 포함) 졸업자로서 재학 중 소정의 보육과 교직 학점을 취득한 자 · 교육대학원 또는 교과부장관이 지정하는 대학원의 교육과에서 유치원 교육과정을 전공하고 석사학위를 받은 자 · 유치원 준교사 자격증을 가진 자로서 2년 이상의 교육경력을 가지고 소정의 재교육을 받은 자
2급 준교사	· 유치원 준교사 자격 검정에 합격한 자

표 8-1에 의하면 유치원교원은 준교사, 2급 정교사, 1급 정교사, 원감 및 원장으로 구분된다. 2급 정교사는 4년제나 2년제 대학(*2002년 3월 1일부터는 2년제 대학에서도 유아교육과 교육과정을 3년 과정으로 운영할 수 있게 됨에 따라 현재 2년제 대학에서 양성되는 유아교사는 2년 또는 3년의 교육과정을 통해 양성되고 있다.)에서 유아교육과를 졸업한 자나 대학에서 재학 중 소정의 보육과 교직 학점을 취득한 자들이다. 또한 유아교육

관련 학과 졸업자로서 교육대학원에서 유치원 교육과정을 전공한 사람에게도 자격이 주어진다.

2) 보육교직원 자격기준

보육교직원의 법적 자격기준은 영유아보육법에 명시되어 있다. 영유아보육법은 2004년 1월에 전면 개정이 이루어져 보육교사 국가자격증 제도의 법률적 근거를 마련하였고, 최근에도 일부 개정되었다. 영유아보육법 제 21조와 제 22조에서 보육교사의 국가자격증 제도 도입에 대한 내용을 표 8-2와 같이 규정하고 있다.

표 8-2 **보육교직원의 자격기준**

제21조(어린이집의 원장 또는 보육교사의 자격) ① 어린이집 원장은 대통령령으로 정하는 자격을 가진 자로서 보건복지부장관이 검정 · 수여하는 자격증을 받은 자이어야 한다.

② 보육교사는 다음 각 호의 어느 하나에 해당하는 자로서 보건복지부장관이 검정 · 수여하는 자격증을 받은 자이어야 한다.

1. 「고등교육법」 제2조에 따른 학교에서 보건복지부령으로 정하는 보육 관련 교과목과 학점을 이수하고 전문학사학위 이상을 취득한 사람

1의 2. 법령에 따라 「고등교육법」 제2조에 따른 학교를 졸업한 사람과 같은 수준 이상의 학력이 있다고 인정된 사람으로서 보건복지부령으로 정하는 보육 관련 교과목과 학점을 이수하고 전문학사학위 이상을 취득한 사람

2. 고등학교 또는 이와 같은 수준 이상의 학교를 졸업한 자로서 시 · 도지사가 지정한 교육훈련시설에서 소정의 교육과정을 이수한 사람

③ 제2항에 따른 보육교사의 등급은 1 · 2 · 3급으로 하고, 등급별 자격기준은 대통령령으로 정한다.

④ 제2항 제2호에 따른 교육훈련시설의 지정 및 지정 취소, 교육과정 등에 필요한 사항은 보건복지부령으로 정한다.

제22조(어린이집의 원장 또는 보육교사 자격증의 교부 등) ① 보건복지부장관은 제21조제1항 및 제2항에 따라 어린이집의 원장 또는 보육교사의 자격을 검정하고 자격증을 교부하여야 한다.

② 보건복지부장관은 제1항에 따른 어린이집의 원장 또는 보육교사의 자격증을 교부받거나

재교부(이하 "보육자격증 교부등"이라 한다)를 받으려는 사람에게 보건복지부령으로 정하는 바에 따라 수수료를 받을 수 있다.
③ 제51조의2제1항제2호에 따라 보육자격증 교부등에 관한 업무를 위탁받은 공공 또는 민간 기관 · 단체는 제2항에 따라 납부 받은 수수료를 보건복지부장관의 승인을 받아 보육자격증 교부등에 필요한 경비에 직접 충당할 수 있다.
④ 보육자격증 교부등에 필요한 사항은 보건복지부령으로 정한다.

종전 보육교사 자격제도는 자격인정제였으나, 영유아보육법이 개정되면서 국가자격증제도를 도입하여 보육교사 등급을 1 · 2 · 3급으로 구분하고 있다.

그리고 영유아보육법에서는 '보육 관련 교과목 및 학점을 이수하고 졸업한 자'로 제시하면서, 학과 중심의 취득 기준이 아닌 취득 교과목으로 자격을 부여하도록 하였다. 이것은 유아교육 또는 아동복지 관련 학과로 인정되는 기준이 불합리하다는 의견을 반영한 결과라 보며, 보육교사의 전문성 제고에 기여하는 것으로 평가할 수 있다.

4. 유아교사의 교육

우리나라는 유아교사를 위한 교사교육으로 크게 양성교육과 현직교육으로 나누어 구분한다. 양성교육은 자격 취득을 위한 교사 후보자 교육으로 직전교육(Pre-service Education)이라고도 한며, 현직교육은 일정한 자격을 가지고 현직에 종사하는 교사를 대상으로 재교육을 실시하는 것으로 연수교육 또는 직중교육이라고 한다.

유아교사를 대상으로 하는 양성교육과 현직교육에 대하여 살펴보고자 한다.

1) 양성교육

양성교육은 교사가 되고자 하는 자를 대상으로 교사가 되기 전에 능력을 갖추도록 제공하는 교육이다. 그러므로 예비 교사들은 양성교육을 통해 교사가 되기 위한 기초 지식을 배우고 익힌다. 우리나라의 유아교사 양성교육은 유치원교사와 보육교사에 따라 다르다.

유치원 교사는 전문대학(2년제와 3년제)을 비롯한 대학을 통해 양성된다. 4년제 대학에서는 유아교육학과와 아동 관련 학과에서 유치원교사를 양성하고 있는데, 교사 양성기관 설립 유형별 교사양성 인원현황은 표 8-3과 같다.

표 8-3 유치원교사 양성기관 및 인원현황

구분	설립별	기관수	학년도별 정원				
			'11학년	'10학년	'09학년	'08학년	합계
대학교	국 · 공립	13	407	416	396	367	1,586
	사 립	69	2,870	2,960	2,953	2,913	11,696
	방송통신대	1	2,700	2,700	2,700	2,700	10,800
	사립산업대	3	245	260	260	260	1,025
	소 계	86	6,222	6,336	6,309	6,240	25,107
전문대학	국 립	2	110	110	110	110	440
	사 립	104	8,948	9,032	9,178	9,515	36,673
	소 계	106	9,058	9,142	9,288	9,625	37,113
총계	국 · 공립	16	3,217	3,226	3,206	3,177	12,826
	사 립	176	12,063	12,252	12,391	12,688	49,394
	합 계	192	15,280	15,478	15,597	15,865	62,220

* 출처: 교육과학기술부(2011). 2011학년도 유치원 교원양성기관 및 인원 현황.

위와 같이 우리나라의 유치원교사는 4년제 대학과 전문대학에서 양성하고 있고, 그 비율은 4년제 대학에서 전체 양성인원의 40.7%(방송통신대 포함), 전문대학에서 59.3%를 차지한다. 근래 들어 다수의 4년제 대학에 유아교육과의 설치를 인가해 주면서 꾸준히 4년제 대학 교사양성이 증가하고 있으나, 아직도 유치원 교사는 전문대학에서 많이 양성되고 있는 현실이다.

최근에는 전문직으로서 교직을 준비하는 학생들을 대상으로 하는 양성교육이 교사의 질적 수준을 높일 수 있는 결정적 요인이라는 점에서, 유아교육의 질 개선을 위해 전문대학의 유아교육과 수학 연한을 2년에서 3년으로 연장할 것에 대한 주장에 따라 전문대학의 교사 양성과정을 3년제로 전환할 수 있도록 하여 2002년부터 대부분의 전문대학 유아교육과에서 3년제 과정을 실시하고 있다.

보육교사는 자격을 취득하기 위해서 현행 영유아보육법에서 규정하는 영역별(보육기초, 발달 및 지도, 영유아교육, 건강 · 영양 및 안전, 가족 및 지역사회협력, 보육실습) 과목을 이수해야 하며, 어린이집과 종일제(방과후 과정) 유치원에서 4주 동안의 보육실습을 필수로 이수해야 한다. 이에, 보육교사를 양성하는 대학의 학과에서도 이와 관련하여 교육과정을 운영하여야 한다.

유치원교사와 보육교사의 자격기준에 따른 양성과정을 비교하면 표 8-4와 같다.

표 8-4 유치원과 어린이집의 교사 자격기준 및 양성과정 비교

구분	유치원	어린이집
1. 직급별 명칭	· 유치원 준교사 · 유치원 2급 정교사 · 유치원 1급 정교사 · 원감 · 원장	· 3급 보육교사 · 2급 보육교사 · 1급 보육교사 · 시설장
2. 자격	· 교과부 장관이 자격증 검정 수여	· 보건복지부 장관이 자격 인정
3. 임용과 면직	· 국 · 공립 - 시 · 도 교육감 공개 전형 · 사립 - 설립자 / 원장	· 국 · 공립 - 시장, 군수, 구청장 임면 · 민간 - 설치자

구분	유치원	어린이집
4. 자격 취득 최소 학력	· 전문대학 졸업(이상)	· 고등학교 졸업(이상)
5. 자격 취득 양성 과정의 학점, 시간	· 80학점(약 3,800시간)	· 1,000시간 이상의 양성과정(1년)
6. 자격 갱신 기준	· 2급 정교사 - 준교사 자격증을 가진 자로서 2년 이상의 교육경력을 가지고 소정의 재교육을 받은 자 · 1급 정교사, 원감, 원장 - 이전 직급 자격증을 가진 자로 3년 이상 교육경력을 가지고 소정의 재교육을 받은 자 · 재교육 시간 - 180시간 이상	· 1급 보육교사 - 보육교사 2급 자격자로서 보육업무에 3년 이상 종사, 보수교육과정 이수한 자 · 원장 - 보육교사 1급 자격을 가진 자, 간호사, 영양사로서 사회복지 업무에 5년 이상 종사 경력자(유치원장, 간호사, 영양사, 의사, 사회복지사, 공무원 등 인정) · 보수시간 - 40시간 이상
7. 양성학과 / 기관	· 유아교육(학)과(2, 4년제) · 아동학 계열(4년제 - 일정 비율) · 아동보육 / 복지(학)과 (2, 4년제-일정비율)	· 보육교사 교육원(1년) · 유아교육 또는 아동복지 관련 학과(2, 4년제 - 가정학과, 초등교육학과, 심리학과, 특수교육학과, 간호(학)과, 사회복지학과, 아동학과, 사회사업학과, 가정교육학과, 가정관리학과 등 포함)

출처 : 나정(2001). 유아교육정책, 어디로 어떻게 가야 하는가?. 서울: 양서원, p93.

표 8-4의 유치원교사와 보육교사의 자격기준에 따른 양성과정은 다음과 같은 차이를 보이고 있다.

- 유치원교사는 교육과학기술부에서 수여하는 자격증제도로 운영되고, 보육교사는 보건복지부에서 자격을 인정하고 있다.
- 유치원교사는 전문대학 이상의 학교에서 양성하고 보육교사는 고등학교 졸업자를 대상으로 1년 과정의 보육교사 양성과정에서 양성함으로써, 유아

교사 간의 학력 차이가 크다. 유아교사의 낮은 학력은 교사의 질적 수준저하 및 전문성 신장의 측면뿐만 아니라 유아교사에 대한 사회적 인식 등의 문제가 유발될 우려가 있다.

- 유치원교사의 양성기관은 2, 4년제 대학 유아교육과나 4년제 대학 아동관련 학과인데, 보육교사는 1년 과정 보육교사 교육원, 2, 4년제 유아교육 또는 아동복지 관련 학과 외에도 가정학과, 심리학과, 간호학과, 사회복지학과, 사회사업학과 등 다양하다. 이것은 어린이집의 경우, 영유아의 교육뿐 아니라 보호, 건강, 영양 측면을 고려할 때 다양한 전공 이수자에게 자격을 부여하는 것으로 이해할 수 있으나, 이러한 다양성이 자칫 유아교사의 질적 수준을 저하시킬 우려가 있다.

유아교사는 유치원이나 어린이집에서 유아를 지도하는 교사의 역할이나 임무는 유사하나 실제 그 대상이나 양성과정에서 많은 차이를 나타내고 있어 질 높은 교육이나 보육서비스를 제공받고자 하는 유아나 부모의 입장에서 보면 많은 문제점이 발생할 수 있다. 따라서, 이러한 자격제도의 질적 수준을 강화하는 방안과 시험검정제를 도입하는 방안이 논의되기도 한다(이은화 외, 1995).

2) 현직교육

현직교육은 교사로서 교육현장에 종사하면서 자질 향상 및 자기 발전을 위해 계획적인 교육이나 훈련에 참여하거나 연구 및 연수활동을 하는 것이다. 현직교육은 재교육, 연수교육, 보수교육 등과 혼용되며, 최근에는 직전교육인 교사양성 교육과 현직교육을 연속과정으로 보는 경향이 나타나고 있다.

현직교육이 교육현장의 교사에게 필요한 이유는 다음과 같다(염지숙, 이명호, 조형숙, 김연주, 2008).

- 급변하는 사회로 인해 직전교육에서 획득한 지식이 계속 활용될 수 없다.

- 교사 전문성을 유지하고 계발하기 위해 계속적인 현직교육이 필요하다.
- 사회 · 문화적 변동에 따라 새로 요구되는 지식, 기능, 태도 습득이 필요하다.
- 교육과정의 질 관리, 교사로서의 자질 향상과 유아교육에 대한 철학과 신념을 재정립하기 위해 필요하다.

유아교사의 현직교육은 교육의 주체와 목적에 따라 개인이나 유아교육기관 및 단체 주도 현직교육과 정부 주도 현직교육으로 구분할 수 있다.

(1) 개인 주도 현직교육

교사 개인이 자신의 전공 · 전문 분야와 관련되는 출판물이나 시청각 자료 등을 참고하는 것, 개인적으로 전문단체의 프로그램에 참여하는 것, 대학원이나 기타 교육기관에서 전공 · 전문 분야 관련 교육을 받는 것 등이 이에 속한다.

(2) 유아교육기관 및 단체 주도 현직교육

유아교육기관이나 단체가 지역교육지원청 소속의 타 유치원 공개수업이나 연구수업에 참여하는 것, 유아교육기관이나 단체의 필요에 따라 특정주제의 강연 · 강습회에 참여하는 것, 유아교육기관이나 단체에서 자문교수를 초빙하여 연수받는 것, 유아교육기관이나 단체의 필요에 따라 관련 전문 프로그램에 참여하는 것 등이 있다.

(3) 정부 주도 현직교육

정부 주도의 각종 연수의 유형과 특징은 다음과 같다.

- 자격연수 — 상위자격을 취득하기 위한 연수로서, 다른 연수에 비해 현직교육의 중심을 이룬다. 이 연수는 교원양성대학의 부설 교원연수원이나 시 ·

도 교원연수원에서 30일 이상, 180시간 이상의 연수프로그램을 운영하고 있다. 자격연수에는 1 · 2급 정교사, 교(원)감, 교(원)장 등 상위자격 취득을 위한 연수와 교도교사, 사서교사와 같은 특수자격 취득 연수가 있다.

- 직무연수 — 직무연수는 교육의 이론, 방법, 직무수행에 필요한 능력을 배양하기 위한 연수를 의미한다. 연수과정과 내용은 연수원장이 정한다(위탁 시, 위탁 받은 기관의 장이 정한다).
- 특별연수 — 국가 또는 지방자치단체가 교육공무원 중에서 연수자를 선발하여 국내 · 외 기관 또는 연구기관에서 일정기간 동안 연수를 받게 하는 제도이다.
- 자기연수 — 교원 스스로 전문적 지식습득을 위해 교육받는 것을 의미한다. 대학이나 교육대학원에서 수학하거나 개인적 연구를 수행하는 것 등이다.
- 기타 연수 — 유아교육단체 또는 현장 유아교사를 중심으로 자율적으로 조직된 연구회 및 교사모임 주관으로 이루어지는 연수가 이에 속한다.

(4) 현직교육의 문제점과 개선방향

유치원 교육현장에서 이루어지고 있는 다양한 내용의 현직교육이 갖고 있는 문제점과 개선 및 나아갈 방향을 제시하면 다음과 같다.

- 연수 목적의 불확실 — 교사 스스로 교직에 대한 비전과 가치관을 확립해야 한다.
- 경직된 연수기회와 여건 — 현직연수의 내용에 단위학교의 특수성이 반영되어야 한다.
- 현실성이 부족한 연수 내용 — 교사가 자율적으로 구성하여 연수하는 자율연수 풍토를 조성할 필요가 있다. 우수 교과연구회 및 단위학교 자율연수 프로그램이 자발적으로 이루어지도록 직능별 전문조직의 육성 및 지원을 강화해야 한다.

• 획일적인 연수방법 — 연수기관이 상호지원, 협력하는 연수풍토를 조성해야 한다.
• 비합리적인 연수일정과 운영 — 단위학교의 자체연수가 활성화되고, 상호교류가 이루어지도록 지역 교육지원청 연수기관에서 인적 및 물적 지원을 해야 한다.

5. 교직 윤리

교직은 다양한 직업 중의 하나지만 과거부터 하늘의 부름을 받아 임무를 수행한다하여 천직(天職)으로 여겨왔다. 또한 교직은 배움의 과정에 있는 유아, 학생을 대상으로 하기 때문에 다른 어떤 직업보다 윤리적 측면이 강조된다.

대한교육연합회에서는 교원의 윤리에 관련되는 강령을 2회에 걸쳐 제정한 바 있다. 첫 번째는 1958년 9월 19일 '교원윤리강령'으로 발표되었는데, 제1장 학생, 제2장 가정, 제3장 사회, 제4장 교양으로 되어 있다. 두 번째는 '사도헌장'과 '사도강령'으로 1982년 5월 15일 스승의 날에 선포되었다.

우리나라의 '사도헌장'과 '사도강령'의 전문을 살펴보면 다음과 같다.

1) 사도헌장

오늘의 교육은 개인의 성장과 사회의 발전과 국운을 좌우한다.
우리는 국민교육의 수임자로서 존경받는 스승이요, 신뢰받는 선도자임을 자각한다.
이에 긍지와 사명을 새로이 명심하고 스승의 길을 밝힌다.

1. 우리는 제자를 사랑하고 개성을 존중하며 한 마음 한 뜻으로 명랑한 학풍을 조성한다.
1. 우리는 폭넓은 교양과 부단한 연찬(硏鑽)으로 교직의 전문성을 높여 국민의 사표가 된다.
1. 우리는 원대하고 치밀한 교육계획 수립과 성실한 실천으로 맡은 바 책임을 완수한다.
1. 우리는 서로 협동하여 교육의 자주혁신과 교육자의 지위향상에 적극 노력한다.
1. 우리는 가정교육·사회교육과의 유대를 강화하여 복지국가 건설에 공헌한다.

2) 사도강령

민주국가의 주인은 국민이므로 나라의 주인을 주인답게 길러내는 교육은 가장 중대한 국가적 과업이다.

우리 겨레가 오랜 역사와 찬란한 문화를 계승, 발전시키며 선진제국과 어깨를 나란히 하여 인류 복지 증진에 주도적으로 기여하려면 무엇보다도 문화국민으로서 의식개혁과 미래사회에 대비한 창의적이고 자주적인 인간육성에 온 힘을 기울여야 한다.

그러기 위하여 우리 교육자는 국가발전과 민족중흥의 선도자로서의 사명과 긍지를 지니고, 교육을 통하여 국민 각자의 능력을 최대한 개발하여 개인의 자아실현과 국력의 신장, 그리고 민족번영에 열과 성을 다하여야 한다.

이러한 우리의 뜻은 교직에 종사하는 모든 교육자가 공동체 의식을 가지고 노력하여야만 이루어질 수 있다는 것을 인식하고, 사도헌장 제정에 맞추어 우리의 행동지표인 현행 교육 윤리강령을 사도강령으로 개정하여 이를 실천함으로써 국민의 사표가 될 것을 다짐한다.

제 1장 스승과 제자

스승의 주된 임무는 제자로 하여금 고매한 인격과 자주정신을 가지고 국가사회에 봉사할 수 있는 유능한 국민을 육성하는 데 있다.

그러므로,

1. 우리는 제자를 사랑하고 그 인격을 존중한다.
2. 우리는 제자의 심신발달이나 가정의 환경에 따라 차별을 두지 아니하고 공정하게

지도한다.
3. 우리는 제자의 개성을 존중하며, 그들의 개인차와 욕구에 맞도록 지도한다.
4. 우리는 제자에게 직업의 존귀함을 깨닫게 하고, 그들의 능력에 알맞은 직업을 선택하도록 지도한다.
5. 우리는 제자 스스로가 원대한 이상을 세우고, 그 실현을 위하여 정진하도록 사제동행(師弟同行)한다.

제 2장 스승과 자질

스승은 스승다워야 하며, 제자의 거울이 되고 국민의 사표가 되어야 한다.
그러므로,
1. 우리는 확고한 교육관과 긍지를 가지고 교직에 종사한다.
2. 우리는 언행이 건전하고 생활이 청렴하여 제자와 사회의 존경을 받도록 한다.
3. 우리는 단란한 가정을 이룩하고 국법을 준수하여 사회의 모범이 된다.
4. 우리는 학부모의 경제적 사회적 지위를 이용하지 아니하며 이에 좌우되지 아니한다.
5. 우리는 자기 향상을 위하여 전문적인 지식과 기술을 계속 연마해야 하는데 주의한다.

제 3장 스승의 책임

스승은 제자 교육에 열과 성을 다하여 맡은 바 책임을 다하여야 한다.
그러므로,
1. 우리는 사회의 일원으로서 책임과 의무를 다한다.
2. 우리는 교재 연구와 교육자료 개발에 만전을 기하여 수업에 최선을 다한다.
3. 우리는 생활지도와 중요성을 인식하여 제자들이 올바른 사람이 될 수 있도록 지도의 철저를 기한다.
4. 우리는 교육의 성과를 공정하게 평가하고 이를 교육에 충분히 활용한다.
5. 우리는 제자와 성인들을 위한 정규 교과의 활동에 적극 참여한다.

제 4장 교직자와 단체

교육자는 그 지위의 향상과 복지의 증진을 위하여 교직단체를 조직하고 적극 참여함으로써 단결된 힘을 발휘할 수 있다.

1. 우리는 교직단체활동을 통하여 교육자의 처우와 근무 조건 개선을 꾸준히 추진한다.
2. 우리는 교직단체활동을 통하여 교육자의 자질향상과 교권의 확립에 박차를 가한다.
3. 우리는 편당적, 편파적 활동에 참가하지 아니하고 교육을 그 방편으로 삼지 아니한다.
4. 교직단체는 교육의 혁신과 국가의 발전을 위하여 다른 직능단체나 사회단체와 연대 협동한다.

제 5장 스승과 사회

스승은 제자의 성장발달을 돕기 위하여 학부모와 협력하며, 학교와 사회와의 상호작용의 원동력이 되고 국가 발전의 선도자가 된다.

1. 우리는 학교의 방침과 제자의 발달 상황을 가정에 알리고, 학부모의 정당한 의견을 학교교육에 반영시킨다.
2. 우리는 사회의 실정을 정확하게 파악하고, 지역사회의 생활과 문화 향상을 위하여 봉사한다.
3. 우리는 사회의 요구를 교육계에 반영하며 학교의 교육활동을 사회에 널리 알린다.
4. 우리는 국민의 평생교육을 위하여 광범위하게 협조하고 그 핵심이 된다.
5. 우리는 확고한 국가관과 건전한 가치관을 가지고 국민의식 개혁에 솔선수범하며, 국가발전의 선도자가 된다.

3) 유치원교사 헌장

유아교육은 유아의 삶에 초석이 되며, 우리 사회와 국가의 미래를 결정한다. 우리는 국민의 생애초기 교육을 책임지며 사회로부터 존경받는 교사로서 자신을 연마하고 소명의식을 가지고 유아교육자로서 가야 할 길을 밝힌다.

1. 우리는 유아를 사랑하고 개성을 존중하며 전인발달을 지원하고 평화로운 교실 문화를 조성한다.
2. 우리는 미래지향적이며 질 높은 교육을 계획하고 실천하여 교육자로서의 책임을

다한다.
3. 우리는 가정에 대한 이해와 연대를 강화하여 교육복지 사회구축에 공헌한다.
4. 우리는 사회의 변화와 요구에 적극 부응하여 유아교육의 혁신과 발전을 위해 노력한다.
5. 우리는 교육자로서의 품위를 유지하고 부단한 자기 개발을 통해 유아교육 전문가로서의 위상을 갖춘다.

4) 유치원교사 강령

01. 유치원교사와 유아

■ 핵심개념 : 사랑, 평등, 개성존중, 전인교육, 안전과 보호

1. 우리는 유아를 사랑하며 유아의 인격을 존중한다.
2. 우리는 유아의 개인적·가정적 배경에 관계없이 모든 유아를 평등하게 대한다.
3. 우리는 유아의 개성을 존중하며, 개인의 흥미와 잠재력에 적합한 교육을 제공한다.
4. 우리는 유아의 전인발달을 지원하는 교육과 환경을 제공한다.
5. 우리는 유아의 안녕을 위협하는 가정적·사회문화적·경제적 상황을 적극적으로 파악하고 유아를 보호하기 위해 노력한다.

02. 유치원교사와 가정

■ 핵심개념 : 가족에 대한 이해, 권리 보호, 협력, 지원

1. 우리는 유아를 교육하고 지원하기 위해 가정과 연계하고 협력관계를 구축한다.
2. 우리는 교육적 목적으로 수집한 가족 정보에 대해 기밀을 유지하고 가족의 사생활을 보장한다.
3. 우리는 유치원에서 일어난 안전사고나 위험 상황에 대해 가족에게 충분히 설명한다.

4. 우리는 가족에게 유치원을 개방하며 필요한 정보를 제공한다.
5. 우리는 유치원 운영에 관련된 중요한 의사결정 과정에 부모를 참여시킨다.
6. 우리는 가족에게 필요한 지역사회 자원에 대한 정보를 구축하고 이를 가족에게 적극 제공한다.

03 유치원교사와 사회

■ 핵심개념 : 사회에 대한 이해, 교원의 지위 향상 유아교육 위상 강화, 교직문화, 지역사회와의 협력

1. 우리는 사회의 흐름을 파악하고 이를 교육에 반영하고자 노력한다.
2. 우리는 유아에 관련된 법률과 정책을 이해하고, 이를 개선하기 위한 활동에 적극 참여한다.
3. 우리는 교직 관련 단체와 전문가 협회를 통해 교권 확립을 위한 활동에 참여한다.
4. 우리는 유치원 교육을 사회에 널리 알려 유아교육의 위상을 높인다.
5. 우리는 교직원 간의 상호존중과 협력을 통해 건전한 교직문화를 형성한다.
6. 우리는 유치원과 연계하여 지역사회의 생활과 문화 향상에 기여한다.

04. 유치원교사의 책무

■ 핵심개념 : 직업의식과 긍지, 인성(열정, 개방성, 창의성, 자율성), 교사로서의 품위, 연구와 자기개발

1. 우리는 교육전문가로서의 직업의식을 갖는다.
2. 우리는 건전한 국가관과 확고한 교육관을 가지고 교직에 종사한다.
3. 우리는 유아에게 최적의 교육을 제공하기 위해 열과 성을 다한다.
4. 우리는 건전한 언행과 생활태도로 유아에게 모범이 되도록 한다.
5. 우리는 열린 사고와 개방적 태도를 가지고 전문성 향상에 매진한다.
6. 우리는 다양한 분야의 전문가와 교류하고 새로운 지식과 정책을 비판적으로 수용한다.

5) 미국 NAEYC 윤리강령

미국의 경우, 유아교사와 종사자들을 위한 최초의 윤리강령이 1976년 미네소타 미국유아교육협회(NAEYC)에서 채택되었고, 그 후 워드(Ward, 1977)에 의해 윤리강령이 제시되었다. 이 윤리강령은 유아, 부모와 가족, 나 자신과 유아교육전문인이라는 세 가지 분야에서 19개 조항의 규약이 제시되었다.

최근에는 미국유아교육협회(1997, 11)에서 유아교사를 위한 윤리강령이 제정되었으며, 이는 학령전교육(preschool), 보육시설(child care center), 가정보육(family care center), 유치원, 초등학교 저학년에서 유아를 교육하는 교사는 물론 행정가, 부모교육자, 유아교육전문가, 아동보육사 등을 대상으로 하고 있다.

(1) 중심가치

- 유아기를 독특하고 가치 있는 인생주기의 한 단계로 이해한다.
- 유아에 대한 우리의 직무를 유아발달에 관한 지식에 근거한다.
- 유아와 가정 간의 밀접한 유대관계를 이해하고 지원한다.
- 가정, 문화, 집단, 사회의 맥락 속에서만이 유아들을 가장 잘 이해할 수 있고 원할 할 수 있다는 사실을 인식한다.
- 각 개인(유아, 가족구성원, 동료)의 존엄성, 가치, 개성을 존중한다.
- 유아들과 성인들이 신뢰, 존경, 긍정적인 인식 등을 기초로 한 관계 속에서 그들의 모든 잠재력을 발휘하도록 도와준다.

(2) 중심가치 선서문(Statement of Commitment)

유아들을 담당하는 개인으로서 나는 NAEYC 윤리강령에 반영되어 있는 대로 유아들의 교육에 대한 가치를 향상시키는 데 전념하겠습니다.

내 능력을 최대한 발휘해서 나는,

① 유아들에 관한 프로그램이 유아발달과 유아에 대한 교육의 최신 지식에 기초하도록 보장한다.

② 유아들을 양육하는 가정의 임무를 존중하고 지원한다.

③ 유아들을 교육하는 동료들을 존중하고 그들이 NAEYC의 윤리강령을 준수할 수 있도록 지원한다.

④ 지역사회의 공동체 내에서 유아, 가정, 교사의 대변자로서의 역할을 다한다.

⑤ 직업적 행동의 높은 기준을 유지한다.

⑥ 개인의 가치, 의견, 편견이 전문적 판단에 얼마나 영향을 미칠 수 있는지 인식한다.

⑦ 새로운 사상에 개방적인 자세를 취하고 다른 사람들의 주장으로부터 배울 것은 기꺼이 배운다.

⑧ 전문가로서 끊임없이 배우고, 성장하며, 기여한다.

⑨ NAEYC의 윤리강령의 이상들과 원칙들을 존중한다.

제 9 장

유아교육과 부모

1. 부모-자녀 관계
2. 부모의 양육태도
3. 바람직한 부모-자녀 관계의 형성
4. 유아교육기관에서의 부모교육

1. 부모-자녀 관계

부모는 자녀에게 세상을 살아가는데 필요한 많은 지식, 기술 및 태도를 가르친다. 즉 유아는 가정생활을 통해 그 사회와 문화가 요구하는 가장 기본적인 기능이나 태도를 습득하게 된다. 또한 가족들 간의 상호작용 경험으로 유아의 성격이 형성되어 간다. 이와 같이 가정은 유아가 접하는 최초의 사회 집단이며 생활의 터전이므로 유아의 성장과 발달에 큰 영향을 미친다.

1) 부모됨의 의미

결혼한 부부들이 모두 부모가 되는 것은 아니며, 부모가 되는 시기도 다양하다. 불임으로 인한 무자녀 외에도 무자녀를 선택하는 부부들이 늘어가고 있다. 과거 우리나라에서는 부모됨에 대한 문화적 가족적 압력이 커서 비교적 결혼 초기에 자녀를 가졌으나 현재는 아내의 직업이나 경제적 안정의 목적 등으로 그 시기를 연기하는 부부가 늘고 있다. 이와 같이 현대사회에서 결혼은 선택이며, 결혼한 부부가 부모가 된다는 것도 마찬가지로 하나의 선택이 되어가고 있다.

(1) 부모됨의 사회적 의미

비버스(Veevers, 1973)는 부모됨의 사회적 의미를 도덕성, 책임감, 자연스러움, 성에 대한 인식과 신체적 성숙, 결혼, 정신위생 등의 6가지로 분류하여 설명하고 있다. 비버스는 어느 사회에서나 부모됨을 긍정적이며 바람직한 것으로 수용되고 있으므로 성인이 되어 결혼하고 자녀를 갖는 것은 사회적으로 승인된 도덕적인 의미를 수행하는 일이라고 여긴다.

비버스가 주장하고 있는 부모됨의 사회적 의미는 다음의 몇 가지로 정리된다.

첫째, 결혼하여 자녀를 갖는 것은 도덕적 의무를 수행하는 것을 의미한다.

둘째, 부모가 되는 것은 사회적으로 긍정적인 일이며, 시민으로서의 책임을 수행하는 것이다.

셋째, 부모가 되는 것은 자연스러운 일이다.

넷째, 부모가 되는 것은 남성성 혹은 여성성의 능력을 나타내주는 중요한 지표이다.

다섯째, 부모가 되는 것은 결혼생활에서 부부관계를 개선시키고 이혼을 방지해 줄 것이다.

마지막으로 부모가 되는 것은 정신위생상 정상적인 상태를 의미하며, 부모 스스로도 사회적 성숙과 개인적 안정을 갖게 된다.

(2) 부모됨의 개인적 의미

부모됨의 개인적 의미는 자아확장, 성인으로서의 지위획득, 가족의 결속, 노후의 생활보장, 행복과 애정의 5가지로 요약될 수 있다.

첫째, 부모는 자녀를 가짐으로써 대를 잇는다고 여기며 자신의 불멸감을 느낀다. 대체로 아버지는 아들을 통해, 어머니는 딸을 통해 자신의 계획을 실현시킴으로써 자기확장의 욕구를 충족시킨다.

둘째, 성인은 부모가 됨으로써 사회가 바람직하게 여기는 새로운 지위를 획득하게 된다.

셋째, 자녀는 부부의 결속력을 강하게 하는 요인이 된다. 무자녀가 이혼의 사유가 되는 것은 자녀가 가족결속의 구심체가 되기 때문이다.

넷째, 자녀를 기른다는 것은 많은 경제적 투자를 의미하지만, 경제력이 없는 노후에 자녀에게 의지할 수 있다는 생각으로 자녀를 갖게 된다.

마지막으로 자녀는 부모에게 여러 가지 기쁨과 행복을 가져다주기 때문이다.

자녀가 자라면서 부모에게 주는 기쁨은 어떤 다른 종류의 행복과 기쁨과는 다르다. 부모와 자식 간의 애정적 교류는 인간사회에서 가장 두터운 감정의 교류로서, 부모가 된다는 것은 사랑에 대한 인간의 기본적 욕구를 만족시켜준다.

2) 부모됨에 대한 잘못된 신념

잘못된 신념은 사실로 확인되지는 않았으나 사람들 사이에 널리 받아들여지는 믿음을 말한다. 보통 이러한 믿음은 사실을 낭만적으로 보이게 하는 경향도 있으나 그 반대인 경우도 있다. 그리하여 실제 부모가 되어서는 기대했던 것보다 더 좌절하는 일이 많다는 것을 깨닫게 되어 더 큰 문제가 야기된다.

부모됨에 대한 잘못된 신념은 다음과 같다(Le Master & De Frain, 1983).

- 자녀를 키우는 것은 재미있다.
- 아이는 사랑스럽고 귀엽다.
- 좋은 부모를 만나면 아이는 훌륭하게 성장한다.
- 자녀가 부모의 결혼생활을 향상시킨다.
- 부모가 바르게 지도하면 자녀는 바르게 된다.
- 아이의 본성은 별로 중요하지 않다.
- 현대 젊은 부모들은 과거의 부모들보다 못하다.
- 자녀가 없는 부부는 좌절감을 느끼며 불행하다.
- 자녀는 하나만 가져서는 안된다.
- 문제아는 없다. 문제부모가 있을 뿐이다.
- 부모는 성인이다.
- 오늘날 자녀들은 부모로부터 받는 모든 편의에 대해서 감사하고 있다.
- 부모-자녀관계는 사회에서 최우선적으로 고려된다.
- 부모는 자녀에게 사랑을 충분히 쏟기만 하면 된다.
- 한부모 가족은 병적이다.
- 자녀가 성장하면 부모로서의 임무는 끝난다.
- 자녀가 성장하여 집을 떠나면 부모들은 허탈해진다.

3) 부모됨의 발달과정

부모가 된다는 것은 자녀를 가짐으로써 저절로 터득되는 것은 아니다. 일련의 발달과정을 거쳐서 성숙한 부모가 되는 것이다. 대개 부모들은 체계적 훈련이나 교육과정없이 부모가 되므로 부모역할을 시행착오적으로 해나가고 있는 것이 현실이다.

두발(Duvall, 1977)의 가족의 생애주기(family life cycle)에 따라 부모됨의 8단계 발달과정을 살펴보면 다음과 같다.

(1) 1단계: 가족형성기(부모의 결혼, 자녀 없음)

이 시기는 부부 상호간의 결혼에 대한 적응기에 해당된다. 서로 다른 환경, 배경, 문화, 풍습, 전통 속에서 자란 성숙한 성인남녀가 사회의 기본 단위인 가족을 형성하는 시기이다. 또한 양가의 유대관계, 미래에 전개 될 가정의 모습과 새 가족 구성원의 면모를 꿈꾸는 시기이다.

(2) 2단계: 자녀양육기(첫 자녀 출생-30개월)

이 단계는 부부간의 스트레스가 가장 많이 발생하는 시기이다. 특히 이전의 아내와 남편의 역할에서 새로운 역할인 엄마와 아빠의 역할을 수행해야 한다. 부모역할에 대한 훈련을 받지않은 경우, 자녀의 양육과 돌봄에 따른 정신적 · 신체적 고통이 따르며, 특히 취업모의 경우 남편이 육아와 가사에 적극 참여할 때 자녀양육은 즐겁고 보람된 생활의 활력소가 될 수 있다.

(3) 3단계: 유아기(첫 자녀 30개월-6세 이전)

이 단계는 유아의 흥미, 욕구, 관심, 발달적 특성에 적합한 다양한 교육적 경험과 자극들을 제공해 주는 시기이다. 이 시기의 유아들은 매우 적극적이고 활동적이므로 부모들의 에너지가 소모되어 부부 간의 애정적 결속이 약화될 수 있다.

(4) 4단계: 학동기(첫 자녀 6-13세 이전)

이 단계는 자녀가 초등학교에 진학하여 학업에 몰두하는 시기이다. 자녀의 일과 활동이 가정이 아닌 학교생활 중심으로 확대되고, 자녀의 취미나 적성 등이 구체화되는 시점이므로 다양한 교양 및 취미생활 프로그램을 제공해야 하고, 학습준비 능력의 육성에도 신경을 써야 한다. 특히 이 시기는 자녀의 또래관계가 형성되고 또래의 영향을 크게 받는 시기이므로 건전하고 우호적인 친구관계를 적극 지원할 필요가 있다.

(5) 5단계: 십대 자녀기(첫 자녀 13-20세 이전)

이 단계는 부모로부터 정신적·신체적 독립을 추구하는 시기이다. 일상생활에서 제반 문제의 결정 시에 상당한 정도의 자율적 선택과 결정이 허용되므로 이에 따른 책임 의식을 가질 수 있도록 지도하고 격려할 필요가 있다.

특히 이 시기의 청소년은 이상과 현실 사이의 적절한 조화를 유지하지 못하는 데서 오는 정신적·정서적 공허감이 크다. 부모는 자녀의 비현실적 이상과 포부를 비판하거나 비난하기 보다는 긍정적으로 격려해줌으로써 창의적 아이디어, 진취적 노력을 북돋아줄 필요가 있다.

(6) 6단계: 독립기(첫 자녀 떠나보내는 시기)

이 단계는 주로 자녀를 출가시키는 시기이다. 즉 취업, 대학진학, 군입대, 결혼 등으로 자녀가 집을 떠나 사회구성원의 일원으로 본격적인 자신만의 삶을 위한 생활설계가 시작되는 시기이다. 이 시기 부모의 가장 큰 과업은 자녀들이 원만하게 삶의 보금자리에 정착할 수 있도록 안내하고 지원해 주는 역할이다.

(7) 7단계: 빈 둥지기(모든 자녀 출가-부모 은퇴기)

이 단계는 부모만 혼자 남는 시기이다. 조부모의 역할을 수행하기도 하며, 직장에서의 은퇴로 경제적 · 심리적 측면에서 변화가 예상된다.

(8) 8단계: 가족 해체기(은퇴-사망)

이 단계는 노인기의 제반 발달적 과업을 체험하는 시기이다. 가족은 배우자의 한쪽 또는 양쪽의 사망으로 인해 해체기에 접어든다. 죽음을 슬기롭게 준비하는 진지한 자연의 순리를 받아들이는 자세가 요구되는 시기이다.

4) 부모역할의 특성

부모의 역할은 다른 역할과는 여러 측면에서 다른 특성이 있다(이재연 · 김경희, 1993).

(1) 부모의 역할은 명확하게 정의되어 있지 않다.

부모역할은 모호하다. 자녀를 낳아 키우는 일이 주어지면 이 일이 수행되기 위해 그 역할을 명확하게 정의하여 부여되어야 하는데 그렇지 못하다. 부모들은 부모로서 성취해야 하는 것을 제대로 알지 못하고 자녀양육에 대한 기대수준도 매우 높다고 느낀다.

(2) 실수의 여지가 없다.

인생사에는 조금씩 실수의 여지가 있다. 그러나 부모는 자녀 모두를 성공적으로 키우도록 기대되며, 한 두 자녀만을 갖는 현대 가정에서는 실수의 여지가 없어 부모에게 걱정과 죄책감을 준다.

(3) 부모는 도중에 그만둘 수 없다.

부모 노릇이 힘들다고 도중에 그만둘 수는 없고, 만일 그렇게 되면 아동 유기죄에 해당된다. 이 점이 부모역할 중 가장 어려운 점이라고 할 수 있다.

(4) 부모의 권위는 없고 의무만 있다.

현대사회의 부모 권위는 급속도로 손상되었고 자녀에 대한 최종적인 책임은 결국 부모에게 맡겨진다.

(5) 부모들이 따를 전통적인 자녀양육 모델이 없다.

과거에는 부모나 친척이 키우던 방식대로 자녀를 양육하였지만 사회변화가 급격해지면서 쉽게 그러한 본보기를 찾을 수도 없고 더 이상 적용할 수 없는 것들도 있다.

(6) 부모는 자녀를 부모 자신보다 더 나은 존재로 키우도록 기대하고 있다.

급속하게 변화하는 사회에 적응해 나갈 수 있도록 부모는 자녀를 더 나은 존재로 키워야 한다. 따라서 부모는 자신이 경험해 보지도 않은 사회에 자녀들이 적응하도록 양육해야 한다는 부담을 가진다.

(7) 부모는 자녀에 대한 총 책임을 진다.

부모는 자녀에게 어떠한 일이 생기든지 어머니나 아버지로서 궁극적인 책임을 진다.

(8) 부모 두 사람이 한 팀이 되어 자녀를 양육한다.

두 사람이 협동하여 자녀를 양육하는 일이 장점이 될 수도 있지만, 서로 의견 차이가 있을 때는 갈등의 소지가 된다.

(9) 각 유아마다 독특하다.

부모가 첫째 아이를 잘 이해하면 둘째 아이는 잘 이해할 수 있을 것 같지만 유아는 각기 다르기 때문에 부모역할은 어렵다. 형제간이라도 유전적으로 다르게 태어난다.

(10) 대부분의 부모들은 부모역할에 대한 준비나 훈련 없이 부모가 된다.

어떤 어려운 일을 할 때에는 미리 훈련을 받는 것이 통상적이다. 예를 들어 교사가 되려면 소정의 교육을 받아서 자격증을 받은 후 교사가 되고, 자동차를 운전하려면 운전 면허증을 취득하여야 한다. 그러나 대부분의 부모는 훈련 없이 부모역할을 한다.

2. 부모의 양육태도

부모들은 사랑으로 자녀를 낳아 잘 기르기를 원하지만 모든 부모가 민주적인 양육태도를 갖지 못하는 것은 부모의 양육태도에 영향을 미치는 여러 가지 요인이 있기 때문이다. 부모 자신의 어린 시절의 경험, 부모 자신의 결혼생활, 그리고 부부의 심리적 · 정서적 안정 등 양육태도에 영향을 미친다.

1) 양육태도의 유형

부모의 양육태도는 애정과 적대감 차원과 자율과 통제의 두 차원으로 구분할 수 있다. 이 두 차원을 중심으로 자율적 태도, 독재적 태도, 허용적 태도, 방임적 태도의 네 가지로 분류할 수 있다(Maccoby & Martin, 1983).

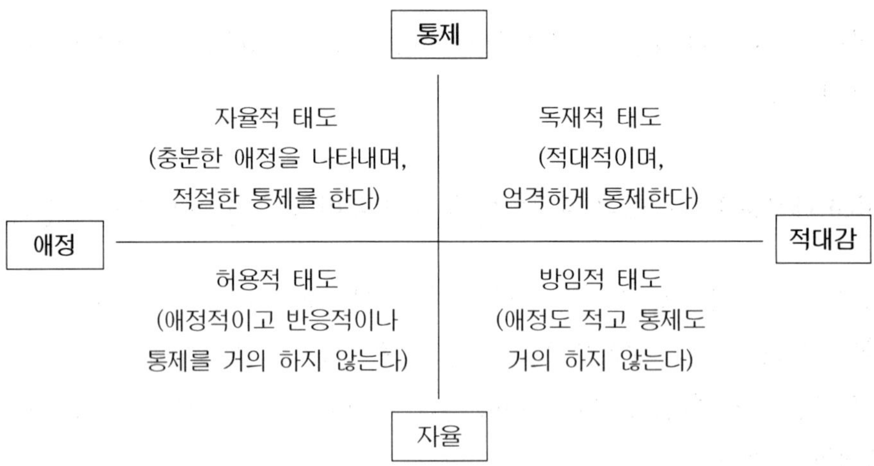

그림 9-1 부모의 양육 유형 (출처 : Maccoby & Martin, 1983)

(1) 자율적 태도(애정-통제)

이 유형의 부모는 자녀에게 깊은 관심과 사랑을 가지고 자녀를 독립된 인간으로 존중한다. 자녀의 욕구를 인정하고, 자녀의 의견을 존중하여 경청한다. 또한 자녀에게 성숙한 행동을 요구하고 확고한 기준과 규칙을 설정한다. 이러한 분위기에서 자란 유아는 사교적이고 협동적이며, 성실하고 정서적으로 안정되고 쾌활하다. 또한 삶을 긍정적으로 받아들이고 학업성취도가 높게 나타난다.

(2) 허용적 태도(애정-자율)

이 유형의 부모는 자녀에게 애정을 나타내고 수용적이나 자녀의 행동을 거의 통제하지 않는다. 자녀가 원하는 것을 모두 허용해주므로 자녀를 내버려 두는 태도이다. 따라서 이런 부모의 자녀들은 버릇이 없고 제멋대로이며, 무책임하기 쉽다. 특히 다른 사람의 감정과 생각을 배려할 줄 모르고 충동적이며 자기 통제가 부족하다.

(3) 독재적 태도(적대-통제)

이 유형의 부모는 지나치게 자녀의 행동을 통제하고, 애정표현이 적고 자녀를 엄격하게 다룬다. 부모가 마음대로 규칙을 정하고 자녀는 규칙에 무조건 복종해야 한다. 이런 부모의 자녀는 지나치게 순종적이거나 반항적이다. 또한 부정적인 자아개념이 형성되기 쉽고 자발성이 부족하며, 공격성이 높게 나타난다.

(4) 방임적 태도(적대-자율)

이 유형의 부모는 자녀를 양육하는데 관심이 매우 적으며, 자녀에 대해 애정과 관심이 부족하다. 부모역할을 적절하게 수행하지 않으며 자녀의 요구를 거부하거나 무시하고 일관성있게 자녀를 지도하지 못하는 경향이 있다. 이런 분위기에서 자란 유아는 무력감을 느끼고 사회생활에 적응하지 못하며, 반사회적인 행동을 하기도 한다.

2) 바람직한 양육태도 및 부모역할

바람직한 양육태도란 누구나 그대로 따라할 수 있는 한 가지의 최선책이 아니라 민주적 양육태도라는 큰 틀 속에서 개개 부모가 자녀의 성격이나 특징에 맞게, 또 그들의 가정환경에 맞게 조절하여 적용하는 것이며, 그렇게 할 때 가장 최선의 효과를 가져 올 수 있는 것이기도 하다.

이를 위해 부모는 우선 부모이기 이전에 건전한 성인으로서의 건강한 가치관을 가지고 있어야 하며, 민주적 양육태도가 어떤 것이며 왜 그런 양육태도를 가져야 하는지도 알고 있어야 한다. 그리고 자녀의 특징을 정확하게 파악하고 주어진 환경에서 부모로서 최선을 다하는 태도를 가진다면 자녀의 바람직한 성장과 발달을 가져다주는 양육을 하는 부모가 될 수 있을 것이다.

이동원(1986)은 부모역할에 대해 일반인들이 가지고 있기 쉬운 몇 가지 잘못된 생각들을 다음과 같이 지적하였다.

첫째로 부모 완벽론이다. 부모는 성숙하고 완벽한 인간이며 자녀는 그렇지 않다는 이론으로서, 부모와 자녀를 상대 개념으로 파악하는 입장이다. 오늘날에는 상반된 자녀상이 혼합된 상황에서 자녀들은 미숙하고 의존적 존재로 간주되면서 상대 개념으로서 부모는 성숙하고 완벽하다고 보는 오류를 범하게 되었다.

둘째로 부모-자녀 간의 생물학적 유대관계를 강조함으로써 이들 관계는 자연스럽게 애정적인 관계로 발전할 것이라는 생각이다. 부모-자녀 관계 역시 모든 인간관계에서와 마찬가지로 역동적인 측면에서 다루어져야 한다. 부모-자녀 관계는 다른 인간관계와는 달리 혈연에 기초하고 있기 때문에 보다 자연스럽게 애정적인 관계로 발전할 수 있는 가능성은 높다. 현대사회에서는 과거 운명적인 관계로 받아들이던 때와는 달리 부모-자녀 관계도 선택적 관계로 변화되고 있다. 따라서 혈연적 유대감보다는 정서적 · 상징적 가치가 더욱 부각되는 시대적 상황에 놓여 있다.

셋째로 부모-자녀 관계는 사회와 단절된 정지된 공간에서 이루어지며 자녀들을 정적 존재로 간주하는 일방적인 관계로 보는 생각이다. 외부와는 단절된 가족이라는 진공 속에서 부모에 의하여 일방적으로 자녀들이 사회화되는 것처럼 본다. 부모-자녀 관계도 상호 발전론적 입장에 따라 상호 자극을 주고받는 쌍방적 관계에서 고려되어야 한다. 특히 자녀들의 권리라는 측면에서, 자녀들이 질적으로 양호한 환경에서 인간다운 삶을 누릴 권리를 갖고 있다는 점을 염두해 두어야 한다. 부모는 유아의 발달과 교육에 있어서 매우 중요한 존재이다. 따라서 부모의 적극적인 참여 없이는 교육의 효과가 지속되기 어렵다.

3. 바람직한 부모-자녀 관계의 형성

부모-자녀 관계도 다른 인간관계와 같이 부모와 자녀가 함께 사랑과 신뢰를 서로 주고받을 때 형성될 수 있다. 그러나 자녀의 나이가 어릴수록 부모가 먼저 사랑하고, 더 많이 베풀고, 먼저 이해해주고, 더 오래 인내할 때 이루어질 수 있는 관계라는 것이 다른 인간관계와는 다른 점이라고 할 수 있다.

1) 바람직한 부모의 특징

바람직한 부모 자녀-관계를 형성하여 자녀들을 성공적으로 양육한 부모들은 다음과 같은 세 가지의 공통적인 특징들을 가지고 있다(정미라 외, 2006).

(1) 자녀에 대한 신뢰

바람직한 부모-자녀관 계를 형성한 부모들은 자녀들에 대하여 '부모가 조건 없는 사랑을 주며 잘 키우고자 노력한다면 아이는 반드시 바르고 유능하게 자랄 수 있는 성향을 가지고 있다.'는 믿음을 가지고 있다. 부모가 자녀에 대해 이러한 믿음을 가지고 있으면 우선 부모 자신이 항상 긍정적인 사고를 하게 되므로 자녀들을 대하는 태도가 늘 긍정적이다. 그 결과 이런 부모들은 자녀들을 무시하거나 비난하기보다는 자녀들을 격려하고 자녀들에게 삶에 대한 용기와 긍정적인 태도를 갖게 해 주어 자녀들이 성공적인 삶을 살 수 있는 정서적인 기반을 형성해 준다.

자녀의 성향이나 가능성에 대해 확고한 믿음을 가지고 있는 부모라면 자녀들이 자신의 속도에 맞게 발달하여 자신만이 가진 능력을 발휘하도록 기다려 줄 수도 있다. 이러한 부모는 남들이 한다고 해서 자기 아이에게도 그것을 하도록 강요하지 않으며 자기 아이가 가진 특징을 찾으려고 노력하는 반면 다른 아이와 쓸데없이 비교하지 않고 자기 아이에게 꼭 필요한 칭찬과 격려를 줄 수 있다.

(2) 자녀에 대한 관심과 배려

바람직한 부모-자녀 관계를 이룬 부모들은 아이에게 늘 관심을 갖고 아이의 기본 욕구에 민감하게 반응해 준다는 것이다. 인간에게는 반드시 만족되어야 하는 기본적인 욕구가 있다. 유아의 경우에도 예외가 아니어서 기본적인 욕구의 충족이 이루어져야만 더 나은 단계로의 발달이 가능하게 되며 그렇지 못한 경우에는 많은 문제를 일으키게 되므로 기본 욕구의 충족이 훈육의 기초가 되며 모든 유아 문제해결의 시작이라고 말하기도 한다.

어려서부터 기본 욕구의 충족을 경험한 아이들일수록 지나치게 요구하지 않고 적절한 수준에서 잘 만족할 수 있다. 그러나 평소에 기본적인 욕구의 충족을 경험하지 못한 아이들은 자기가 정말로 원하는 것이 무엇인지 정확하게 알지 못하므로 이것저것을 끊임없이 원하게 되고, 무리한 요구에 대해 부모가 아무리 설명해도 그것을 받아들이지 못한다.

유아가 가지고 있는 기본적인 욕구의 종류는 대개 비슷하나 그 정도는 아이마다 다르며 유아가 가진 욕구 종류나 정도를 가장 잘 파악할 수 있는 사람은 부모이다. 따라서 부모는 자녀의 욕구를 정확하게 파악할 수 있도록 늘 아이에게 관심을 가지고 지켜보며 필요에 따라 그들의 욕구를 최대한 충족시켜 줄 수 있도록 노력해야 한다.

유아들에게 반드시 충족되어야 할 기본적인 욕구들은 수면, 영양, 빛, 공기, 물, 안락함, 안전, 공간, 자연, 소속감, 활동, 사랑 등이다.

부모의 사랑은 유아들이 느낄 수 있도록 표현되어야 한다. 여기에서 말하는 사랑이란 기본적인 욕구를 충족시켜주는 것과 함께 '아이들이 느끼고 싶어하는 부모와의 애정적인 교류'를 의미한다. 부모들은 가슴 가득 담고 있는 자녀에 대한 사랑을 자녀들이 충분히 느낄 수 있도록 표현해 주어야 한다. 아이와 눈을 마주보며 이야기하고, 아이가 관심 있어 하는 것에 함께 관심을 가져주고, 특별히 무엇을 하지 않아도 하루에 얼마 동안의 시간은 아이와 함께 있어주고, 아이의 이름을 자주 불러주고, 눈이 마주칠 때마다 웃어주고, 잠자기 전에는 항상 사랑한다고 말해주고, 적어도 하루에 한 번은 아이와 이야기하는 시간을 갖는 등 사소한 일이라고 생각하는 것에서부터 부모는 자녀들이 부모의 사랑을 가능한 한 자주 느낄 수 있도록 표현해 주는 것이 아이들에게는 도움이 될 수 있다.

(3) 부모-자녀 간의 의사소통

바람직한 부모-자녀 관계를 이룬 부모들은 아이들과 항상 대화를 한다는 것이다. 부모가 먼저 말을 하기보다는 우선 자녀들의 말을 들어서 그들의 마음을 이해하며 그들에게 공감하고 있다는 사실을 보여주고, 자녀가 스스로 자기를 돌아보고 문제의 해결책을 찾아 낼 수 있도록 기회를 주려고 노력한다.

① 자녀의 말 경청하기

대화의 대상이 누구이든 간에 대화를 함에 있어 가장 기본이 되는 것은 서로의 말을 잘 들어주는 것에서 시작된다. 서로의 말을 들어서 상대의 마음을 이해하고 공감하는 사람들 사이에서만 진정한 대화가 이루어질 수 있기 때문이다. 부모-자녀 간의 대화에서도 마찬가지여서 아이들은 주로 부모가 자신들의 이야기를 들어주기를 원한다. 그리고 만약 자신의 부모가 자신들의 마음을 이해하고 있으며 자신들과 같은 느낌을 가질 수 있다는 것을 알게 되면, 아이들은 자신의 부모를 믿고 자기의 생각이나 느낌을 솔직하게 이야기할 수 있게 되고 부모의 말에 귀를 기울일 수 있게 된다.

유아의 말을 들을 때는 다른 일을 하거나 다른 곳을 쳐다보지 말고 아이의 얼굴이나 눈을 쳐다보고 온화한 얼굴의 편안한 자세로 아이의 말을 들어주는 것이 좋다. 말의 내용에 따라 물어보아야 할 것이 있을 때는 아이의 말을 중간에 끊지 말고 다 들은 다음에 질문을 하고, 화가 나더라도 자제하고 끝까지 들어주어야 한다.

유아의 말이 끝나면 유아가 한 말의 의미를 부모가 제대로 이해하고 있는지를 반영적 경청기술 등을 통해서 확인해 본다.

② 자녀 스스로 해결책 찾기

성인이나 아이나 할 것 없이 누군가가 자기의 말을 진지하게 들어주거나 자신의 감정이 받아들여지고 있다는 것을 알게 되면 마음이 편안해지면서 자기의 행동을 돌아볼 수 있는 여유를 갖게 된다. 즉 아이들은 자신의 생각을 언어로 표현하면서 자기의 행동이나 느낌 등을 객관적으로 분석할 수 있게 되고 자기의 잘못을 반성하거나 문제가 있었다면 해결책을 찾아낼 수 있게 된다.

아이의 말을 듣고 부모가 해결사가 되어 해결책을 제시하거나 부모가 직접 문제를 해결해 주는 것 등은 당장은 아이를 행복하게 해 줄 수 있을지 모르나, 실제로 아이들은 그러한 해결 방법에 대해 마음 속 깊은 곳에서부터 우러나오는 자기 자신에 대한 만족감을 느낄 수 없게 되는 경우가 대부분이다. 따라서 자녀의 말을 듣고 난 이후에는 아이 스스로 자신을 돌아보고 해결방안을 찾아볼 수 있는 기회를 주는 것이 좋다.

부모도 완전한 존재가 아니므로 때로는 어려운 문제에 대해서는 시간을 가지고 심사숙고해야 한다는 사실을 알게 해주는 것도 필요하다. 자녀에게 조언을 할 때는 해결책을 제시하기보다는 부모의 경험을 예로 들어 적절한 해결책을 찾아 낼 수 있는 방법을 함께 이야기하는 것이 좋다.

2) 한부모와 재혼 가족에서의 부모역할

(1) 한부모 가족의 부모역할

이혼으로 인해 가족은 여러 가지 어려움에 직면하게 되며, 이러한 어려움은 가족 전체에게 영향을 주고, 자녀에게 고통스러운 경험이 된다. 부모의 이혼은 자녀에게 충격적인 일이고 그 사실을 받아들이고 수용하여 건전한 발달을 하기까지는 상당한 시일이 걸린다. 이를 위해서 한부모 가족의 어머니나 아버지는 자녀와의 관계를 재정립해야 하며 많은 노력을 해야 한다(송진숙 외, 2006).

① 편모 가족의 부모역할

이혼으로 증가하는 편모 가족은 매년 증가하는 추세이며 양부모 가족에 비해 경제적으로 매우 어렵다. 편모들이 경험하는 가장 큰 문제는 경제적 문제이며 이것은 낮은 여성의 소득 수준과 전 배우자로부터 양육비를 지원받지 못하기 때문이다.

특히 편모 가족에 대한 시각은 결손 가족, 비정상 가족으로 인식하고 있어 자녀양육에 많은 어려움을 초래한다. 편모가 겪는 어려움은 부모역할 수행에 부정적인 영향을 미치고 자녀의 발달을 저해하기도 한다.

② 편부 가족의 부모역할

편모가 주로 경제적 문제를 겪고 있다면 편부는 경제적 문제이외에도 가사, 자녀양육 및 교육 등 적응하기 힘든 새로운 역할 때문에 오히려 더 큰 어려움을 가지고 있다. 편부가 겪는 가장 큰 문제는 자녀양육과 가사일이다.

편부 가족에 대한 사회적 편견은 편부 가정을 어렵게 하는 또 다른 원인이 된다. 편부 가족을 비도덕적인 존재로 인식하는 현상은 편부들에게 심리적 압박감을 제공하게 된다. 그리하여 자녀들로 하여금 가족에 대한 부끄러움과 열등감을 주어 또래관계 형성에 영향을 미치게 된다.

(2) 재혼 가족의 부모역할

재혼은 이혼이나 사별로 전혼관계가 해체된 후 다른 혼인관계를 맺는 것으로 재혼 가족은 최소한 이전에 결혼한 적이 있는 한 명 이상의 배우자와 한 명 이상의 자녀들로 구성된다.

재혼 가정 자녀들의 어려움은 다음과 같다(이재연 · 김경희, 1993).

- 부모에 대한 충성심의 갈등을 해결해야 한다.
- 확대된 친척과의 관계를 재정립해야 한다.
- 계부모와의 애정적인 유대를 발전시켜야 한다.
- 부정적인 감정을 표현하는 적절한 방법을 찾아야 한다.
- 자기의 영역을 만들어야 한다.
- 의붓 형제와 특권, 의무, 물건을 나누어야 한다.
- 떨어져 사는 부모와의 관계를 유지해야 한다.
- 떨어져 사는 부모와의 관계를 재정립해야 한다.

그러나 계부모나 친부모 모두 노력한다면 자녀는 새부모와 만족하고 즐거운 관계를 형성할 수 있을 것이다(송진숙 외, 2006).

① 자녀와의 적응시간 필요

자녀는 부모의 이혼에 대해 반항적이며 부모의 재혼으로 새로운 가족체계를 형성하려는 부모의 노력에 저항하기 때문에 가족관계 형성에 어려움이 있고 새로운 가족체계의 적응에 불협화음이 생길 수 있다.

② 신뢰 형성

계부모들은 자연스럽게 자녀와 감정적으로 통할 수 있도록 신뢰관계를 형성해야 한다.

③ 적절한 의붓 형제 자매 관계

새로 형성된 형제 자매 관계 속에서 서로 간에 문제나 갈등이 생길 수 있는데, 이 때 함께 해결할 수 있는 기회를 주어 대화할 수 있도록 하는 것이 효과적인 방법이다.

④ 감정의 인정

재혼 가족 초기의 생활을 자녀의 관점에서 볼 때 많은 변화와 상실에 대한 자녀의 혼란스러운 감정 반응을 이해해야 한다. 부모로부터 자신의 감정을 이해받지 못한 자녀는 분노와 우울을 느끼고, 부적응 행동 및 반항적 행동을 나타낸다.

재혼 가족은 여러 가지 어려움을 가지고 있음으로 적절한 준비를 하는 것이 바람직하다.

첫째, 계부모가 될 사람이 어떤 사람인지 알 기회를 사전에 충분히 갖는다.

둘째, 현실적인 기대를 갖고 계부모는 친부모와 다르다는 것을 인정해야 한다.

셋째, 자녀들이 느끼는 불안, 상처, 분노의 감정을 이해해야 한다.

넷째, 친부모와 비교되는 것은 불가피한 일이므로 자신의 새로운 역할에 도전받을 각오를 해야 한다.

마지막으로 모든 가족과 마찬가지로 계부모 가족의 구성원도 각자 노력할 때 성공적이라는 사실을 명심해야 한다.

4. 유아교육기관에서의 부모교육

유아교육 측면에서 부모교육의 필요성은 다음과 같다.

첫째, 성장의 잠재력을 가장 많이 갖고 있는 결정적 시기의 유아에게 최적의 환경을 부여하는 것이 필요하므로 유아의 인적 환경인 부모를 교육하는 것은 매우 중요하다.

둘째, 우리나라 부모들은 유아기부터 인지발달 중심의 교육에 치중하는 편이므로 부모교육을 통해 유아의 발달과 교육에 대한 올바른 지식을 형성하는 것이 중요하다.

셋째, 교사의 과중한 업무를 감소시키기 위해 부모참여가 필요하다. 부모참여는 교사의 업무감소 뿐만 아니라 자녀교육에 필요한 지식이나 기술을 습득할 수 있다는 의미에서도 필요하다.

1) 부모교육의 내용

유아교육기관에서 이루어지고 있는 부모교육의 내용을 살펴보면 다음과 같다.

(1) 지식과 정보의 제공

부모에게 필요한 유아발달에 대한 지식, 유아의 문제행동과 지도, 놀이 지도 등에 관한 다양한 정보를 제공한다.

(2) 기술 훈련

지식과 정보의 제공만으로는 부모의 행동에 실질적인 변화를 가져오기에는 불충분하므로 기술 훈련을 실시하는 것이 좋다. 구체적으로 부모역할 기술의 훈련은 역할놀이, 시범보이기, 행동연습 등을 통하여 이루어진다.

(3) 자기인식의 증진

부모는 자기인식을 통하여 현재의 자녀양육에 영향을 주어 온 자신의 부모세대의 양육 방식 및 과거 부모와의 경험을 통하여 형성된 의사소통 유형과 스트레스에 대처하는 방법 등을 인식하게 되며, 자신의 가치체계의 변화를 경험할 수 있다.

(4) 문제해결하기

유아발달의 광범위한 영역에 적용할 수 있는 문제해결의 기본적인 방법을 부모들에게 가르쳐서 부모가 중재할 수 있도록 하는 것이다.

2) 부모교육의 유형

(1) 가정통신

교사가 부모와 직접적으로 대면하지 않고 일종의 서신을 통하여 의사소통하는 것을 말한다. 메모, 편지, 주간 교육계획안 등이 가정통신문의 한 형태이다. 다양한 가정통신문을 통해서 부모들은 유아교육기관에 대하여 잘 이해하고 그 이외의 다른 정보를 얻을 수 있는 중요한 자료가 된다.

(2) 부모회

부모회는 부모집단의 모임으로 유아교육기관에 다니는 유아들의 부모들이 한 달에 한 번 혹은 두 달에 한 번 정도로 일정한 기간을 두고 정기적으로 갖는 모임을 뜻한다.

① 강연회

강연회는 매달 1회 혹은 1년에 1-2회 정도 강사를 초빙하여 정해진 주제에 대해 강연을 듣는 것이다.

강연회의 내용은 주로 유아교육기관의 이해, 유아발달과 지도방법, 성교육 등 부모들의 관심사를 다룬다.

② 워크숍

부모들이 주어진 어떤 일에 실제로 참여하여 배우고 실습해 보는 집중적인 교육프로그램이다. 폐품을 활용하여 교구나 유아 놀잇감을 제작하는 워크샵이 흔히 이루어진다.

③ 역할 놀이

심리극의 일종으로 역할극을 통해 어떤 역할을 해 봄으로써 그 사람의 입장을 이해할 수 있게 된다. 예를 들어 부모가 자녀의 역할을 해 봄으로써 자녀의 입장을 더 잘 이해하게 되어 자녀지도에 도움이 된다.

(3) 부모 면담

부모 면담은 개별 면담과 집단 면담, 형식적 면담과 수시 면담으로 나눌 수 있다.

① 개별 면담

일반적으로 학기 초와 말에 면담 기간을 정하고 면담 일정을 짜서 가정통신문으로 알린다. 이 때 교사는 유아에 대한 정보와 지식에 대해 부모와 상호의견 교환을 함으로써 전반적인 유아행동과 사고에 대한 이해를 넓히며 유아지도에 대한 공동 지침을 마련한다.

② 집단 면담

일반적으로 학기 초와 말에 갖는 것이 적절하며, 집단 면담의 수는 10명 정도로 하는 것이 바람직하다. 집단 면담을 통하여 유아의 일반적인 문제에 대하여 경험담을 함께 나누면서 스스로 해결방법을 찾을 수 있다.

③ 형식적인 면담과 수시 면담

형식적인 면담은 학기 초, 학기 중, 학기 말 등 정기적으로 이루어지는 것으로 교사는 상담자료로 유아에 관한 기록과 검사자료, 그리고 유아교육기관 생활에 대한 내용을 상담 전에 미리 정리하여 부모와 보다 효율적으로 상호작용하여 유아의 발달을 도울 수 있다.

수시 면담은 부모가 유아를 유아교육기관에 등·하원 시킬 때, 학교 외의 장소에서 우연히 마주쳤을 때 이루어지는 것이다. 이러한 비공식적인 면담은 오래 대화를 계속할 수 없기 때문에 공식적인 면담의 필요를 결정하고 계획하는 기회로 활용될 수 있다.

(4) 수업참관

수업참관은 많은 부모들이 참가할 수 있도록 계획되어야 하며, 참관의 목적과 내용 그리고 유의사항을 미리 부모들에게 나누어 주고 설명한 후 참관하는 것이 바람직하다.

수업참관은 유아의 발달정도를 객관적으로 파악하고, 가정과 기관에서의 유아행동 차이에 대한 이해하고 일관성있게 지도하는데 도움이 된다.

(5) 부모 참여수업

부모와 유아가 정규 프로그램(자유선택활동 시간 등)이나 야외활동에 함께 참여하여 유아와의 상호작용 기회를 확대하고 놀이하는 경험을 통해 부모-자녀 관계를 원만하게 하는데 도움을 주기 위한 것이다. 개별 참여와 집단 참여, 가족구성원 모두의 참여와 어머니, 아버지, 조부모 대상의 참여수업이 있다.

(6) 가정방문

현재 우리나라 실정상 교사의 시간이 부족하고 가정방문으로 야기되는 부작용 때문에 잘 시행되지 않고 있다. 그러나 가정방문은 유아의 가정환경과 부모의 배경을 고려하여 교육적인 제안을 할 수 있다는 것과 유아교육기관을 방문할 수 없는 부모와 접촉할 수 있다는 점이 장점이라 할 수 있다.

가정방문은 20-30분 정도가 적당하지만 부모가 원할 때는 충분한 시간을 가질 수 있다.

(7) 장난감 대여 프로그램

이 프로그램은 유아가 다양한 장난감을 가지고 놀 수 있는 기회를 제공해 주고, 부모에게는 자녀에게 적절한 장난감을 선택하는 방법과 사용법을 익히도록 하여 가정에서의 학습을 강화시켜 준다. 현재 우리나라에서는 도서 대여 프로그램이 주로 실시되고 있다.

(8) 부모역할 훈련

부모역할 훈련은 10-20명 이내의 부모가 1주일에 한 번씩 유아교육기관에서 정기적으로 모여 바람직한 부모역할에 대해 토론하고 자녀와의 상호작용 방법을 익혀 나가는 교육 프로그램이다. 이를 통해서 부모는 자녀를 이해하고 바람직한 교육방법을 인식하고 기술을 익힐 수 있다.

부모역할훈련 프로그램으로 부모효율성훈련(Parent Effectiveness Training: PET), 효율적 부모역할을 위한 체계적 훈련(Systematic Training for Effective Parenting: STEP), 적극적 부모역할훈련(Active Parenting: AP)이 있고 6-9주 동안 진행된다.

(9) 인터넷을 이용한 부모교육

부모와 유아교육기관 간에 여러 가지 문제 상황, 행사, 질문 등을 인터넷 홈페이지에 개설한 카페나 게시판을 이용하여 정보를 교환할 수 있다. 유아교육기관을 방문하기 어려운 학부모들에게 유용하며 특히 현대 부모들은 정보통신 기술에 익숙하므로 편리하게 효과적으로 활용할 수 있다.

제 10 장

유아교육기관 경영

1. 유아교육기관 경영의 개념 및 필요성
2. 유아교육기관의 인사관리
3. 유아교육기관의 재정관리
4. 유아교육기관의 사무관리
5. 유아교육기관의 시설·설비 관리
6. 유아교육기관의 시설·설비의 계획

1. 유아교육기관 경영의 개념 및 필요성

1) 유아교육기관 경영의 개념

유아교육기관들은 각각 나름대로의 교육목적이 있고 그 교육목적을 달성하기 위하여 노력하고 있다. 유아교육기관에서 경영관리란 교육목적을 달성하기 위한 수단을 말하며 그 개념에 대해서는 학자들의 견해에 따라 다소 차이가 있으나 일반적으로 '시설의 목적과 목표를 효과적으로 달성하기 위한 인적, 물적, 재정적, 운영·방법적 조건을 정비하고 운용하는 일'이라고 규정할 수 있다(김옥련, 1993). 즉, 경영관리란 어떤 기관의 목적이나 목표의 효과적인 달성을 이루기 위하여 그 기관에 소속된 사람, 시설·환경 및 재정을 합리적이고 체계적인 방법으로 운용하는 것을 말한다. 임재택(1999)은 경영관리의 개념을 기관의 목적을 달성하기 위하여 사람, 돈, 공간, 시간 등을 효율적으로 계획하고, 조직하고, 실행하고, 평가하는 일련의 과정으로 정의하였다.

또한 이대균과 송정원(1998)은 운영관리를 조직체의 목적, 목표를 능률적이고 효과적으로 달성하도록 그 업무와 활동을 계획하고 조직하고 지시하고 조정하고 평가하는 과정으로 정의하였다. 그리고 운영관리는 어떤 기관의 목적을 달성하기 위하여 사람(people), 자원(resources) 및 시간(time)을 효율적으로 조정, 운용하는 일인데, 여기서 자원은 자금(funds)과 공간(space)을 포함한다(Taylor, 1979).

한편 시어스(Sears)는 운영정책의 과정을 기획(planning), 조직(organizing), 지시(direction), 조정(coordination) 그리고 통제(control)의 5개 과정으로 보고 운영관리를 다수의 독립된 요소들로서가 아니라 통합된 하나의 개념으로 받아들여서 운영과정 또한 활동의 계속적인 순환과정으로 보았다(한임순, 1994).

결국 유아교육기관의 운영관리란 유아교육기관의 목적을 효율적으로 달성하기 위하여 사람, 시설, 재정, 교육과정, 학급, 기타 필요한 업무를 계획하고, 조직하고, 실행하고, 평가하는 일련의 과정이라고 규정할 수 있다. 아울러 유아교육기관 운영관리의 영역별 주요 내용은 표 10-1과 같다.

표 10-1 유아교육기관 운영관리의 영역별 주요 내용

영 역	주요내용
시설 · 설비관리	건물, 교실, 유희실, 실외놀이시설 · 설비, 생활시설 · 설비의 관리, 안전시설관리, 주변 환경관리, 시설 · 설비의 구입, 수리, 유지, 관리 등
교재 · 교구관리	교재 · 교구의 구입, 보수 및 관리, 시청각 교재 구입 및 관리 등
공간(교실)관리	환경구성 및 관리, 흥미영역의 구성 및 관리, 청결유지 등
교직원관리	채용 및 퇴직, 담임 배정, 업무분담, 원무담당, 교사연수, 직원회의, 근무평가, 장학지도 등
유아관리	입소 및 퇴소, 반 및 집단 편성, 출 · 결석, 가정환경 조사, 원아관찰기록, 생활습관지도 · 안전지도, 건강지도, 영양(급식, 간식)지도, 청결지도 등
교육활동 운영	교육과정 내용의 계획수립 및 관리, 일과계획 및 운영, 행사계획 및 운영, 현장견학, 원외활동 지도, 외부 전문가 또는 기타 인적 자원활용 등
재정관리	예산 편성, 교육비의 수납, 운영비의 지출, 회계장부 기록, 결산서 작성, 기부금 및 보조금 관리, 감사 등
사무관리	사무분담 및 사무처리 조직, 법정 서류관리, 통신, 문서처리 등
부모와의 협력	가정통신, PTA, 부모회 조직 및 운영, 부모교육, 부모 및 가족 상담, 부모참여, 부모훈련, 가정교육 등
지역사회와의 협력	지역환경관리, 지역사회 기관과의 협력, 관련 행정기관과의 협력, 연구소 및 TV · 라디오 등 대중매체기관과의 협력, 견학기관과의 협력, 자원봉사자 모집 · 운영관리 등

2) 유아교육기관 경영관리의 필요성

유아교육기관에서 이루어지는 교육활동의 모든 영역에 있어 그 기본 방향을 제시해 주는 경영관리의 필요성과 중요성이 크게 부각되고 있다. 그러나 실제로 유아교육기관의 몇 가지 특성, 즉 규모가 다른 교육기관에 비해 작고 조직과 교육활동이 비교적 단순하며, 정책상의 전문성이 미약하다는 특성으로 인해 유아교육기관의 경영관리 현실은 비합리적이고 일관성이 없을 뿐만 아니라 비체계적으로 운영·관리되고 있는 실정이다.

유아교육기관은 형식적 조직체제로 그 운영은 과학적으로 이루어져야 한다. 과학적이고 효율적인 경영을 하기 위해서는 이론, 연구, 실험, 적용, 지식에 기초하여야 한다(강문희 외, 1999).

그러므로 유아교육기관 경영이 합리적이고 일관성 있게 이루어지려면 그 운영정책이 유아교육의 목적달성을 위한 지침이 되며 기관 운영자가 확신을 가지고 정책 실현을 위한 결정을 할 수 있어야 한다.

3) 유아교육기관 경영관리의 영역 및 과정

유아교육기관은 합리적이고 능률적인 운영을 위하여 법적, 객관적 기준의 범위 안에서 나름대로의 경영정책을 설정하는 과정이 필요하다. 운영과정은 어떤 기관이 그 기관의 목표 달성에서부터 수행과 평가 결과의 송환(feedback)에 이르는 유기적인 순환과정과 이 과정을 거쳐서 다시 새로운 목표 설정으로 이끌어 가는 과정 전체를 의미한다. 이러한 유아교육기관의 순환과정을 그레그(Gregg)의 일반 교육행정의 단계에 적용시켜 보면 다음과 같으며 이를 도식화하면 그림 10-1과 같다(이영자 외, 1997).

그림 10-1 유아교육기관 운영 과정

(1) 의사결정(decision making)

운영과정의 첫 단계로 유아교육기관의 운영 목표나 정책을 결정하는 단계이다. 이 때 적기에 합리적으로 결정하는지의 여부가 과업의 성패를 좌우하는 중요한 요인이 된다.

(2) 기획(planning)

기획은 목적과 행동을 구체화하는 것으로 유아교육기관의 효율적인 운영에 필요한 절차와 방법을 합리적이고 효과적으로 수행하기 위한 준비과정이다. 이 과정에는 ① 외부환경과 유아교육기관의 여건 분석 ② 교육 목표 및 운영목표 설정 ③ 운영방침 설정 ④ 활동계획의 작성 ⑤ 목표와 계획에 대한 평가 등이 포함된다.

(3) 조직(organizing)

조직은 기관의 목표나 목적을 효율적으로 달성하기 위한 협동 체제의 구성, 즉 사람, 물건, 시설과 같은 요소를 정비하고 활동들을 연결시킴으로써 모든 독립적인 부분들이 달성하고자 하는 목적을 효과적으로 성취하도록 구성하는 것이다. 다시 말해 조직은 인적·물적 요소를 적절하게 배정하고, 각 요소들이 서로 유기적인 관련을 가지고 충분히 기능하도록 하는 일, 즉 인적자원, 물적자원, 아이디어를 확보하여 구조화하는 것이다. 조직 과정에서 운영자가 해야 할 일은 먼저 유아교육기관의 목적으로 규정된 프로그램의 관리를 촉진하기 위해 구성단위들을 조직하는 것이다. 그 다음에는 유아교육기관의 일이 효율적으로 이루어지도록 공간, 자료, 시설 · 설비를 정리하고 활용한다.

조직은 주로 형식적 조직을 뜻하나 비형식적 및 자생조직의 가능성과 활동을 고려하여 능률을 향상시키도록 노력해야 한다.

(4) 의사소통(communication)

의사소통은 정보교환과 의사교환을 의미하는 것으로, 인간관계의 의사소통 기술은 운영자에게 필수적이다. 의사소통 방법에는 원장이 교사들에게 지시, 명령 등의 방법으로 의사를 전달하는 상의 하달식과 직원회의 등을 통해 결정된 의견을 건의하는 하의 상달식 및 교사 상호간의 협의를 통한 횡적 의사전달 등 세 가지 방법이 있다.

(5) 영향(influencing)

지휘, 설득, 지시의 결과로 나타나는 행동을 말하며 자발성과 자율적으로 나타나는 것이 바람직하다.

(6) 조정(coordinating)

조정은 운영정책이 관여하는 여러 가지 측면, 즉 조직 · 인사 · 재정 · 시설 · 사무 · 교육활동 등이 유아교육기관의 교육 목표 달성에 최적의 상태가 되도록 조화시키는 것이다. 유아교육기관에서는 교직원 상호 간의 접촉을 통해 갈등을 해소할 수 있도록 하며 직원회의 등을 통해 부조화 등을 조절하여 최대한의 목표 달성을 할 수 있도록 노력해야 한다.

(7) 평가(evaluating)

평가는 계획한 과업이 실행된 과정과 성과 등의 결과를 분석, 검토하여 합리성과 효율성을 측정하는 것으로 단계 전후와 중간에도 정기적으로 실시하는 것이 바람직하다.

평가 단계는 먼저 평가의 관점을 설정하고, 자료를 수집하며, 평가 실시 및 결과 처리를 하며, 결과를 활용하는 것이다.

2. 유아교육기관 인사관리

1) 교직원의 임용

임용이란 특정한 직위에 임명하는 것으로서 신규 채용, 승진, 승급, 전직, 전보, 휴직, 복직, 강임, 직위해제, 면직 및 파면 등을 포함한다. 임용에서 가장 핵심적인 사항은 선발과 임명이다. 선발이란 자격을 갖춘 후보자들 중에서 최적임자를 선정하는 것을 말하며, 임명이란 선발된 후보자에게 직위를 보하는 것을 말한다(임재택, 1999).

교직원의 임용은 현행 제도상에서 자격, 재교육 성적, 근무 성적, 기타 능력 등에 근거하여 자격 임용주의와 성적주의 및 전형주의의 원칙을 따른다. 유치원의 교직원 임용은 공립 유치원의 경우 임용권자인 교육청장이 맡고, 법인체 사립 유치원의 경우 「사립학교법」 제53조의 2에 따라 원장의 제청으로 이사회의 의결을 거쳐 결정된다. 또한 법인체를 제외한 사립 유치원의 경우 원장의 제청으로 설립자의 의결을 거쳐 구비서류를 당해 교육청장에게 제출하여 최종적으로 결정된다.

사립 유치원에서의 원장과 교사 임용에 따른 구비서류는 표 10-2와 같다.

표 10-2 **사립 유치원 원장과 교사 임용에 따른 구비서류**

① 유치원 원장의 승인신청 : 유치원 원장을 임용하고자 할 때는 다음과 같은 서류를 구비하여 승인신청을 교육청장에게 해야 한다.

-신청공문 1부
-교원자격증 원본 및 사본 2부
-이력서 1부
-교원임용제청서 사본 1부
-취임승낙서 1부
-이사회회의록 사본 1부(법인체인 경우)
-경력증명서 1부
-민간인 선원진술서 5부
-공무원 인사기록카드 1부
-호적등본 2부

② 유치원 교사의 임용 : 유치원 교사를 신규채용 하였을 때는 다음의 서류를 구비하여 7일 이내에 교육청장에게 임용결과를 보고하여야 한다(「사립학교법」 제54조 제1항).

-임용보고공문 1부
-공무원 인사기록카드 2부
-교원자격증 사본(원본 게시) 1부
-경력증명서(경력자에 한함 1부)
-취임승낙서 1부
-호적등본 2부
-임용장 사본 1부
-민간인 선원진술서 5부
-채용 신체검사서 1부

③ 원장 및 교사의 해임보고 : 원장 및 교사를 해임하였을 때에는 다음 서류를 구비하여 즉시 보고하여야 한다.

〈원장의 경우〉

-해임보고공문 1부
-사직원(자필)원본 및 사본 2부
-해임제청서 사본 1부
-해임장 사본 2부
-확인서 1부
-교원자격증 원본 및 사본 2부
-해임사유서 2부(6하 원칙에 의거 구체적으로)
-이사회회의록 사본(법인체인 경우) 1부

〈교사의 경우(원감 포함)〉

-해임보고공문 1부
-사직원(자필) 원본 및 사본 1부
-확인서 1부

* 이상 교원 인사에 가한 구비서류의 종류와 부수 등은 주관 당국에 따라 다소 차이가 있으므로 관할 당국의 지시에 따라야 함.

이러한 구비서류의 양식은 당해 교육청에 비치되어 있는데, 그 서식은 교육청에 따라 다소 차이가 있다.

참고로 교육공무원의 인사 발령을 위한 구비서류는 표 10-3과 같다.

표 10-3

교육공무원 인사발령을 위한 구비서류

순	발령 구분	구비 서류	비 고
1	신규 채용	· 인사기록카드 1통(대통령이 임용하는 경우에는 2통) · 호적등본 및 초본 각 1통 · 병적 사항이 포함된 주민등록표 본 1통 · 최종 학력증명서 1통 · 경력증명서 1통 · 채용 신체 검사서 1통 · 선원 조사 회보서 1통 · 민간인 선원 진술서 3통(대통령이 임용하는 경우에는 4통) · 자격증 사본 또는 자격 인정 조서 1통 · 호봉획정표 1통 · 사진(명함판 상반신 탈모 3매)	편재 사유가 기재된 것(선원 조사 의뢰용임) 제1국민역 및 실역 미필보충역은 병적증명서를 제출하여야 함 공무원 채용 신체 검사 규정 제3조의 규정에 의해 신체 검사 실시 의료기관 발행 행정자치부 장관 또는 국가 안전기획부장 발행 별지 제29호 서식 별지 제30호 서식 별지 제31호 서식
2	승 진	· 자격증 사본 또는 자격 인정 조서 1통 · 호봉획정표 1통	
3	전 직	· 인사 기록 카드 사본 1통 · 자격증 사본 또는 자격 인정 조서 1통 · 호봉획정표 1통	
4	강 임	· 강임 동의서(자필) 또는 직제 개폐, 예산 감소의 관계 서류 1통 · 호봉획정표 1통	
5	면직 – 의원면직	· 사직 원서(자필) 1통	

순	발령 구분		구비 서류	비 고
	면직	직권 면직	· 징계위원회 동의서, 진단서, 직권 면직 사유 설명서 또는 직권 면직 사유를 증빙할 서류 1통 · 판결문 사본 1통	
		정년 퇴임	· 호적초본 1통	
6	징 계		· 징계의결서 사본 1통	
7	추 서		· 공적 조사서 1통 · 사망 진단서 1통 · 사망 경위서 1통	
8	휴직 및 복직		· 진단서 또는 판결문 사본, 현역 증서 사본, 입영통지서 사본 또는 휴직 사유를 증빙할 만한 서류 1통	진단서는 국 · 공립 병원장, 보건소장 및 공무원 연금법에 의하여 지정된 공무원 요양 기관 발행
9	전출 · 전입 · 겸임		· 전출 · 전입 · 겸임 동의서 1통 · 대학인사위원 동의서 1통	
10	직위 해제		· 직위 해제 사유서 1통	
11	정기 승급		· 정기 승급 조서 1통	별지 제32호 서식

* 자료 : 교육법전편찬회, 1996.

2) 교직원의 보수체계

유치원 교사는 초 · 중 · 고 교사와 같은 보수기준을 적용받는다. 호봉체계는 전문대학의 유아교육과 2년제를 나오면 6호봉에서 시작되고, 3년제를 나오면 7호봉, 대학의 유아교육과를 나오면 8호봉이 나오고 4년제 사범대학을 나오면 9호봉부터 시작된다. 이것은 학력 차이 2년에 따른 2호봉과 사범계 출신에 대한 우대 1호봉이 가산되기 때문이다.

3) 교직원의 역할 및 자질

'교육의 질은 교사의 질을 능가하지 못한다'는 말에서 알 수 있듯이 교사는 교육의 질을 좌우하는 가장 중요한 요소이다. 더욱이 유아교육기관의 교직원들은 다른 기관과 달리 어린 영유아들의 건전한 성장 · 발달을 도와주는 역할을 수행해야 하므로 그에 적합한 능력과 자질을 갖추어야 한다. 교직원의 역할은 유아교육기관의 유형이나 유아를 보는 관점에 따라 다소 달라질 수 있으나 일반적인 역할과 자질은 다음과 같다.

(1) 원장

원장은 유치원의 전체적인 운영 및 관리에 대한 책임을 지며 기관을 대표한다. 「유아교육법」 제 21조 1항에 '원장은 원무를 통할하고 소속 교직원을 지도 · 감독하며, 원아를 교육한다.'고 그 역할을 명시하고 있다.

힐데브랜드(1993)가 제안한 관리자로서의 역할은 다음과 같다.

① 유능한 인재를 적재적소에 배치시키는 역할
② 창의적 수행과 협동적인 노력을 고무시키는 역할
③ 성공을 방해하는 장애물을 제거하는 역할
④ 학부모, 아동, 사회에서 바람직하게 여기는 높은 질의 서비스를 제공하는 역할
⑤ 교직원들을 지속적으로 동기화시키고 활성화시키는 역할
⑥ 교직원들 간의 분위기가 좋아서 매일 일하는 것에 좋은 감정을 가지도록 하는 역할
⑦ 교직원들에게 일에 대한 인정과 보수를 충분히 보상하는 역할
⑧ 교직원들이 아동이나 학부모를 이용하지 못하도록 막는 역할
⑨ 교직원들이 편안히 일할 수 있는 물리적 환경을 제공하는 역할

⑩ 안정적인 전문적 집단으로 유지될 수 있는 근로 환경을 위하여 노력하는 역할

특히 힐데브랜드(1993)는 매슬로우(Maslow)의 '욕구이론'을 기본으로 하여 교직원의 동기와 욕구에 대해 강조하였다. 즉, 원장은 가장 기본적인 생리적 욕구로부터 시작하여 안전의 욕구, 사회적 욕구, 자존심의 욕구, 자아실현의 욕구로 발전되어 가는 인간의 동기체제를 잘 이해함으로써 교직원들에게 높은 질의 서비스를 제공해야 할 것을 주장하였다.

또한 원장이 실제적으로 담당해야 할 임무를 구체적으로 살펴보면 다음과 같다(Decker & Decker, 1992 ; Thomson, 1989).

① 전반적인 운영 계획의 수립과 운영관리
② 교육 목표 설정 및 교육과정의 계획과 관리
③ 교직원 채용 및 인사관리
④ 원아의 모집 및 관리
⑤ 시설 · 설비의 관리
⑥ 비품 및 교재 · 교구의 구입과 관리
⑦ 재정관리
⑧ 행정적 업무 처리 및 기록의 보관 유지
⑨ 부모교육 및 부모와의 관계 유지
⑩ 행정 당국, 지역사회 관련 기관 및 단체들과의 관계 유지

한편 원장은 교육지도자로서 법적인 의무 외에 수행해야 할 일들이 많은데, 그 내용을 보면 실천적 · 구체적인 교육내용을 수립, 운영하고, 교직원으로 하여금 그 역량을 최대한으로 발휘시킬 수 있도록 동기유발을 시키며, 격려하고 유아교육기관의 발전을 위한 장 · 단기 운영계획을 수립하고 지역사회와의 협조체제를 구축하는 일 등의 부가된 업무를 갖게 된다.

이러한 막대한 역할을 수행하기 위해 갖추어야 할 원장의 자질을 보면 우선,

유아교육 프로그램 및 교수법과 교육과정 조직에 관한 교육 심리학적인 충분한 지식을 갖고 있어야 하며, 사회체제로서의 유아교육기관과 지역사회를 이해할 수 있는 충분한 소양을 갖고 있어야 하며, 다양한 프로그램을 제작 · 활용할 수 있는 능력을 갖고 있어야 한다. 또한 학사 행정에 필요한 제반 처리규정을 알고 있고 교사 선발 및 관리에 대한 법규 및 기술을 갖고 있으며 창의성이 있어야 하고 미래적 안목, 교육평가에 대한 소양을 갖고 있어야 한다(곽덕영 외, 1999).

(2) 원감

원감의 역할은 「유아교육법」 제 21조 2항에 '원감은 원장을 보좌하여 원무를 관리하고 원아를 교육하며, 원장이 부득이한 사유로 직무를 수행할 수 없는 때에는 그 직무를 대행한다. 다만, 원감을 두지 아니하는 유치원의 경우에는 원장이 미리 지명한 교사가 그 직무를 대행한다'라고 명시되어 있다.

원감의 역할은 일반적인 역할, 원장 대리자로서의 역할, 학급에서의 역할, 세 가지로 나눌 수 있는데, 그것은 다음과 같다(곽덕영 외, 1999).

① 일반적인 역할

- 신속하게 일을 처리한다.
- 항상 깨끗하고 단정한 차림을 한다.
- 협동정신으로 다른 모든 교사들과 같이 도우며 일한다.
- 교사회의에 참석하여 유아의 문제점과 유아의 놀이방의 경영방식을 교사와 원장에게 보고한다.
- 가능하면 교사 강습회에 참석하여 유아교육 분야의 지식 증진을 꾀한다.
- 유치원의 인사정책에 따른다.

② 원장 대리자로서의 역할

- 원장의 부재 시에는 대리자의 역할로 책임을 맡는다.
- 원장 승인 하에 교사교육을 위한 교사 강습회를 계획하고 추진하는 책임을 맡는다.
- 원장의 장기간 부재 시에 대비, 원장들의 모임과 긴밀한 접촉을 유지한다.
- 필요할 때 원장을 돕는다.

③ 학급에서의 역할

- 교육계획안을 작성하고, 각 교실을 틈틈이 돌아보고 수업을 평가하며, 교실에서 이루어지는 유아지도에 대한 구체적인 지도 및 조언을 하고, 각 단원에 따른 연간행사계획을 진행한다.
- 미술, 음악, 문예, 자연, 산수 등 여러 분야의 과목을 효과적으로 가르칠 수 있는 교육 방법을 계획하고 실행한다.
- 각기 유아들의 사회적 · 인지적 · 신체적 발달과 건실한 감정을 양양하기 위한 행동을 장려하고 보급시킨다.
- 교육활동에 필요한 시설 · 설비와 비품 등의 보존에 신경을 쓴다.
- 유아 영양을 위한 간식계획을 확인하며 유아활동을 위한 전반적인 시설을 점검한다.

(3) 교사

교사의 역할은 「유아교육법」 제 21조 3항에 '교사는 법령이 정하는 바에 따라 원아를 교육한다'라고 명시되어 있다. 교사의 역할에 대해 데커와 데커(Decker & Decker, 1992)는 유아를 보호하는 일과 교육하는 일의 이중적인 것이라고 주장한 반면에 스포덱(Spodek, 1985)은 보호 역할, 교수 역할, 인격함양 역할, 의사결정 역할의 4가지로 요약하고 있다.

일반적인 교사의 역할을 나열해 보면 다음과 같다(Decker & Decker, 1992).

① 유아의 신체적 · 심리적 안전관리
② 교육 목표달성을 위해 적절한 교육과정의 계획 및 운영
③ 비품, 교구, 교수-학습 자료의 구입, 제작, 활용
④ 실내 · 외 교육환경의 조성과 활용
⑤ 각 학급의 운영 및 관리
⑥ 유아 관찰 및 평가
⑦ 부모 면담 및 상담, 부모교육 실시

한편 유치원 교사의 자질에 대한 초기의 관점은 교사의 개인적 인성에 중점을 두었다. 즉, 유아를 사랑하는 사람, 정서적으로 성숙한 사람, 친절, 인자함, 신뢰, 동정심을 지닌 사람 등의 요소를 강조하였다. 알미(Almy, 1975)는 성공적인 유치원 교사의 인성적 특성을 사랑, 인내, 온정 그리고 아동은 물론 성인과도 즐겁게 일하고자 하는 특성, 새로운 의견에 대해 개방성과 포용력을 갖는 것, 인간관계에 대한 관심을 갖는 것, 융통성과 유머 감각, 창의성 등으로 보고 있다.

코간(Cogan, 1980)은 좋은 자질이 있는 교사를 국제적인 감각이 있는 교사로 보았고, 그 특성을 국제적인 안목이 있고, 학식이 있고 정보가 빠르며 타문화를 이해하고 감상할 수 있으며, 모든 면에서 국제사회에 적극적으로 참여하며 학습을 평생과정으로 보는 것이라고 하였다(이은화, 1985). 우리나라의 이은화(1985)는 유아교사는 소명감, 사람을 사랑하는 마음, 신체적 건강, 정신 건강, 지도 기술에서의 다재다능한 자, 교양을 갖춘 사람, 성숙한 지적 능력과 창의력, 강한 실천력 등의 자질을 갖추어야 한다고 하였다.

최근 유아교육의 발전과 함께 교사의 개인적 자질은 물론 전문적 자질의 근원에 대해 밝히려는 노력이 계속되고 있다.

이영자(2002)는 교사의 전문적 자질로 프로그램을 계획하고 실천하는 능력, 부모, 전문가 및 여러 관계자들을 참여시키는 능력, 유아의 성장 · 발달을 촉진시키는 능력, 고도의 지적 전문성, 직업 윤리, 지속적인 전문적 성장 등을 지적하였다.

유해인(1990)은 교사의 전문적 자질의 특성으로, 교육적 태도 영역에 사명감, 개인차 고려, 전문적 지식과 기능 영역에 지적 능력, 전문 지식, 융통성, 예능 소질, 동기유발, 창의성 지도, 기술 향상, 노력 등으로 제시하고 있다.

이상에서 제시한 여러 학자들의 관점을 보면 유아교사의 개인적·성격적 특성이나 교육기술, 가치관 등 개인적 자질은 물론 전문적 자질에 대한 관심이 증대되고 있음을 알 수 있다.

3. 유아교육기관의 재정관리

1) 유아교육기관 재정관리의 개념 및 특징

질적으로 우수한 유아교육기관을 경영하기 위해서는 유아교육기관의 교육적 이상 및 계획을 실천할 수 있는 재정적 확보가 요구된다.

유아교육기관의 교육활동이 정상적으로 수행되기 위해서는 그에 상응하는 인적·물적 조건이 구비되어야 한다. 이러한 인적·물적 조건을 바람직하게 뒷받침하기 위해서는 교육재정이 확보되어야 하며 이를 위한 재원이 마련되어야 한다.

교육재정이란 국가 및 지방 공공단체가 교육활동의 운영을 지원하기 위하여 공권력에 의해 필요한 경비를 조달하고 합법적으로 그것을 관리·지출하는 경제활동을 의미한다. 따라서 유치원 재정관리는 유치원 교육활동과 경영 및 운영관리 활동을 지원하기 위하여 필요한 재정을 확보하고 그것을 관리·운영하는 활동이라고 정의할 수 있다.

우리나라 유치원 재정관리의 두드러진 특징 중의 하나는 영세한 재원을 가지고 최대한의 목표를 달성하는 데 있다. 그러나 유아를 위한 프로그램은 경비가 많이 든다. 미국의 경우, 양질의 종일제 프로그램을 실시하기 위해 매해 한 유아당 최소한 4천 달러 정도의 경비가 든다고 한다(Decker & Decker, 1992). 그러나 1993년 OECD국가의 원아 1인당 교육비(US $2.216)와 비교해 볼 때, 우리나라의 경우(US $1,062) 그 절반 수준에도 못 미치고 있는 실정이다.

유아교육의 질적 수준은 유아교육기관의 재정확보 능력에 의해 결정된다고 해도 지나치지 않다. 시설의 원장이나 교사의 교육계획이 아무리 훌륭하다 하더라도 그것을 뒷받침해 줄 수 있는 재정이 확보되어 있지 않으면 그 실효를 거두기가 어렵다. 그러므로 오늘날 교육활동도 다른 분야의 활동과 마찬가지로 건실한 재정적 기반의 조성이 필수불가결한 요건이다.

유치원 재정의 특징은 다음과 같다.

① 교육비의 확보 및 지출은 공경제의 성격을 띠며 수입, 보관, 지출은 합법적 절차로 운영되어야 한다.

② 유치원 재정은 교육목표 달성을 위한 유치원 경영관리 활동의 수단적인 성격을 띠고 있다.

③ 유아교육비에 대한 산출 효과는 장기적이다. 유아기에 투입되는 교육비의 효과는 장래에 더 큰 생산에 기여할 수 있는 인력을 길러내게 된다는 점을 중요하게 인식해야 한다.

2) 재정관리의 경영원리

유아교육기관의 재정관리에 있어서 다음과 같은 경영원리를 고려해야 한다.

(1) 회계 연도 독립

유아교육기관은 일반적으로 존립이 항구적이어서 그 활동의 기간을 설정할 수는 없으나, 일정 기간을 정하여 수지를 예측하고 설계하고 집행의 현실화를 도모하며 그 결과를 분석, 평가하여 개선하는 것이 필요하기 때문에 회계 연도를 설정하는 것이 좋다.

우리나라의 교육기관 회계 연도의 기간은 매년 3월 1일에 개시하여 다음해 2월 말일로 종료된다. 예산은 이 기간에 수입될 재원과 지출될 경비를 추정하여 책정하는 것이며, 예산의 집행과 결산도 이 기간을 단위로 구분, 정리된다.

(2) 건전 재정

단위 유치원이나 학교의 예산 운영에 있어서 부득이한 경우 외에는 지방채나 차입금 등을 재원으로 해서는 안 되고, 예산이 없는 교육활동으로 부채를 지지 않도록 해야 한다.

(3) 합리적인 경비 절약

교육활동에 있어서도 최소의 경비로 최대의 효과를 올려야 하는 경제주의적 원리는 지켜져야 한다. 절약과 경제윤리는 교육재정에서도 지켜져야 하되 일반 기업의 생산과는 근본적으로 다르다는 점을 충분히 고려해야 한다.

(4) 재정 경영의 공개

모든 재정 상황은 분명해야 하고 아울러 회계관리는 공개하는 것이 좋다. 원장이나 서무 담당자가 재정을 자기 것인 양 혼동하여 사적으로 지출한다면 교직원으로부터 비난을 받기 쉽다.

3) 유치원의 재정관리

「유아교육법」 중 재정관리와 관계되는 사항을 살펴보면 다음과 같다.

제24조 (무상교육)

① 초등학교 취학직전 1년의 유아교육은 무상으로 하되, 대통령령이 정하는 바에 따라 순차적으로 실시한다.

② 제1항의 규정에 따른 무상교육에 필요한 비용은 국가 및 지방자치단체가 이를 부담하되, 유아의 보호자에게 지원하는 것을 원칙으로 한다.

③ 제2항의 규정에 따른 지원방법 등에 관하여 필요한 사항은 교육과학기술부령으로 정한다.

제25조 (교육비용 등)

① 유치원의 설립 · 경영자는 교육과학기술부령이 정하는 바에 따라 수업료 등 교육비용 그 밖의 납부금을 받을 수 있다. 이 경우 다음 각호의 1에 따라 교육비용 그 밖의 납부금을 달리 정할 수 있다.

1. 제12조제2항의 규정에 따른 유치원의 이용형태
2. 교육대상 유아의 국민기초생활보장법의 규정에 의한 수급권자의 자녀 여부
3. 당해 지역의 저소득층 밀집지역 또는 농어촌지역 등 사회적 취약지역 여부

② 제1항제3호의 규정에 따른 사회적 취약지역의 결정기준에 대하여는 대통령령으로 정하고, 교육비용 그 밖의 납부금의 징수방법 등에 관하여 필요한 사항은 교육과학기술부령으로 정한다.

제26조 (비용의 부담 등)

① 국가 및 지방자치단체는 제24조제1항의 규정에 따른 무상교육 대상이 아닌 유아 중에서 국민기초생활보장법의 규정에 따른 수급권자와 대통령령이 정하는 저소득층 자녀의 유아교육에 필요한 비용의 전부 또는 일부를 예산의 범위 안에서 부담하되, 유아의 보호자에게 지원하는 것을 원칙으로 한다.

② 제1항의 규정에 따른 지원방법 등에 관하여 필요한 사항은 교육과학기술부령으로 정한다.

③ 국가 및 지방자치단체는 대통령령이 정하는 바에 따라 사립유치원의 설립 및 유치원교사의 인건비 등 운영에 소요되는 경비의 전부 또는 일부를 보조한다.

제27조 (종일제 운영 등에 대한 지원)

국가 및 지방자치단체는 종일제를 운영하거나 제12조 제3항의 규정에 따라 대통령령이 정하는 수업일수를 초과하여 운영하는 유치원에 대하여는 대통령령이 정하는 바에

따라 운영에 소요되는 경비를 보조할 수 있다.

제28조 (보조금의 반환)
국가 및 지방자치단체는 사립유치원의 장이 다음 각호의 1에 해당하는 때에는 이미 교부한 보조금의 전부 또는 일부의 반환을 명할 수 있다.

1. 유치원의 목적 외에 보조금을 사용한 때
2. 거짓 그 밖의 부정한 방법으로 보조금의 교부를 받은 때
3. 제22조의 규정에 따른 교원자격기준을 갖추지 아니한 자를 교원으로 임용한 때

다음으로 공립 유치원과 사립 유치원으로 나누어 그 재정관리에 관한 법적 근거를 중심으로 살펴보고자 한다(강문희 외, 1999).

(1) 공립 유치원

공립 유치원의 재정관리는 지방자치단체의 재정 및 회계에 관한 법령인 「지방재정법」(법률 제4868호, 1995. 1. 5) 제 54조 관서의 일상경비 등의 지급에 관한 규정과 제 56조 도급경비에 관한 규정 및 「지방재정법 시행령」(대통령령 제14391호, 1994. 9. 29) 제 60조 일상경비 등의 범위에 관한 규정, 그리고 「도급경비사무처리규칙」(재무부령 제 1971호, 1994. 4. 18)에 의거하여 관할 교육청으로부터 전도자금 형식으로 이루어진다. 즉, 공립 유치원의 경우는 별도로 자체 예산편성 및 결산의 과정이 필요하지 않으므로 회계 절차가 비교적 단순하다. 물론 유치원 원아들의 수업료 등 세입금은 관할 교육청 금고에 납입하고, 해당 유치원에 배정된 도급 경비를 받는 것이다.

공립 유치원의 재정관리 형태는 지출관이나 지출업무를 담당할 공무원을 두기 곤란한 관서나 재외관서의 경우 도급관서의 장이나 도급관서의 장이 그 소속 공무원 중에서 지정한 자(도급경비 취급 공무원)가 도급경비를 집행하도록 하고 있다. 여기서 도급경비의 범위는 ① 수당 중 초과 근무수당, ② 비정규직 보수, ③

관서 운영비, ④ 여비, ⑤ 특수 활동비, ⑥ 업무추진비, ⑦ 재산 취득비 중 비품 구입비를 말한다. 다시 말해서, 도급경비 범위 이외의 사항(예컨대, 교원의 보수, 유치원 개·보수비 등)은 교육청 예산에서 집행한다는 것이다.

도급경비 집행 후 보고는 매분기 종료 후 15일까지와 회계 연도 종료시는 다음 연도 2월 15일까지로 규정하고 있으며, 도급경비를 지급하는 각 중앙 관서의 장(관할 교육청)의 감독을 받아야 한다.

(2) 사립 유치원

대부분 우리나라 유치원은 사립 형태의 유치원이다. 사립 유치원은 일반적으로 공립 유치원과는 달리 운영경비를 학부모들이 부담하는 수업료나 입학금 및 기타 비용으로 거의 충당하고 있다.

이와 같은 사립 유치원의 재정관리는 「사립학교법」, 「사립학교법 시행령」 및 「사학기관 재무회계규칙」(교육부령 제 553호, 1987. 2. 6) 등에 명시된 규정에 의한다. 사립 유치원의 재정관리는 공립 유치원의 경우와는 달리 자체적인 예산의 편성과 집행, 결산 등이 규정된 회계규칙에 의거해야 하므로 상당히 복잡하다. 그 구체적인 사항은 「사학기관 재무회계규칙」에 명시되어 있으므로 이를 충분히 검토한 후 재정관리를 해야 한다. 여기서 이 규칙에 명시된 규정 중에서 중요한 몇 가지 기본적인 사항을 살펴보면 다음과 같다.

① 재무와 회계 운영의 기본원칙

사립 유치원의 재무와 회계는 건전하게 운영하여야 하며, 국가의 정책과 사회의 공공기관으로서의 의무와 설립목적에 반해서는 안된다. 즉, 사립 유치원의 재정운영은 수입과 지출의 균형이 유지되도록 건실하게 해야 한다는 것이다.

② 회계 연도

사학기관의 회계 연도의 기간은 1년간으로 하며, 매년 3월 1일에 개시하여 다음 해 2월 말일에 종료된다.

③ 재산 관리

학교법인이 그 기본 재산을 매도 · 증여 · 임대 · 교환 또는 용도 변경하거나 담보에 제공하고자 할 때 또는, 의무의 부담이나 권리를 포기하고자 할 때에는 감독청의 허가를 받아야 한다. 또한 학교교육에 직접 사용되는 학교법인의 재산 중 대통령령이 정하는 것은 이를 매도하거나 담보에 제공할 수 없다.

④ 회계의 구분

학교법인의 회계는 그 설치 · 경영하는 학교에 속하는 회계와 법인이 업무에 속하는 회계로 구분된다.

4. 유아교육기관의 사무관리

1) 유아교육기관 사무관리의 의의

유아교육기관의 활동 규모가 방대해지고 그 내용이 복잡해짐에 따라 교육활동을 지원하고 보조하는 봉사활동으로써 사무관리 활동이 꼭 필요하게 되었다. 이렇게 교육활동의 규모가 커지고 그 내용이 복잡해짐에 따라 사무관리는 새로운 부분 영역으로서의 관리활동으로 간주되고 있다.

사무관리란 유아교육기관에서 유아를 교육하는 과정에서 수반되는 제반 기록을 보존 · 관리하는 것을 의미한다. 다시 말해 교육행정을 수행하는 과정에서 수반되는 제반 기록과 장부의 작성 및 보관, 공문서와 제 보고의 처리 등의 문서관리를 집행하고 처리하는 업무를 말한다.

유아교육기관의 사무관리 영역은 교육적 업무기록과 일반 사무활동으로 구분할 수 있다.

교육적 업무기록이란 생활기록부, 유아의 신체 발달 상황과 건강 상태 파악을 위한 신체 검사표의 기록과 보고나 유아의 행동관찰 기록부, 교육일지 기록, 교육 계획안(일일교육계획안, 주간계획, 월간계획, 연간계획) 작성과 출석부 정리 등을 말하며, 일반적 사무 활동이란 각종 행사계획, 비품대장 정리, 교직원 인사 서류의 정리 등이 포함된다.

사무관리의 활동에서 기록이 강조되는 이유는 다음과 같다.

① 기록은 유아를 이해하는 데 도움을 준다. 부모나 교사에게 유아에 대한 명확한 지식을 제공해 준다.
② 유아들의 개성과 동태 중에서 곤란한 점들이 무엇인가를 알게 한다.
③ 유아들의 특수한 요구를 알게 해 주고 그에 대한 대책을 세울 수 있게 한다.
④ 외부의 전문가나 의사에게 믿을 만한 보고 자료를 공급해 준다.
⑤ 상급 학교에서 유아가 어떤 문제를 가졌을 때 좋은 참고 자료가 된다.
⑥ 교육과정 작성에 있어 방향을 제시해 주고 도움을 준다.
⑦ 유아를 지도하는 데 교사들에게 많은 도움을 준다.
⑧ 여러 가지 연구 자료를 제공해 준다.

2) 유아교육기관 사무의 내용 및 업무분담

(1) 유아교육기관 사무의 내용

유아교육기관 사무의 내용은 크게 원무에 관한 사무와 서무에 관한 사무로 나누어지며, 자세한 내용은 다음과 같다.

① 원무에 관한 사무

㉮ 기획 : 교육과정 편성, 유치원 연혁 작성, 연중행사의 기획 및 의식에 관한 사항, 가정 방문, 부모교육, 부모 참관에 관한 사항, 현장학습, 추후 지도, 각종 평가에 관한 일 등 유치원의 전반적인 행사 및 교육에 관계된 일

㉯ 학적 및 연구 : 재적부 및 입·퇴학 유아의 기록, 입학원서, 명부 작성, 생활기록부, 행동발달 상황표, 졸업대장 정비 및 보관, 각종 교재 연구, 연구 발표회 및 강습회 운영, 교육에 관한 조사와 통계 작성, 교육연구에 관한 제반 사항

㉰ 통계 및 기록 : 출결, 전학, 입·퇴원, 졸업 등에 관한 조사 통계 및 보고서에 관한 사항과 회의록의 기록·정리·보관 등에 관한 사항

㉱ 도서 및 교재·교구의 구입 및 관리 : 유치원의 사무 중에 가장 중요하며 필요한 일

② 서무에 관한 사무

유아교육기관의 사정에 따라 교사가 서무의 일을 담당하는 유아교육기관도 있으나 그것은 지양되어야 하며, 유아교육기관도 서무 담당의 사무 직원을 두어야 한다.

서무의 사무를 분류하면 다음과 같다.

㉮ 문서에 관한 일 : 문서 수발에 관한 사항, 제증명 발급, 출근부 정리, 예식 준비, 물품 배급에 관한 사항

㉯ 용도에 관한 일 : 제반 용도에 따른 물품 주문 및 구입에 관한 사항

㉰ 비품 관리에 관한 일 : 책상, 의자, 기구, 기계, 청소 용구, 실외놀이 용구, 기타 일체의 비품의 정리, 보고, 제작, 수선 등에 관한 사항

㉱ 관리에 관한 일 : 원지, 원사, 원구, 기타 시설 비품과 운동장 시설, 풀장 등의 관리

㉮ 회계에 관한 일 : 제 경비의 출납, 교사의 봉급 · 수당에 관한 사항, 예산 · 결산에 관한 사항, 기타 유치원 운영에 관련된 회계 사무

㉯ 후생에 관한 일 : 직원 간의 수양, 보건, 친목에 관한 사항, 외부 단체와의 연락 · 교섭, 동창회에 관한 사항, 유아의 국제 친선 및 자매 학교 결연 · 운영에 관한 사항

오늘날에는 유아교육기관의 사무가 매우 복잡해지고 그 종류가 증가되었다. 따라서 원장은 원무를 집행하는 책임자로서 원활한 사무 처리가 이루어질 수 있도록 업무 분담의 조직을 체계화하여야 한다. 가능하면 업무의 배분이 공평하게 되고 능률적인 운영이 되도록 해야 할 것이다.

(2) 업무 분담

일반적으로 유아교육기관의 업무 분담은 학년 초에 결정되며 교직원의 능력, 희망, 고유 업무 등을 고려하여 공평하게 주어져야 한다. 유아교육기관 업무 분담에 관한 조직은 원장의 하향식 지시나 명령으로만 이루어지는 것이 아니라 조직 구성원인 교직원의 협동적인 분위기를 조성하여 교사들의 자발적인 참여 의식을 높여야 한다고 본다.

5. 유아교육기관의 시설 · 설비 관리

1) 시설 · 설비의 개념

일반적으로 교육시설(school facilities)이란 교육을 위해 일정한 장소에서 계속적

으로 활용되는 일체의 물리적 환경(physical setting)을 말한다.

교육시설은 교사 혹은 건물, 교지, 공작물, 그리고 설비의 4가지 측면으로 구분될 수 있다. 건물은 그 용도에 따라 교사, 부속 건물, 체육관, 식당, 기숙사, 관리실 등을 포함하며 교지는 학교 건물이 소재하고 있는 토지로서 운동장, 실습장, 교재원, 녹지대 등을 뜻한다. 공작물은 교문, 담장, 상 · 하수도 시설 등을 말하며 설비는 방송시설, 조명장치, 급수 및 배수시설, 녹음 장치, 영사기 등을 의미한다. 그러므로 유아교육기관의 시설은 물적 요소뿐만 아니라 인적 요소까지를 포함시킬 수 있으며, 일반적으로 유아교육의 기능을 구체적으로 실현하고자 하는 목적으로 활용되는 일체의 물리적 조건인 건물, 야외 놀이터, 정원, 담장, 사육장, 교문 등을 뜻한다.

한편 설비는 시설의 의미 속에 포함시키거나 구분하여 사용하기도 한다. 유아교육기관에서 설비의 개념은 시설의 모든 부속된 부분으로서 시설과 관련시켜 유아교육의 기능을 수행하는데 있어 필요한 모든 물적 요소의 총체라고 규정할 수 있다(김주건, 1997).

2) 시설 · 설비의 중요성

유아기는 모든 발달의 결정적인 시기로서 다른 어느 시기보다도 주위 환경에 민감하고 절대적인 영향을 받은 시기이므로 유아를 대상으로 하는 유아교육기관의 환경은 더욱 중요한 의미를 가진다. 이러한 유아교육기관의 환경은 인적 환경과 물리적 환경으로 구분할 수 있다. 인적 환경은 부모, 교사, 또래 집단, 형제들과 같이 인적 요소를 포함하는 환경을 뜻하며, 물리적 환경은 건물, 교지, 실외 놀이시설, 내 · 외부의 각종 설비, 교재 · 교구 등의 물리적 요소를 포함하는 환경을 의미한다. 그러므로 유아교육기관의 시설 · 설비는 그 자체가 유아교육의 물리적 환경이기 때문에 유아교육에서 중요한 기능을 한다.

유아의 발달에 있어서 유전과 환경 중 어느 쪽이 더 결정적인 영향을 미치느냐에 대한 최근의 연구 결과를 종합해 보면, 유전론적 요인보다는 환경론적 요인

혹은 유전과 환경의 상호작용론적 요인이 더 큰 영향을 미친다는 방향으로 변화되고 있는 추세이다. 생태학적 심리학을 주장한 바커(Barker, 1968)는 유아의 행동을 가장 잘 예언해 주는 것은 유아가 누구(who)인지를 아는 것이 아니라 유아가 어디(where)에 있느냐를 아는데 있다고 함으로써 유아교육기관의 물리적 환경, 특히 시설 · 설비 · 공간 등이 유아교육의 효과를 높이는데 중요한 역할을 한다는 것을 입증해 주고 있다. 또한 샤피로(Shapiro, 1971)는 학급 크기, 물리적 공간 및 활동 영역을 유아 학급의 세 가지 주요 환경 변인으로 보았으며, 데이 등(Day & Sheehan, 1974)은 어린이집에서의 유아의 행동은 그 시설의 물리적 공간의 조직과 활용, 학습자료의 제공과 활용방안 및 교사 · 유아 상호작용의 유형 등 세 가지 환경 요인과 밀접한 관계가 있다고 지적하였다.

이 밖의 여러 연구 결과에 의하면 유아교육기관의 물리적 환경, 즉 그 기관의 시설과 설비, 공간의 구성과 배치, 학습 자료의 양과 활용 상태 등이 유아교육의 효과를 좌우한다고 보고하고 있다. 그러므로 유아교육기관 종사자들은 이러한 환경 변인의 중요성을 인식하고 기관의 시설 · 설비를 좀 더 효율적으로 활용할 수 있는 방안을 강구하고 아울러 이를 개선 · 보완하려는 노력을 끊임없이 기울여야 할 것이다.

6. 유아교육기관 시설 · 설비의 계획

1) 유아교육기관의 시설 · 설비 특성

유아교육기관의 시설은 다른 교육기관과 같은 고정된 관념의 학교 시설과는 상당한 거리가 있다고 할 수 있다. 즉, 획일화되고 정형화된 고정된 학교시설과는 달리 유아교육 기관의 시설은 유아들이 신체적으로나 정서적으로 안정감을 갖고 편안하게 생활할 수 있도록 부드럽고 온화한 분위기를 조성해야 한다. 따라서 유아교육기관은 유아가 가정과 같은 편안하고 안락한 분위기를 느낄 수 있도록 만들어져야 한다.

유아교육기관의 제반 시설들은 유아가 안정된 분위기 속에서 즐겁게 학습할 수 있도록 실용성, 유용성, 건강성, 그리고 아름다움 또는 매력을 지니고 있어야 한다(김주건, 1997).

유아교육기관의 시설은 밝고 아늑한 교실, 흙 · 잔디 · 모래 · 시멘트 길과 동물사육장 · 꽃밭 · 나무 그리고 그네 · 미끄럼틀 · 정글짐을 비롯한 실외 고정놀이 시설이 있는 실외 공간, 실내외의 화장실과 세면장, 간식과 식사를 위한 깨끗하고 청결한 주방시설, 카펫, 방석, 개인 보관장, 소파 등 가구나 비품이 있는 실내 공간, 다양한 학습활동이 가능한 실내 흥미영역 등이 적절하게 마련되어야 한다. 또한 교실 안에서 교사는 다른 교육기관의 학교와는 달리 고정된 위치에 있는 것이 아니라 교실의 흥미영역별로 돌아다니면서 유아들과 자유롭게 상호작용할 수 있다. 유아들도 고정된 자리에서 획일적인 학습 활동을 하는 것이 아니라 자신의 흥미와 관심에 따라 장소를 이동해 가며 흥미영역별 활동을 할 수 있도록 허용되어야 한다.

이와 같이 유아교육기관에서 이루어지는 학습활동은 다른 교육기관의 학습활동과는 많은 차이가 있기 때문에 기관의 시설 · 설비도 그러한 교육의 방향, 목적에 따라 알맞게 계획 · 운영되어야 한다.

일반적으로 유아교육기관의 시설이 갖추어야 할 바람직한 특성은 다음과 같다(임재택, 1999).

① 교육과정 운영에 적합해야 한다.

② 심미적인 부분을 고려해야 한다.

③ 안전과 건강에 대해 고려해야 한다.

④ 융통성과 미래성을 고려해야 한다.

⑤ 상호 기능적 조정이 가능해야 한다.

⑥ 경제적이어야 한다.
⑦ 효율성과 이용도가 높아야 한다.

2) 시설 · 설비 계획 시 고려사항

일반적으로 유아교육기관의 시설을 설치할 때 고려해야 될 특성으로는 안전성, 융통성, 심미성, 연계성, 효용성, 관리성, 경제성 등이 제시되고 있다(교육대학 교직과 교재 편찬위원회 편, 1979). 카스탈디(Castaldi, 1982)는 교육기관 시설의 기본 개념으로 충분성, 적절성, 효율성, 경제성, 안정성, 건강성, 편의성 등을 제시하고, 미래의 교육적 요구 및 교육 프로그램의 변화 등에 대처할 수 있도록 시설의 확장 가능성, 축소 가능성, 적응성, 융통성 등을 고려할 것을 제의하였다.

유아교육기관은 다른 교육기관의 시설 · 설비와는 다른 독특한 특성을 가지고 있기 때문에 유아교육기관의 시설 · 설비를 계획하는 과정에서 특히 고려해야 할 사항들이 있다.

이러한 제 특성들을 고려하여 유아교육기관의 시설에서 고려해야 할 사항은 다음과 같다(Decker & Decker, 1992).

① 유아교육 시설은 유아 중심적이어야 한다. 유아교육기관의 성격이나 목적에 관계 없이 그 기관의 주된 사용자는 유아들이기 때문에 그들의 발달 수준, 흥미, 욕구 등이 고려되어야 함은 물론 교육 목적을 효율적으로 달성하도록 하기 위해 유아교육기관의 시설과 설비는 유아중심으로 계획 · 조성되어야 한다.

② 유아들과 교직원들의 안전을 최대한 중요시해야 한다. 유아교육 시설을 계획할 때 나이 어린 유아들과 교직원들의 안전과 보호를 위해 다음 몇 가지 사항들을 염두에 두어야 한다.

- 건물에 사용되는 기자재는 내화성이 있어야 한다.
- 신속하고 안전하게 대피할 수 있도록 몇 개의 비상구를 만들어야 한다.
- 벽이나 건물의 적당한 위치에 소화기를 설치해야 한다.
- 출구는 화재가 번지는 것을 막을 수 있는 내화성 문이어야 하고 앞뒤로 열릴 수 있도록 만들어야 한다.

③ 건물의 형태는 대상 유아들의 발달 수준이나 흥미 및 요구에 알맞게 결정되어야 한다. 유아교육기관은 그 나름대로 설립 목적이나 환경 특성에 따라 교육 목표를 설정하고, 그러한 교육 목표를 가장 효율적으로 달성할 수 있도록 시설을 설계해야 할 것이다. 또한 건물의 설계 시에는 심미적인 특성도 고려해야 한다. 모든 유아교육기관들이 반드시 신축되는 것이 아니라 기존의 시설을 개축하거나 수리하여 사용하는 경우도 많이 있다. 기존의 시설을 이용하는 경우에도 대상 유아들의 발달 수준이나 흥미 등을 최대한 고려하여 시설과 설비를 수리·보완하는 노력이 필요하다.

④ 건물은 장애아들을 고려해서 계획하는 것이 중요하다. 신체적으로 장애를 받고 있거나 시각적으로 손상받은 유아들을 위하여, 특별한 건축 설계 또는 교실 배정이 고려되어야 한다. 그리고 지체 부자유아들이 일반 교실에 통합 운영될 때는 소음이나 활동 수준이 보다 더 통제되어야 한다.

⑤ 공간과 교구의 배치를 변화시킴으로써 건물 사용의 효율성을 높일 수 있다. 이러한 공간과 교구의 배치에 다양한 변화를 가져오기 위해서 다음 몇 가지 점을 고려할 수 있다.

- 공간 내에서의 비품과 교구의 배치시 위치나 높이를 고려할 것
- 공간의 구성과 교구의 배치에 있어 흥미영역간의 기능적 연결과 소요 면적을 고려할 것
- 소음 수준(시끄러운 영역과 조용한 영역)을 고려할 것

- 산만하고 긴장감을 주는 색상과 조용하고 이완된 감을 주는 색상 등 조명과 색감을 고려할 것

⑥ 시설이나 설비를 계획할 때는 융통성을 중요시해야 한다. 유아교육 시설의 계획 시에는 유아나 교사의 개인적 목적이나 활동뿐 아니라 집단적 목적이나 활동이 가능하도록 세심한 주의를 기울여야 한다. 유아교육기관에서는 그 교육활동의 성격상 좁은 공간을 필요로 하기도 하고 넓은 공간을 필요로 하기도 하며 여러 가지 비품이나 교구를 사용하는 경우도 있지만, 때로는 아무런 교구나 비품이 필요 없는 경우도 있다. 그러므로 유아교육 시설은 가구나 비품은 물론 어떤 영역과 공간을 교육활동의 성격이나 필요에 따라 늘리거나 좁히거나 완전히 치워 버리거나 심지어 실외 공간에 옮겨 사용할 수 있도록 건축 계획시부터 충분히 고려해야 할 것이다.

⑦ 유아교육기관의 시설이나 설비를 계획할 때는 비용을 고려해야 한다. 유아교육기관의 건물이나 물리적 시설을 처음 설립할 때는 많은 투자를 해야 하므로 재정적인 어려움을 겪게 마련이다. 특히 우리나라와 같이 정부의 재정적 지원이 거의 없이 개인이나 단체에서 유아교육 시설을 갖추기 위해서는 상당한 연구와 검토가 있어야 한다.

⑧ 유아교육기관을 설립하고자 할 때에는 시설의 위치를 중요시해야 한다. 시설의 위치를 선정할 때 고려해야 할 준거는, 행정상의 편의나 비용 절감보다는 대상 유아들의 필요나 욕구를 충족시킬 수 있고 각 기관이 교육목표를 효율적으로 달성하는 데 도움이 될 수 있느냐에 있다.

이상과 같이 유아교육기관의 시설과 설비는 각 기관의 철학적 방향과 교육목표, 유아들을 지도하는 교사들의 능력, 교육 활동의 유형과 편의성, 비품과 교구 활용의 용이성, 작업 장소와 놀이 장소의 인접성, 보고 듣기의 용이성 및 유아들의 안전 등을 고려하여 계획되고 운영되어야 한다(김주건, 1997).

제 11 장

유아교육평가

1. 유아교육평가의 개념 및 필요성
2. 유아교육평가의 목적과 유형
3. 유아교육평가의 영역
4. 유아교육평가의 방법
5. 유아교육평가의 관리
6. 유치원 평가

1. 유아교육평가의 개념 및 필요성

1940년대 이후 교육평가의 개념이 발전 · 심화되기 시작하면서 교육평가에서 다루어야 할 대상에 대한 시각이 확대되었다. 즉, 종래의 교육평가는 유아의 학업성취 및 지적 능력에 관한 수준과 질을 파악하고 그 기초 위에서 어떤 의사결정을 하는 미시적 시각의 평가로 한정되는 경향이 높았는데, 점차로 교육과정에 대한 평가, 교육정책에 대한 평가, 학교평가 등을 포함하는 보다 거시적인 체제 내에서의 교육의 전 과정에 대한 평가로 방향이 변화된 것이다(이현섭 외, 1997).

유아들의 전인적인 성장과 발달을 돕기 위해 제공되는 계획적인 경험의 총체인 유아교육과정은 일반적으로 교육목표의 설정, 학습경험의 선정 및 조직, 지도, 평가의 4단계로 구성된다. 이 때 평가는 교육과정 중 제일 마지막 단계에 속하지만 평가는 교육이 이루어진 후에 그 성과를 평가할 뿐만 아니라 교육의 과정, 그 자체의 평가도 중요시하고 있다. 그러므로 교육목표 설정이 철학, 사회학, 심리학의 기저 위에서 타당성있게 설정되었는지, 학습경험은 교육목표가 제시하고 있는 바를 잘 반영하였는지를 평가하여야 할 것이다. 즉, 평가는 교육의 내실을 기하고 교육의 질을 향상시키기 위해 필요한 증거를 수집하고, 처리하는 과정이다.

교육과정에 있어서 평가가 차지하는 위치는 글래서(Glaser, 1963)의 수업모형에서 잘 나타나 있는데 이는 그림 11-1과 같다.

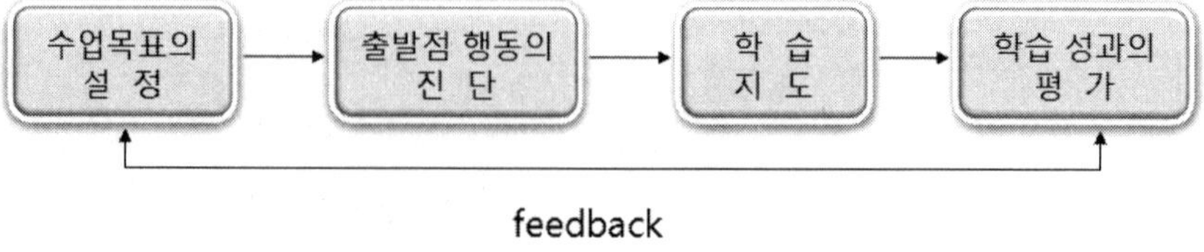

그림 11-1 Glaser의 수업과정 일반모형

글래서의 수업과정 일반모형에 의하면 교육과정이나 교재 분석을 통하여 수업목표가 설정되는데 이 수업목표를 달성하기 위하여 필요한 선수학습이 충분히 이루어졌는지를 평가하게 된다. 이 평가는 진단평가로 실시되며, 평가 결과를 통하여 학습결손아가 발견되면 보충학습을 통하여 학습 결손을 처치하고 다음 단계인 학습지도 단계에 들어간다. 일반적으로 학습지도는 도입, 전개, 정착의 3단계를 거치며, 이 단계에서 형성평가가 실시된다. 이 형성평가를 통하여 교사는 수업목표 달성도를 확인하며 나아가 평가 결과를 통하여 보충 및 심화학습을 시킬 수 있다. 일정한 기간의 수업이 진행되면 교육목표 달성도를 전체적으로 평가하는 총괄평가가 이루어진다. 총괄평가의 결과는 유아들의 성적에 직접 반영되므로 교사는 객관성 있고 타당성 있게 평가업무를 수행하여야 한다. 이와 같은 총괄평가의 결과는 기록되고 보고되는 동시에 교육목표, 출발점 행동, 지도, 평가에 다시 피드백되어 수정 · 보완 작업을 한다.

이상에서 보는 바와 같이 평가는 수업의 모든 과정에서 실시되며, 수업이 끝난 후에 수업목표 달성도를 판정하는 기능도 지니고 있다. 아울러 평가는 교육의 과정에서 필요로 하는 유아와 관련된 제반 자료를 제공해 준다. 즉, 교육과정 구성이나 생활지도에 있어서 유아의 개별성을 이해하기 위한 학업성취의 정도, 지능, 적성, 흥미, 인성, 사회성 같은 자료를 제공해 준다.

유아교육평가는 교육목표를 실현하기 위하여 행하는 모든 교육활동의 과정과 결과에서의 의사결정에 필요한 정보를 수집, 정리, 피드백 하는 전반적인 과정이라 할 수 있다. 유아가 무엇을 알아야 하고 할 수 있는지, 유아가 어떻게 배우는지, 유아를 어떻게 가르칠 것인지, 유아가 무엇을 배웠는지를 어떻게 결정할 것인지와 같은 유아교육과정의 하나하나는 상호 관련되어 영향을 미친다. 따라서 유아교육의 평가는 교육활동이 진행되는 거의 모든 단계에서 이루어진다.

평가는 유아교육 현장에서 유사한 용어들과 혼용되어 사용되고 있다. 평가는 어떤 현상이나 사건을 양적으로나 질적으로 기술하고 수집된 결과에 대한 가치판단을 하는 것이며 총평은 개별 유아에 대한 총체적인 평가를 의미한다.

종합하면 유아교육평가란 교육목표를 실현하기 위하여 행하는 모든 교육활동의 과정과 결과에서의 의사결정에 필요한 정보를 수집, 정리, 피드백하는 전반적인 과정이다.

평가는 유아교육활동에서 중요한 부분을 차지한다. 평가 결과가 유아의 특징을 정확하게 이해하고 이에 따라 적절한 교육을 제공하기 위해 사용된다면 유아교육에 있어서 바람직한 역할을 수행할 수 있을 것이다.

유아교육에 있어서 평가의 필요성은 다음과 같다.

첫째, 유아평가는 유아의 발달 수준을 발견하기 위해 필요하다.

둘째, 유아평가는 유아 간의 개인차를 비교하여 집단 전체의 특성을 아는데 필요하다.

셋째, 유아평가는 유아에게 미친 학습의 효과와 발달상의 변화를 발견하기 위해 필요하다.

넷째, 유아평가는 유아의 학습준비도를 판단하기 위해서 필요하다.

이상과 같이 유아평가는 유아의 개인적인 발달수준을 구체적으로 파악하고 학급에 속한 모든 유아의 발달수준의 범위를 발견하기 위해서 그리고 학습의 효과 및 발달적 변화를 비교하고 다음 단계의 학습에 대한 준비도를 판단하기 위해 필요하다. 또한 유아의 발달에 적합하게 교육을 계획하고 지도하는 데 도움을 줄 수 있을 것이다.

2. 유아교육평가의 목적과 유형

1) 유아교육평가의 목적

유아교육평가는 유아교육의 목적과 밀접한 관련성을 맺고 있으며, 유아교육의 목적에 따라 평가의 목적 및 내용, 방법이 달라진다. 그러므로 유아교육의 궁극적인 목적은 유아의 전인적 성장 발달에 있기 때문에 유아교육평가의 목적도 이에 근거를 두어야 할 것이다.

유아교육평가는 궁극적으로 유아교육의 결과가 유아의 전인 발달에 도움이 되었는지를 전체적으로 파악하는 것을 목적으로 하여야 한다. 따라서 교육과정의 5개 영역을 통합하여 유아의 건강, 기본생활습관, 정서적 안정감, 창의적 표현, 의사소통 능력, 탐구심 등이 생활 전반에 걸쳐 고르게 변화하고 발달했는지를 통합적으로 평가해야 한다(교육부, 1999).

유아교육평가의 목적에 대한 여러 학자들의 견해를 종합해 보면 다음과 같다(Decker & Decker, 1992 ; 이영석, 1997 ; 이정환 · 박은혜, 1996).

① 유아교육과정의 목적은 성취하는 과정에서 유아의 행동 변화에 따른 현재 발달 상태를 이해하고 적절한 학급 배치, 즉 정치(placement)에 필요한 기초 자료를 제공해 준다.

② 현재 유아의 행동, 언어 및 인지발달, 정서 · 사회성 발달 등 제반 사항과 관련된 발달의 측면을 기술 · 설명해 준다.

③ 유아에게 적합한 학습목표를 제공해 주며, 유아의 흥미와 발달 단계를 이해하여 학습의 동기유발 수준을 높여 준다.

④ 일정한 기간을 두고 계속 평가함으로써 유아 발달의 제 측면의 변화와 진보의 정도 및 영역을 알 수 있다.

⑤ 평가 과정을 통하여 교사는 각 유아의 개별성을 재검토할 기회를 의도적으로 갖게 되며 평가자료를 기초로 유아 각 개인에게 보다 알맞은 프로그램을 계획할 수 있다.

⑥ 교사는 평가를 통하여 교육과정과 교수방법의 효율성을 결정하고 측정할 수 있으며 유아교육기관이 처한 특수한 상황이나 특정한 교육목표에 부합되는 교육프로그램을 제공하고 있는지를 보다 깊이 투시할 수 있다.

⑦ 평가기록을 학부모에게 제시함으로써 유아에 대한 부모의 이해를 높인다. 따라서 부모가 자녀의 발전과 성취의 정도를 파악하여 가정에서 자녀의

능력에 맞는 지도를 할 수 있다.

⑧ 평가는 다음과 같은 행정적인 결정을 하는데 도움을 준다.

- 교육과정에 대한 수정 · 보완 계획을 세울 때
- 교육과정에 대한 철학과 활동의 변화를 결정할 때
- 교육과정에 대한 교직원의 요구를 확인할 때
- 지역사회와 관계 행정기관에 유아교육의 현황과 문제를 알릴 때

이상과 같이 유아교육에 있어서 평가의 목적은 유아의 전인적 성장과 발달을 도모하기 위한 제반 교육프로그램의 적절성과 타당성을 밝히며, 유아의 현재 발달수준과 행동의 변화를 평가하는 데 그 목적이 있다고 할 수 있다.

2) 유아교육평가의 유형

(1) 평가 준거에 의한 유형

평가의 유형은 평가의 준거에 따라 상대평가와 절대평가로 나눌 수 있다.

① 상대평가(norm-referenced evaluation)

상대평가란 평가해석의 규준을 집단에 두는 방법이다. 즉, 개별 유아의 발달성취도를 소속 집단의 평가 수준과 비교하여 판단하는 평가를 말한다. 이 상대평가는 집단 구성원의 행동을 판단하는데 기준점, 즉 규준(norm)이 있어야 한다. 따라서 상대평가는 규준 지향적 평가(norm-referenced evaluation)라고 한다. 상대평가는 학습자의 학습능력에는 교육을 통해서 좁힐 수 없는 상당한 개인차가 있기 때문에 각 유아의 개별적인 성취도를 최대한 정밀하게 변별하여 특정 교육프로그램을 이수할 수 있는 유아를 선정한 다음 각자의 능력에 맞는 내용 또는 수준의 교육을 해야 한다는 선별적 교육관(selective model of education)에 기초를 두고 있다.

상대평가의 장점은 각 유아의 개인차 변별이 가능하고 교사의 편견을 배제할

수 있으며 경쟁을 통해 외현적 동기유발이 가능하다는 점이다. 반면 협동학습을 경시하게 될 우려가 있고 과다한 경쟁으로 유아의 정서에 해로운 영향을 미칠 수 있다. 또한 교수-학습 개선 기능을 약화시킬 수 있고 인간발달에 대한 신념이나 교육에 대한 신념을 흐리게 할 우려가 있다.

② 절대평가(criterion referenced evaluation)

절대평가는 준거기준 평가 또는 목표지향적 평가라고 한다. 절대평가는 한 유아의 성적이 그가 속해 있는 집단의 평가 결과와는 상관없이 주어진 교육목표의 성취도에 의하여 유아의 성적을 표현하는 방법이다. 그러므로 절대평가에서는 주어진 학습과제를 학습하기 전에 객관적으로 평가할 수 있는 구체적인 교육목표가 설정되어 있어야 하고, 학습한 후의 한 유아의 학업 성취도는 사전에 설정된 교육목표 달성도를 직접적으로 반영하여야 한다. 절대평가는 충분한 학습 시간과 학습 조건만 제공하면 거의 모든 유아가 주어진 학습목표에 도달할 수 있고 그것이 바로 교육의 목적이라는 발달적 교육관(developmental model of education)에 기초를 두고 있고 완전학습이론과 맥락을 같이 한다. 그러므로 절대평가에서는 성취도에 있어서 개인차가 아주 작고 개인차를 최대한 줄이는 것이 교육이라고 생각하여 목표 도달-목표 미도달이라는 2진법적인 평정방식을 사용한다.

절대평가의 장점은 지적 우월감보다는 지적 성취 그 자체를 강조하고 경쟁보다는 협동학습을 중시하며 교육목표 달성도에 따른 평가로서 본질적인 의미의 학습효과를 측정할 수 있다는 점이다. 또한 지나친 경쟁을 지양하고 성취와 성공감을 강조함으로써 유아의 정서에 긍정적이며 상대평가에 비해 인본주의적 입장에 따른 평가 방법이라고 할 수 있다.

반면 단점은 각 유아의 개인차 변별이 용이하지 않으며 평가기준 설정의 난점이 있으며 통계적 활용이 불가능하다. 또한 경쟁을 통한 외형적 학습동기를 유발하고자 할 때는 부적절하다.

(2) 평가 기능에 의한 유형

또한 평가의 유형은 평가 기능에 따라 진단평가, 형성평가, 총괄평가로 나눌 수 있다.

① 진단평가(diagnostic evaluation)

진단평가는 유아들의 배치 또는 정치(placement), 선수학습능력, 학습곤란 등을 진단하여 효율적인 학습지도 방안을 찾기 위한 평가를 말한다. 진단평가는 오랫동안 학습장애의 원인을 분석, 진단하기 위해 실시되는 평가로 해석되어 왔다. 즉, 진단평가는 학습상의 실패 원인을 정확하게 지적함으로써 이런 장애 요소를 교정하기 위해 활용되었다. 그러나 최근에는 진단평가가 한 단원의 학습을 위해 수업 전에 학습자가 반드시 알아야 할 기초 지식이나 기술을 갖고 있는지를 점검하는 출발점 행동평가(evaluation of entry) 또는 투입행동평가를 의미하게 되었다. 그러므로 진단평가는 진단의 목적에 따라 두 가지로 나누어질 수 있다. 즉, 학습장애의 원인을 분석하고 진단하는 학습장애 진단평가와 특정 단원의 학습에 필요한 선수 지식을 갖추고 있는지를 점검하는 확인평가로 나누어 진다.

② 형성평가(formative evaluation)

형성평가는 1967년 스크리븐(Scriven)이 교육과정 또는 프로그램의 평가유형을 형성평가와 총괄평가로 나누면서 처음 사용한 용어이다(이영석 외, 1992). 형성평가는 원래 교육과정이나 프로그램 개발과정에서 프로그램의 구성 또는 전개방법을 수정 · 보완하는데 필요한 정보를 수집하기 위해 실시하는 평가를 의미하는 개념으로 사용되기 시작하였다.

형성평가는 학습활동이 진행되는 과정에서 주어진 학습목표 달성을 위하여 정상적인 진전을 보여주고 있는지 수시로 피드백(feedback)해 보는 평가 과정이다. 따라서 형성평가의 목적은 유아 상호 간의 학업성취 우열의 비교나 학업성취의 정도를 기록하고 보고하며 보관하는데 있는 것이 아니라 설정된 교육목표에의 달성 정도 및 분석된 학습과제의 숙달 정도를 결정하고 부진한 부분을 지적하는 데 있다. 따라서 형성평가는 종래의 평가 개념과는 다르며 학습활동의 일부분적인 활동이다.

형성평가의 기능은 다음과 같다(임인제, 1976).

㉮ 학습방향의 제시 : 학습활동 중에 수시로 형성평가를 치루어 봄으로써 바람직한 학습 방향을 알 수 있다.

㉯ 학습진전의 원활화 : 주어진 학습과제를 학습하고자 할 경우에는 학습과제의 위계 순서가 있기 마련이다. 따라서 형성평가는 학습의 각 단계에서 필요한 학습요소를 완전히 학습했는가를 점검함으로써 교수학습의 과정을 원활하게 진전시킬 수 있다.

㉰ 학습행동의 강화 : 학습과제를 세분화하여 각 단계에서 바람직한 학습이 이루어질 때마다 적절한 보상이 뒤따를 때 학습행동은 강화된다. 형성평가는 유아의 학습 상태를 수시로 점검하는 과정을 통하여 유아들의 능력을 확인시켜 주고 학습행동에 강화를 준다.

㉱ 학습곤란의 진단과 교정 : 학습 과정 중의 형성평가는 피드백의 기능을 갖게 되어 어떤 학습행동이 틀렸을 때 왜 틀렸으며, 바람직한 행동이 무엇인가를 제시해 준다.

㉲ 학습지도 방법의 개선 : 교수-학습 과정이 유동적인 시기에 실시하는 형성평가는 유아들 뿐만 아니라 교사의 교수방법에도 피드백을 주는 역할을 한다. 따라서 교사는 학습지도방법을 수시로 개선할 수 있는 정보를 형성평가를 통해 얻을 수 있다.

③ 총괄평가(summative evaluation)

총괄평가는 프로그램의 주요 효과를 판단하기 위한 평가로 교육과정이 종결되었을 때나 일정한 기간이 지난 후 최종적으로 완성된 교육과정의 종합적인 성과 및 그 효율성을 다각적으로 판단하기 위해 실시하는 최종적인 종합평가이다. 교육현장에서 총괄평가를 통하여 장래 학업성취도 예측의 근거가 되고 학습지도의 장기적인 질적 관리가 가능하다.

이러한 평가들은 객관적이고 신뢰도가 있어야 하며 다음 사항을 유의하여야 한다(오영희 외, 1999).

- 관찰행동에 기초해야 하며 주관적 감정에 치우쳐서는 안 된다.
- 평가도구나 계획을 가지고 정기적으로 실시함으로써 조직적인 자료를 얻도록 한다.
- 여러 가지 상황에서 자료를 얻도록 한다.

3. 유아교육평가의 영역

유아교육기관에서의 유아교육평가 영역은 유아평가, 교사평가, 부모평가, 유아교육 프로그램의 평가로 나누어진다.

1) 유아평가

유아에 대한 평가는 전통적인 의미의 평가에서 가장 중요시 되어 온 평가영역이다. 유아평가는 직접 유아를 대상으로 교사에 의해 제공된 다양한 교육활동을 통해 유아가 어느 정도의 발달 성취수준을 보이고 있는지를 평가하는 것이다. 따라서 유아교육 프로그램을 실행한 후 그 프로그램이 유아의 행동에 어떤 변화를 보였는지를 확인하여 유아교육 프로그램의 효과를 측정하는 데 사용되는 평가이기도 하다.

유아를 대상으로 한 평가의 절차는 다음과 같다.

① 부모로부터 유아에 관한 정보를 수집한다.

② 유아의 놀이 및 일상적 활동에 대한 관찰을 기록한다.

③ 유아에 대한 종합적인 평가체제를 개발한다.

각 유아의 개별적인 능력 및 특성을 파악하기 위한 평가는 다음과 같다(이영석 외, 1992).

(1) 학업성취도의 평가

유아교육과정의 목표달성도를 평가하는 것으로 각 발달영역의 목표가 어느 정도 성취되었나를 평가하는 것이다. 이 평가 결과를 통하여 유아들의 학습부진 요인을 평가한다.

(2) 지능의 평가

유아의 지능을 측정하여 학업진단에 이용하고자 하는 평가이다. 이 영역의 평가는 학업성취도 평가와 밀접히 관련되어 있으며 교육계획을 세우는 데 흔히 사용되는 평가영역이다. 유아의 지능을 평가하기 위한 척도로는 인물화에 의한 지능검사(김재은), 유아지능검사 A · B형(김재은), 지능진단검사(이상로), 유아지능검사(행동과학연구소), KEDI-WISC(한국교육개발원), 표준화 피아제식 개별 유아용 지능검사 A · B · C형(전윤식 · 임재택) 등이 있다.

(3) 사회성숙도의 평가

유아의 사회생활 적응능력을 여러 가지 영역으로 나누어 항목을 작성하여 부모나 교사가 관찰하여 기록하게 되어 있는 평가이다. 현재 유아의 사회성숙도를 측정하기 위한 검사도구는 이규성 · 김정희 · 이성진의 사회성숙도 검사, 김승국 · 김옥기의 사회성숙도 검사 등이 있다.

(4) 성격의 평가

유아기는 유아의 인성 · 성격이 형성되는 시기이므로 이 시기에 유아의 성격을 잘 파악하여 올바른 지도를 하기 위해 실시하는 평가이다. 유아의 성격을 측정하기 위한 검사도구에는 이상로 · 변창진 · 이희도의 BGT 성격진단법, 송인섭의 유아성격검사 등이 있다.

(5) 신체의 평가

유아들 자신이 자기 신체에 대하여 관심을 가질 수 있도록 하기 위한 평가로 유아의 신체, 체력, 건강, 위생 등의 평가를 의미한다. 교사는 신체평가를 통하여 유아의 건강상태를 알아볼 수 있는 좋은 계기를 마련할 수 있다.

(6) 기본생활습관의 평가

유아기의 습관과 경험은 인격을 형성하는 중요한 요소이며 그 바탕이 되므로 이 시기에 올바른 품성과 인성을 갖추게 하는 기본생활습관 교육은 유아교육의 핵심적인 과제 중의 하나이다. 그러므로 유아의 기본생활습관 평가는 교사의 유아지도나 부모와의 면담자료로 활용할 수 있으며, 이 때 기본생활습관을 하나의 교육목표로 선정하여 그 효과를 극대화하기 위해서는 그에 대한 평가가 필요하다. 기본생활습관 평가도구로는 국립교육평가원(1996)에서 개발한 유아기본생활습관 평가도구가 있다.

2) 교사평가

교사평가는 교사가 하는 일의 가치를 판단하기 위해 교수활동에 관한 정보를 수집 · 분석하고 그 가치를 매기는 행위이다(염승렬, 2001). 유아평가뿐 아니라 교사에 대한 지속적인 평가를 하고, 그 결과를 교육 계획에 반영하는 것은 교육과정의 운영을 보다 효율적으로 하기 위해 요구된다(교육부, 1998). 교사는 자신의 수업방식, 유아와의 상호작용에 관한 정보를 얻음으로써 자신의 수행을 반성하고 스스로의 발전을 꾀할 수 있으며 교수-학습 과정을 개선시킬 수 있기 때문이다(Goodwin & Driscoll, 1980). 즉, 유아교육의 질적 발전을 도모하고 자기 향상의 효과가 기대된다. 또한 유아교육기관의 입장에서는 교사의 임용, 승진 등에 관한 행정적인 의사결정에 필요한 정보를 얻게 된다.

교사평가는 교사의 사기와 동기유발에 관계되며, 유아와 유아교육기관에 미치는 영향이 크므로 평가의 계획 단계에서부터 교사들을 참여시키고 교사에게 평가의 준거와 방법을 분명히 알려 주어야 한다(이윤경 외, 2003). 황해익(2004)은 유아교육현장에서 교사를 평가할 때 교사의 자격과 경력 외에 신체, 인성, 교양 및 지적 능력, 교직에 대한 태도, 유아교육 기술, 전문지식 등을 평가준거로 삼아야 한다고 한다.

유아교육현장에서 활용될 수 있는 교사평가의 방법을 제시하면 다음과 같다(이은해, 1995; 황해익, 2004; Decker & Decker, 1997: Goodwin & Driscoll, 1980).

(1) 교사의 자기평가

교사의 자기평가는 교사가 스스로의 강점과 약점을 인식하고 그 결과를 유아교육계획에 반영함으로써 교사로서의 수행을 개선하며 유아교육 운영의 효율성을 높일 수 있게 한다. 반성적 저널 쓰기와 같은 자기평가를 위한 포트폴리오를 활용하거나 자기평가척도를 사용하여 평가가 이루어질 수 있다. 교사들은 자기평가 방법을 가장 바람직한 교사 평가방법으로 인식하고 있으나(황해익, 2004), 자신에 대한 주관적인 판단이나 과대평가의 경향이 문제가 될 수 있다.

(2) 상급자, 동료, 부모 또는 외부 관찰자

교사평가는 교사의 상급자(supervisor)인 원감, 원장 또는 장학사에 의해 자주 이루어지며, 동료 교사나 부모, 외부 관찰자에 의한 평가는 유아교육기관 내·외에서의 공개수업이나 시범수업을 통해 이루어진다. 상급자에 의한 교사평가가 공평하고 객관적으로 이루어지기 위해서는 사전에 교사와 평가준거와 양식을 협의하여 선정하고 그 기준을 교사에게 알려주어야 하며, 막연한 인상에 근거하기보다는 한 번 이상의 직접적인 관찰에 근거하여 평가하도록 해야 한다(이은해, 1995).

그 밖에 공립 유치원 교사 선발을 위한 임용고시나 승급을 위한 시험제도, 교사의 직접적 반응, 유아의 수행능력이나 발달과 관련된 평가가 있다.

3) 부모평가

부모에 대한 평가는 유아교육기관에의 부모참여가 확대되고, 부모교육 및 유아교육기관과 가정 간의 연계가 강조되고 있는 상황에서 중요성이 높아지고 있다. 일반적으로 부모를 평가할 때 부모의 지식과 태도 그리고 역할수행을 평가한다(이은해, 1999).

- 부모가 습득한 새로운 지식이나 태도에 대한 자료를 부모 대상으로 면접하거나 설문지 조사를 통해 수집한다. 부모가 자녀에게 제공하는 자극, 경험, 양육기술에 대한 구체적인 자료는 관찰방법을 통해 수집될 수 있다.
- 비반응적 측정자료를 수집한다. 가정통신문의 지시에 대한 부모의 반응, 부모회의 출석률, 자원봉사 실행 횟수, 부모가 주도하여 이루어진 교사 면담 등의 기록이 평가 자료가 된다.
- 유아의 수행이 부모교육의 효과를 반영한다는 점에서 측정될 수 있다. 그러나 유아의 발달적 또는 행동적 변화가 전적으로 부모교육의 효과로만 볼 수 없다는 점에서 주의해야 한다.

4) 유아교육 프로그램의 평가

교육프로그램에 대한 평가는 유아교육의 주요 평가영역 중 하나로 교육프로그램의 질적 수준을 관리하기 위한 평가이다. 대표적인 교육프로그램 평가도구를 제시하면 다음과 같다.

(1) 유아교육 환경평정척도(Early Childhood Environment Rating Scale ; ECERS)

ECERS는 함스와 클리포드(Harms & Clifford, 1980)가 연구·개발한 도구로 유아교육기관 환경의 양적·질적 수준에 대한 객관적인 평정척도이다. 여기서 정의된 환경은 공간의 사용, 유아의 발달을 촉진시켜 주는 자료와 경험, 하루 일과, 학급운영 등이 포함되었다(이상희, 1998). 세부적인 평가 내용은 생활습관지도, 비품 및 작품의 배치와 진열, 언어·개념 학습활동, 대·소근육 활동, 창의성 활동, 사회성 활동, 교사·부모 환경 등의 7개 영역 37개 항목으로 구성되어 있다. 우리나라에서 이 척도를 임재택(1983)이 번안·수정하여 개발한 「유아교육 환경평정척도」는 우리나라의 실정에 맞게 개발하였다.

(2) 유아교육 프로그램 자기평가척도(Assessment Profile for Early Childhood Programs ; APECP)

APECP는 원래 교사 훈련과정에 참여하는 유아교사를 대상으로 훈련의 효율성을 평가 혹은 운영하고 있는 프로그램의 질을 증진시킴으로써 유아의 발달과 학습을 촉진시켜 주기 위한 목적으로 아봇쉼과 시블리(Abbot-Shim & Sibley, 1987)에 의해 개발된 척도이다. 이 평가도구는 학급 관찰을 위한 체크리스트로서 유아교사나 기관 운영자가 자신이 계획, 운영하는 교육 실제에 대해 스스로 자기평가를 해 봄으로써 학급 운영과 교수 실제에 대한 기술 증진을 꾀하는 도구로 사용될 수 있다. APECP는 전체 구성요소와 각각의 하위 영역은 연령적 범주를 포괄하는 다양한 유형의 유아교육프로그램의 질적 관리를 위해 영아기·유아기·학동기 등의 연령 범주별로, 그리고 시설·설비 관리나 인사관리 등을 포함하는 운영 관리적 측면을 비롯하여 전반적인 교육과정의 운영과 교사와 학습자간의 상호작용 등의 프로그램 요소별로 세부적인 평가기준을 제시하고 있다(강숙현, 1994).

우리나라에서 강숙현(1994)이 현장연구를 통해 신뢰도와 타당성을 검증한 결과를 토대로 이 척도를 개발하였다.

(3) 유아를 위한 양질의 학습환경 평정척도(a checklist for evaluation a for learning environment for young children)

이 척도는 데이(Day, 1975)가 유아교육기관의 학습환경 평가를 위해 만든 도구이다(강문희 외, 1999). 평가영역으로는 교사-유아 상호작용, 프로그램 내용, 학습자료 및 설비, 물리적 환경, 실외 학습환경 등 다섯 가지 요인을 들고 있다.

(4) 유아교육 프로그램 평가척도(Assessment Scale for Early Childhood Programs)

이 척도는 우리 나라의 이은해와 이기숙(1996)이 만 3세에서 만 5세 유아를 대상으로 프로그램의 전반적인 질적 수준을 평가하기 위한 목적으로 3년의 연구과정을 통해서 개발되었다. 이 도구는 우리나라 유아교육 프로그램의 질적 수준은 자체적으로 평가할 수 있고 유아교육의 장학 지도나 교사 훈련과정에서 참고자료로 활용될 수 있는 평가도구로 기관 운영자나 교사가 스스로 계획하고 운영하고 있는 교육현장에서 자기평가를 해 봄으로써 유아의 발달과 학습을 촉진시켜 줄 수 있는 도구로 널리 활용될 수 있다(이은해·이기숙, 1996).

평가영역은 유아교육 프로그램을 평가할 수 있는 주요 영역인 일과계획, 교육과정, 상호작용, 물리적 환경, 교재·교구, 영양·건강·안전, 운영관리, 교직원, 가정 및 지역사회와의 관계, 평가활동 등 10개 영역으로 전체 169문항으로 구성되어 있다(기본형). 각 문항은 1, 2, 3점 평정의 3가지 준거가 설정되어 있으며, 유아교육기관의 시간적·경제적 여건에 따라 척도 사용을 좀 더 용이하게 하기 위하여 문항수를 축소한 '간편형'도 제작되어 있다. 간편형의 경우 총 5개 하위영역(일과계획 및 상호작용, 교육과정, 물리적 환경, 영양·건강·안정, 운영관리)의 80문항으로 구성되어 있으며, 본래 척도인 '기본형'에 비해 기관의 운영과 관리 측면이 한 영역으로 축소되고 교재 · 교구가 물리적 환경 영역에 포함되어 있다(이은해 · 이기숙, 1996).

이 도구는 『유아교육 프로그램 평가척도 : 교사를 위한 활용지침서』(창지사, 1996)라는 단행본으로 출간되어 있어서 교사가 실제 이 도구를 활용하는 데 지침이 될 수 있을 것이다.

4. 유아교육평가의 방법

유아교육의 평가방법은 평가의 목적과 영역에 따라 다양하지만, 유아교육기관에서 보편적으로 사용되는 평가방법에는 관찰법, 면접법, 표준화검사, 포트폴리오 등이 있다.

1) 관찰법

관찰법은 유아를 대상으로 하는 연구에 있어서 역사적으로 가장 오래된 방법 중의 하나이다. 이 평가방법은 유아의 발달을 측정하고 평가하는 데 있어서 비교적 간편하게 사용할 수 있기 때문에 가장 보편적으로 사용되는 방법이다. 유아를 대상으로 하는 연구에서 관찰법이 많이 활용되는 이유는 유아가 자신의 생각이나 느낌이 가장 잘 표현되므로 비교적 신뢰성 있는 자료를 얻을 수 있기 때문이다.

관찰의 종류는 분류기준에 따라 다양하게 나누어진다. 먼저 관찰장면에 가해지는 통제의 유무에 따라 자연적 관찰과 통제된 관찰로 나눌 수 있다. 자연적 관찰은 관찰장면에서 일어나는 다양한 현상을 아무 제한 없이 관찰하는 것이며 통제된 관찰은 관찰장면에 의도적인 통제가 가해지는 관찰을 말한다. 또한 관찰의 또 다른 분류는 관찰자가 대상 집단의 일원으로 현장에 참여하느냐 혹은 그렇지 않느냐에 따라 참여관찰과 비참여관찰로 나누어진다. 참여관찰은 관찰자가 관찰하는 대상의 집단 속에 들어가서 그 집단의 한 구성원으로서의 역할을 담당하면서 관찰하는 방법이며, 비참여관찰은 관찰자가 현장에 있으나 전혀 개입하지 않고 관찰만 하는 경우를 말한다(이은해, 1992). 이와 같은 관찰을 통해 결과를 수집 · 기록하는 방법으로 일화기록법, 표본기록법, 체크리스트법, 시간표집법, 사건표집법, 평정척도법, 장단위 분석, 사례연구법 등 다양하다. 다음의 표 11-1은 유아의 행동을 관찰해서 기록하는 '행동관찰기록부'로서 평정척도법의 한 예시이다.

표 11-1

행동관찰기록부

유 치 원 (어린이집)　　　반

이름		생년월일			남 · 여		평정	상 · 중 · 하 ○ △ ×	
영역	관 찰 사 항	3월	7월	2월		관 찰 사 항	3월	7월	2월
언어발달	발음이 정확하다				사회성·정서발달	책임을 다한다			
	표준말을 사용한다					리더십이 있다			
	침착하게 말한다					협조적이다			
	즐겁게 얘기한다					친구에게 인기가 있다			
	고운말을 쓴다					정직하다			
	존댓말을 쓸 줄 안다					규칙을 잘 지킨다			
	어휘가 풍부하다					사이좋게 지낸다			
	발표를 잘 한다					자주적이다			
	이야기 줄거리를 잡아 말한다					인사를 잘 한다			
	남의 말을 조용히 듣는다					반성할 줄 안다			
	남의 말을 듣고 잘 이해한다					지구력이 있다			
	적당한 음성으로 말한다					심부름을 좋아한다			
	말을 바르게 전한다					솔선수범한다			
						뒷처리를 잘한다			

사회성·정서발달	명랑하다				신체·인지발달	위생습관이 좋다			
	자제력이 있다					활발히 뛰어 논다			
	의젓하다					신체의 발달이 좋다			
	친해진다					동작이 기민하다			
	상냥하다					운동신경이 발달되었다			
	질투하지 않는다					식사 습관이 좋다			
	투지력이 있다					용의가 단정하다			
	안정감이 있다					위험에 접근하지 않는다			
	아름다운 것을 느낄 줄 안다					씩씩하다			
	감정의 표현이 풍부하다					극적 놀이를 즐긴다			
	리듬감이 발달되었다					사물에 관심이 많다			
	감상하는 태도가 좋다					관찰력이 있다			
	음악에 흥미가 많다					모르는 것은 질문한다			
	노래를 잘 부른다					셈이 빠르다			
	그림을 잘 그린다					주의집중을 잘한다			
	춤 놀이를 즐긴다					창의성이 있다			

관찰법은 유아의 행동 및 발달평가에 보편적으로 활용되고 있으나, 장점 뿐만 아니라 제한점도 지니고 있으므로 활용에 세심한 주의가 필요하다.

2) 면접법

면접법은 관찰법과 달리 언어를 매개로 하여 유아나 부모와의 직접적인 상호작용을 통해 자료를 수집하는 방법을 의미한다. 면접법은 원래 임상적 진단이나 상담 및 치료에 사용되어 왔으며 이 때의 면접은 치료를 의미하는 경우가 많았다. 면접을 통해 인간의 심리적 특성을 조사하기 시작한 것은 제1차 세계대전 이후 심리검사 및 측정 운동이 본격화되면서부터라고 할 수 있다. 최근 면접은 피아제(Piaget)에 의한 임상적 방법의 사용과 더불어 유아의 개념발달뿐만 아니라 유아의 태도나 가치관 등의 연구에도 더욱 유용하게 적용되고 있다. 또한 면접을 통해 유아와 관련된 정보를 부모나 아동 주변의 성인을 통해 수집할 수도 있으므로 면접은 유아를 대상으로 하는 연구에서 필수적인 조사 방법이라고 할 수 있다(이은해, 1992). 특히 유아교육기관에서 부모의 참여가 강조되기 때문에 부모와의 면담을 통하여 가정에서의 유아의 생활모습을 폭넓게 이해할 수 있다.

면접법은 다른 평가방법에 비하여 융통성이 있어서 여러 가지 귀중한 자료를 수집할 수 있으나 한편 고도의 기술과 훈련이 필요하다.

이러한 면접법의 특성은 다음과 같다.

① 면접 상황에서 사용되는 질문 내용은 이미 기존에 사용되고 있는 질문지를 사용할 수도 있으나, 일반적으로 피면접자의 이해수준과 면접의 목표, 그리고 유아교육기관의 철학에 적합한 도구를 만들어서 사용하는 것이 좋다.

② 면접 대상자는 유아의 부모 이외에 다른 가족들도 면접 대상에 포함될 수 있다.

③ 면접시 포함되는 구체적인 질문 내용은 다음과 같다.

- 출생력
- 병력
- 발달 수준(특히 정의적 발달과 운동 기능)
- 유아의 개념 발달에 도움을 주는 사전 경험(지역사회기관 중 방문했던 장소, 여행 경험, 사전 집단 경험 등)
- 유아의 흥미(TV프로그램, 책, 놀이기구, 게임 등)
- 가족 상황, 가족 관계, 부모 상황(수입, 주거 형태, 부모의 직업 및 교육 수준, 자녀에 대한 부모의 기대, 자녀의 양육태도 및 양육관 등)

면접은 구조화 면접, 비구조화 면접, 비지시적 면접, 초점 면접 등의 유형으로 나눌 수 있다. 구조화 면접과 비구조화 면접은 면접 상황이 사전에 얼마나 구조화되어 있는가 또는 융통성이 있는가에 따른 분류이다. 구조화 면접은 표준화 면접이라고도 하며 면접의 내용과 순서가 미리 일관성 있게 준비되고 이에 따라 면접이 실시되는 형태이다. 비구조화 면접은 면접자에게 상당히 많은 자유 재량

권이 주어지고 절차상 융통성이 부여되는 유형이다. 비지시적 면접과 초점면접은 비구조화 면접에 속하는 유형으로 사용 목적이나 절차상 각각 특징적인 면이 있다. 비지시적 면접은 상담 및 치료에서 발전된 기술로서 이 접근 방법에서는 면접자가 피면접자로 하여금 자신의 내적 감정을 자유로이 표현할 수 있도록 지시나 통제를 최소화한다. 초점 면접은 비지시적 면접의 원리에 면접자의 주도적 역할 및 통제 기능을 보완한 절충적 방안이라 할 수 있다. 이 방법은 사회심리학 분야에서 많이 사용하고 있는 방법으로서 피면접자로 하여금 어떤 사회적 상황에 접하게 하여 그 상황으로부터 받는 영향을 중점적으로 파악하려는 면접의 한 독특한 기술이다.

3) 표준화 검사

표준화 검사는 검사의 목적, 내용, 대상, 실시 절차, 채점 및 결과 해석이 표준화되어 있는 검사를 의미한다. 표준화 검사는 이미 타당도와 신뢰도가 검증된 것으로 객관적인 자료를 수집하는 데 용이하며, 산출된 규준(norm)을 기초로 다른 유아들과 상대적으로 비교해 볼 수 있는 검사이다.

표 11-2 아동용 표준화 검사

분류	검 사 명	저자 · 제작연도	대 상	출 판 사
학습준비도 · 학습능력검사	초등학교 입학 선별검사	김정권 · 여광응, 1978	유치원	자행회
	학습준비도검사	이은해, 1979	학령전 아동	연세대 아동학과
	학급준비도검사	이연섭 · 김성일, 1980	학령전 아동	한국교육개발원
	유아학습준비도검사	한국교육개발원, 1987	2-6세	동아출판사
	기초학습기능검사	한국교육개발원, 1987	5-12세	한국교육개발원
	학습능력검사	박병관, 2000	초등학생	한국심리검사연구소

분류	검사명	저자 · 제작연도	대 상	출판사
사회 · 정서 · 기타 영역 검사	창의성검사	정원식 · 이영덕, 1969	초등 고학년	K. T. C.
	간편창의성검사	정원식 · 이영덕, 1970	초등 고학년	K. T. C.
	가정환경검사	한국행동과학연구소, 1973	3-6세	한국행동과학연구소
	CAT 아동용 투사검사	김태련 · 서봉연 · 이은해, 1976	6-9세	이화여대출판부
	사회성숙도검사	이규성 · 김정희 · 이성진, 1976	0-12세	한국행동과학연구소
	BGT 성격진단법	이상로 · 변창진 · 이희도, 1979	5-11세	중앙적성출판사
	사회성숙도검사	김승국 · 김옥기, 1985	0-성인	중앙적성출판사
	MMTIC	김정택 · 심혜숙, 1993	초등 2학년-중등 2학년	한국심리검사연구소
	유아성격검사	송인섭, 1993	4-7세	학자심리검사연구소
	그림좌절검사(아동용)	김태련	유-초등 6학년	중앙적성연구소
	종합창의성검사	전경원, 1995	4-6세	한국유아교육원
	유아음악적성검사	한국가이던스, 1995	만 3-7세	한국가이던스
	EQ검사	문용린, 1997	초등 · 중등	대교눈높이 심리진단 센터
	진로발달검사	안창규, 1997	초등 고학년-중등 1학년	한국가이던스
	다차원인성검사	박병관, 2000	초등학생	한국심리검사연구소
	TCT-DP	홍용의, 채선희, 2001	모든 연령	한국메사연구소

표준화 검사는 검사를 실시하고 검사결과를 해석하기 위해서는 전문화된 훈련을 필요로 한다. 또한 무엇보다 연구의 목적에 적절하고 타당한 검사를 선택하는 것이 중요하다. 검사를 선택할 때 검사자는 검사의 정확한 목적과 그 검사도구의 특징을 평가할 수 있어야 한다. 동시에 검사도구의 타당도와

신뢰도, 시간과 비용의 문제, 검사의 실시, 채점 및 해석의 용이함도 고려되어야 한다.

유아교육평가에서 개별 유아의 발달 및 성취수준의 평가, 프로그램의 효과 검증, 부모참여의 효과 평가, 교사 평가 등 다양한 영역에서 표준화검사가 다양하고 유익하게 활용되고 있다.

표 11-3 우리나라 유아용 개별 지능검사

검 사 명	저자 · 제작연도	대 상	측정 영역 및 구성	출 판 사
유아 지능검사 (A, B형)	김재은, 1965	4-7세	언어의 의미, 지각속도, 양적 능력, 운동 조절, 공간 능력	중앙적성 연구소
고대-비네 검사	전용신, 1971	4-14세	연령 수준에 따라 문항이 구성됨	문천사
유아 지능검사	행동과학연구소, 1973	3-5세	지각 식별, 개념 구성, 언어, 유추	한국행동과학 연구소
한국판-WISC	이창우 · 서봉연, 1974	5-16세	언어성 검사와 동작성 검사로 구성됨	배영사
표준화 피아제식 유아용 지능검사 (A, B, C형)	전윤식 · 임재택, 1982	4-7세	보존의 개념	한국 프뢰벨사
한국판 그림 지능검사 (한국판 PTI)	서봉연 · 정보인 · 최옥순, 1985	4-7세	어휘 능력, 형태 변별, 상식 및 이해, 유사성 찾기, 크기와 수 개념, 회상 능력	중앙적성출판사
KEDI-WISC	한국교육개발원 박경숙 외 4인, 1987	5-15세	언어성 검사와 동작성 검사로 구성됨	민족문화문고 간행회

검 사 명	저자 · 제작연도	대 상	측정 영역 및 구성	출 판 사
유아지능검사 (KISC)	행동과학연구소, 1993	$3\frac{1}{2}$세-$6\frac{1}{2}$세	지각력, 어휘력, 이해력, 수리력, 사고력	한국행동과학연구소

* 자료 : 이은해, 아동발달의 평가와 측정, 교문사, 1999, p. 182.

표 11-4 우리나라의 유아용 집단 지능검사

검 사 명	연구자 · 제작연도	대상 연령	출 판 사
일반 지능검사 (가, 나형)	김호권, 1964	유치원-초 1년	코리안테스팅센터
지능진단 검사	이상로, 1967	유치원, 초등학교 저학년	중앙적성연구소
표준화 지능성숙 검사	김해옥 · 김란수, 1963	초등학교 1-3학년	배영사
일반 지능검사(다형)	김호권, 1964	초등학교 2-3학년	코리안테스팅센터
인물화 검사	김재은, 1967	1-12세	배영사
인물화에 의한 간편지능 검사	김재은 · 김동극 · 여광응, 1973	3-12세 정상 및 정박아	교육과학사

* 자료 : 이은해, 아동발달의 평가와 측정, 교문사, 1999, p. 188.

4) 포트폴리오 평가

최근 교육개혁자들(Gardner, 1993 ; Meisels, 1993)에 의해 지지되고 있는 포트폴리오 평가(Portfolio assessment)는 유아수행 평가방법의 하나로 유아의 발달과 학습에 대한 기록과 증거들을 시간의 흐름에 따라 구체적인 목적을 갖고 체계적으로 수집해 놓은 것이다. 즉, 유아의 지식, 기능, 태도의 성장 · 발달을 관찰하고 기록하기 위해 사용되는 유아의 그림, 블록 구성이나 입체작품을 찍은 사진 , 유아의 이야기나 읽기를 담은 녹음테이프, 비디오테이프, 체크리스트, 일화기록, 또래관계에 관한 관찰기록, 교사와 유아간의 개별면담과 부모와의 면담을 포함한 종합적인 평가방법이다(박영충, 1997).

유아교육 현장에서 유아에 대한 표준화 검사의 활용도가 높아지고 있으나 이러한 평가 결과의 과잉 일반화가 유아에게 실패에 대한 부담감을 안겨서 오히려 부정적인 자아개념을 형성시키므로 포트폴리오 평가가 그 대안적인 평가가 될 수 있다(박영충, 1997). 포트폴리오 평가는 교사의 학급관찰, 유아와 교사의 면담, 교사와 부모의 면담, 유아의 작품분석과 같은 비형식적인 평가를 포함하여 동시에 표준화된 검사, 진단검사와 같은 형식적인 평가기술도 활용될 수 있다. 따라서 이 방법은 유아교육 현장에서 종합적으로 이루어지므로 모든 평가결과를 다시 교육과정을 구성하는 데 반영할 수 있는 잇점이 있다(Mills, 1994 ; Popham, 1993).

포트폴리오 평가과정에서 수집되는 기록과 결과물로는 다음과 같은 것들이 포함될 수 있다(김경철, 1997).

① 유아 활동작품의 표본, 즉 쓰기 활동의 표본, 이야기 나누기와 보여 주고 말하기 시간의 발표내용에 대한 오디오 테이프, 실험이나 프로젝트에 관한 사진, 이야기에 관한 그림, 그림이나 콜라주, 자신을 표현한 프로젝트, 글로 쓴 단어들 목록, 프로젝트의 비디오테이프
② 교사의 관찰(일화기록, 체크리스트)
③ 교사가 보고하는 학생 자신의 정기적인 자기 평가(태도 항목, 흥미항목)
④ 유아와 교사가 함께 작성한 진보 노트
⑤ 새 단어 책(어휘 발달, 교실이나 새 프로젝트에서 들은 책)
⑥ 부모 관찰
⑦ 부모-교사 회의
⑧ 부모-교사 간의 의사소통

5. 유아교육평가의 관리

1) 평가결과의 기록

유아교육기관에서 평가를 계획·실시하는 것도 중요하지만 평가결과를 기록·보관하는 것도 매우 중요하다. 평가 결과의 기록은 평가 방법에 따라 다르다. 먼저 유아교육기관에서 유아의 평가 결과를 기록하고 정리할 때 고려되어야 할 점을 살펴보면 다음과 같다(이은해, 1999).

① 각 유아마다 개인별 파일(File)을 준비해서 개별 유아에 대한 모든 평가자료, 즉 일화기록 등의 관찰기록 및 검사결과, 포트폴리오, 건강기록부, 생활기록부, 면담 자료 등을 각각 개인별로 정리한다.
② 개인별 파일을 정리할 때는 모든 평가자료마다 평가 날짜, 평가자, 평가 시 유아의 태도나 상태 등 관련 상황에 대한 간략한 정보가 반드시 포함되어야 한다.
③ 학기 초에 1년간의 계획을 세워서 어느 한 시기에 편중되지 않고 1년 동안 체계적이고 정기적인 자료 수집이 이루어지도록 해야 한다.
④ 담당 교사 이외에 다른 학급 교사가 관찰한 사항이나 한 상황에서 여러 명의 유아가 관찰된 경우 등에서 파일을 상호 보완(cross-filing)할 수 있는 체제를 만든다.
⑤ 1년에 2회~3회에 걸쳐 유아별 평가결과의 요약 및 해석을 정리한다. 이 때 평가 결과 자료에서 누락 부분의 여부를 확인한다.
⑥ 유아 개인별 평가결과 요약은 유아의 발달 영역 또는 현행 유치원 교육과정

에 기초한 생활 영역별로 정리하는 것이 효과적이다. 이 때 유아에 대한 일종의 프로파일을 제시하듯이 발달이 잘 이루어진 영역과 그렇지 못한 영역을 서술한다.

이상에서와 같이 각 유아별로 평가결과를 수집 · 기록함으로써 유아 간의 상대적 비교보다는 각 유아에 대한 개체 내 개인차(intra-individual difference)에 초점을 두어 평가가 이루어지도록 한다.

한편 평가결과의 기록은 교사의 중요한 임무 중의 하나이며 평가 결과를 기록하고 활용하는 데 유의해야 할 점은 다음과 같다(임재택, 1999).

① 기록된 평가결과는 각 유아가 필요로 하는 여러 형태의 교육경험을 계획하는 데 지침으로 활용되도록 한다.
② 한 유아의 평가기록을 여러 사람이 서로 다른 관점에서 독자적으로 평가할 수 있는 자료로 활용될 수 있도록 한다.
③ 교사는 유아의 발달을 평가하고 기록하는 과정에서 그 유아에 대해 보다 깊이 생각해 보도록 해야 한다.
④ 평가기록은 전문가(아동상담가, 의사)들이 유아의 문제가 일시적인 것인지 혹은 계속적인 것인지를 결정하고, 문제의 원인을 파악하고 그 문제가 유아의 발달에 미치는 영향을 확인하고, 문제에 대한 해결방안을 모색하는 데 보다 효과적으로 활용될 수 있도록 해야 한다.
⑤ 교사들은 유아에 대한 평가기록을 통해 유아의 발달과정을 이해하도록 노력해야 한다.
⑥ 유아에 대한 평가기록은 부모들과의 면담자료로 사용될 수 있으며, 특히 불만을 가진 부모들을 설득하는 도구로 활용될 수 있어야 한다.
⑦ 평가기록은 원을 자주 옮기는 유아들에게 유익한 자료로 활용되어야 한다. 또한 유아교육기관에서의 평가기록은 초등학교에서의 지도 및 교육자료로 사용될 수 있다는 것에 유념해야 한다.

⑧ 유아교육기관을 지도·장학하는 행정기관에서는 각 원에서 유아의 발달과 교육프로그램 등 여러 가지 평가결과를 기록·보관해 둘 것을 요구하고 있음을 알아야 한다.

2) 평가결과의 보고

유아교육기관에서 유아와 교육프로그램에 대한 평가결과를 부모나 지역사회 혹은 관련 행정기관에 알리는 것은 유아교육에 대한 이해를 높이고 유아교육의 효과를 증진시키는 데 매우 중요한 요인이 된다. 평가결과를 보고하는 목적은 부모와 교사 간에 유아의 발달 정도에 대해 정확한 정보를 기초로 의사소통의 기회를 갖게 되어 서로간에 신뢰감을 형성할 수 있게 된다. 또한 부모나 지역사회로부터 지원과 협조를 얻는데 도움이 된다.

유아교육 평가결과를 보고하는 형식은 보고의 내용에 따라 다르지만 부모들이 이해하기 쉽도록 간단 명료해야 한다. 보고형식은 일정한 양식이 없이 필요한 경우에 간단한 서면이나 구두로 보고할 수도 있고, 유아의 발달상황을 영역별로 종합하여 간단한 문자로 기술하거나 각 문항별로 체크하거나 평정된 결과를 그대로 보고할 수도 있다.

평가결과의 보고는 적어도 학기별 또는 분기별로 연 2회나 4회 이상 하는 것이 적절하다. 또한 결과 내용은 유아의 발달과 교육에 도움이 될 수 있도록 긍정적인 내용이어야 하며 등위·서열이나 점수로 나타내는 것보다 발달의 과정이나 단계로 표시하는 것이 적합하다.

유아의 발달 상태에 대한 평가기록 중 유치원 원아를 위한 대표적인 법정장부로는 생활기록부가 있다. 생활기록부는 연령에 따른 유아들의 종합적인 발달상황을 기록하고 보존하여 활용하기 위한 것이다. 이러한 생활기록부를 기록·관리하는 데 필요한 사항을 「유치원 생활기록부 관리지침」(교육부훈령 제540호)에 규정하여 1997년 3월 1일부터 시행되고 있다.

3) 평가의 활용

유아교육기관에서 이루어지는 평가는 유아의 생활변화, 즉 전인적인 성장과 발달의 변화 수준을 점검하는 질적 평가를 기본방향으로 하여야 할 것이다. 이와 같은 맥락에서 평가방법 및 관리에 관한 원칙을 유아를 위해 가장 적절히 활용하도록 하기 위해 제 6차 유치원 교육과정 개정안의 평가영역에 제시된 사항은 다음과 같다(교육부, 1999).

① 유아의 건강, 기본생활습관, 정서적 안정감, 사회적 적응, 창의적 표현, 의사소통 능력 및 탐구심 등에 중점을 둔다.

유아평가는 궁극적으로 유치원 교육의 결과가 유아의 전인 발달에 도움이 되었는지를 전체적으로 파악하는 것을 목적으로 하여야 한다. 교육과정의 5개 영역을 통합하여 유아의 건강, 기본생활습관, 정서적 안정감, 사회적 적응, 창의적 표현, 의사소통능력, 탐구심 등 생활 전반에 걸쳐 고르게 변화하고 발달했는지를 통합적으로 평가해야 한다.

② 관찰, 일화기록, 작품분석, 면담 등 다양한 방법을 사용하게 한다.

유아의 발달 수준을 평가하는 것은 유아를 더욱 잘 이해하고 유아의 개별성을 인정할 수 있도록 돕기 위한 것이다. 따라서 교사는 유아의 발달수준을 객관적이면서 효율적으로 평가할 수 있도록 유아의 행동을 직접 관찰하고 이를 일화기록하거나 행동관찰목록에 체크하는 방법, 유아가 표현한 작품들을 분석하는 방법, 유아 또는 부모와 면담하여 개방적이고 심층적인 대화를 나누는 방법 등을 사용하도록 한다. 이러한 방법들을 체계적이며 정기적으로 실시하여 일정기간에 따른 유아 행동의 변화를 이해하도록 한다.

③ 유아 개인의 발달 특성 및 정도를 파악하여 그 결과를 문장으로 기술한다.

유아의 발달 상황을 평가할 때에는 유아와 유아를 상대적으로 비교 · 평가하여 서열화하거나, 어떤 형태이든 점수화해서는 안 된다. 또 암기된 지식 정도를 파악하는 방향으로 평가를 해서도 안 된다. 유아를 평가할 때에는 평가의 결과가 그 유아의 미래에 도움이 되어야 하기 때문에 유아가 기계적으로 암기한 지식 정도만을 평가하는 것은 아무 의미가 없다. 무한한 가능성을 지닌 유아들이 앞으로 더 많은 지식, 기술, 태도를 습득 해 낼 수 있도록 배움의 가능성을 더 넓혀 주는 의미에서의 평가이어야 할 것이다. 따라서 유아교육에서의 평가는 유아의 자발성, 자아 개념, 또래 관계, 표현력, 활동 상황, 활동 수행능력 등의 태도에 중점을 두어 유아 개개인의 발달에서 진보된 부분과 지연된 부분의 발견에 초점을 두는 것이 바람직하다. 평가결과를 문자로 서술하여야 하는 이유는 유아 개개인의 독특한 발달 특징을 자세하게 진술할 수 있어 유아 간의 서열화 평가를 예방할 수 있는 방법이기 때문이다.

④ 평가의 결과는 유아의 전인적인 성장, 효율적인 교육과정 운영, 부모면담, 생활기록부 작성 등을 위한 기초 자료로 활용한다.

평가의 결과는 교사들이 유아교육을 위한 활동 계획을 세우는 데 바탕이 되고 개인별 평가 결과로써 유아의 발달 정도에 맞는 학습 속도를 정할 수 있으며 준비 정도·수준에 맞는 개별 학습을 시킬 수 있는 자료가 된다. 또 평가는 환경 구성과 교수 활동에 참고할 수 있는 자료를 제공해 주며 부모들에게 참고자료를 제공함으로써 가정과 유치원 교육과의 연계성을 이룰 수 있게 한다. 부모면담은 부모들의 요구가 있을 때나 유아에게 문제가 발생하였을 때에 할 수 있다. 이 때 교사는 평소의 평가 결과를 가지고 효율적인 면담을 실시하도록 하고, 대상 유아의 전인적 성장에 도움을 주는 데 주력하여야 한다. 특히 평가의 결과는 유치원 교육 1년간의 생활을 교육과정 영역에 따라 종합적으로 평가해야 하는 생활기록부 작성에 가장 중요한 자료가 된다.

한편 교육프로그램에 대한 평가결과는 교사가 보다 나은 물리적 환경구성, 적절한 교수-학습 계획과 수행의 효율성을 위해 활용될 수 있다. 특히 형성평가의 결과는 교육과정을 직접 운영하고 있는 운영자들이 교육과정을 개선하는 데 직접 활용할 수 있도록 한다. 그리고 종합적인 평가결과는 활동계획을 세울 때 바탕이 되며, 교육프로그램 운영결과를 확증하고자 할 때 활용할 수 있다.

6. 유치원 평가

1980년대 이전까지 유아교육평가 영역은 포괄적인 성격을 띠기보다는 교육의 결과를 나타내는 유아의 발달이나 성취 수준만을 대상으로 삼거나 개별교육 프로그램이나 수업 방법 및 유아교육의 질 등에 초점을 두어 왔다. 그 결과 유아교육기관의 교육성과를 직·간접적으로 좌우하는 중요한 다른 요소들은 평가하기 어려운 문제가 있었다.

유치원에 대한 기관평가를 위해 교육인적자원부는 1999년 한국교육개발원에서 '유아교육의 공교육화 촉진을 위한 유치원평가 체제 구축'과 2000년에 '유치원 모의 평가를 통한 유아교육평가 모형 확립 방안'이라는 연구를 실시하였으며 2004년 1월에 유아교육법을 제정하여 유치원에 대한 평가 체제 도입을 위한 법적 근거를 마련하였다(이대균, 2004).

1) 유치원 평가의 필요성

유아교육기관 평가는 유아교육의 질 관리, 교사의 전문성 향상, 질 높은 교육제공 면에서 필요하다. 유아교육기관에 대한 평가가 시행되어야 하는 필요성을 구체적으로 정리하면 다음과 같다(이기숙, 2009; 이기숙·홍용희·박은혜·김희진, 2002).

첫째, 유아교육기관 평가는 유아교육의 질을 체계적으로 관리하는 일련의 정책이 될 수 있다. 유치원 평가를 통해 국가수준의 체계적인 평가 시스템을 구축함으로써 유치원의 운영 실태를 진단하고 개선 방안을 제안할 수 있다. 이를 통해 학교로서 유치원의 책무성과 질적 수준을 제고하여 유아교육의 공교육화를 정착시키는 데 기여할 수 있다.

둘째, 유아교육기관 평가는 기관의 질 개선뿐 아니라 영유아들의 교육을 실질적으로 담당하는 교사의 전문성을 향상시킬 수 있다. 교육 운영 및 영유아들과의 상호작용 등에 관한 실제적인 점검 과정을 통해 교사로서의 전문성을 신장시킬 수 있다.

셋째, 유아교육기관 평가를 실시함으로써 우리 사회가 요구하고 있는 질 높은 교육을 유아들에게 제공할 수 있을 뿐 아니라 부모에게 질 높은 기관을 변별할 수 있는 기준을 제시할 수 있다. 즉, 유아들은 질 높은 경험을 가질 수 있으며, 학부모는 유아교육의 특성을 반영한 체계적인 정보를 제공받음으로써 기관 선택의 자료로 활용할 수 있다.

넷째, 유아교육기관 평가는 유아교육의 정상적인 운영을 위한 교육의 질 관리를 가능하게 한다. 실제적인 장학 인력 부족으로 인해 사실상 형식적인 장학이 이루어지는 상황에서, 국가수준의 유치원 교육과정이 학부모들의 편향된 요구와 원아모집을 의식한 유치원의 행사 및 특기 활동 중심의 운영에 의해 파행적으로 실행되고 있기에 평가를 통해서 바람직한 유아교육의 질적 수준을 정착시킬 수 있다.

2) 국가수준의 유치원 평가

(1) 평가과정

교육인적자원부(2007)는 국가수준에서 유치원에 대한 체계적인 평가 시스템

구축을 통해 정규 학교로서 유치원의 책무성과 질적 수준을 제고하여 유아교육의 공교육화를 조기에 정착시키고자 유치원평가 모형과 지표를 개발하였다. 2007년도에 전국의 공·사립 유치원 100개원을 대상으로 시범평가를 실시하였으며, 2008년 공립 유치원을 시작으로 2010년까지 제1주기(2008~1010년) 유치원평가가 추진됨으로써 매년 전체 유치원의 1/3씩 실시하였다. 또한 2011년부터 시작된 제2주기(2011~2013년) 유치원평가는 1주기 평가와 동일하게 유아교육법 제19조 제1항에 의거하여 교육과학기술부장관이 실시하는 것을 원칙으로 한다.

서면평가는 유치원 교육계획서와 유치원 자체평가 보고서로 대체하며, 현장평가는 아래의 절차에 따라 1일간 실시하고, 학부모에 대한 유아교육 만족도 조사를 병행하여 실시하며 상대평가를 지양한다.

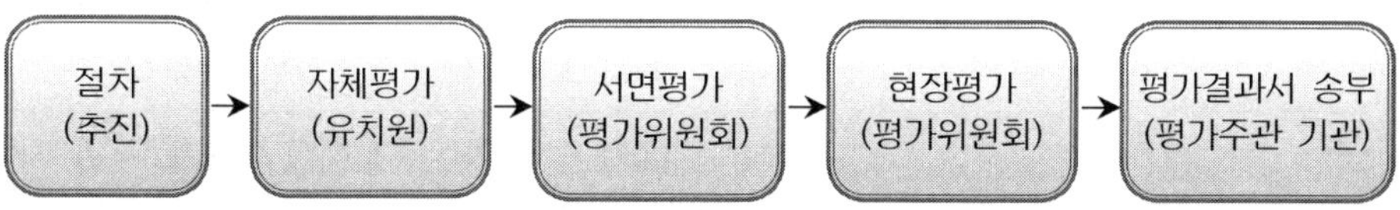

그림 11-2 유치원평가 과정

(2) 평가지표

평가지표는 공동지표와 자체지표로 분류되어 있다. 공통지표는 교육과정, 교육환경, 건강·안전, 운영관리의 4개 영역으로 구성되었으며, 자체지표는 지역교육청의 실정에 따라 융통성 있게 역점사업과 특색사업으로 구성하도록 하였다. 국가수준 유치원평가 제2주기(2011~2013년)에 사용한 평가영역 및 지표는 다음 표 11-5와 같다.

표 11-5

제2주기 유치원평가 공통지표

평가 영역 (배점)	평가 항목 (배점)	평가지표(배점)	평가요소
I. 교육 과정 (40)	교육목표 및 교육계획 수립(15)	1. 교육목표가 적합하고 타당하게 설정되었는가?(5)	1) 교육목표가 유아의 지적, 정의적, 신체적 발달을 조화롭게 포괄하고 있다.
			2) 교육목표는 유아, 학부모, 지역사회의 특성 및 요구를 반영하고 있다.
		2. 교육계획은 생활주제 및 유아발달에 적합하게 수립되었는가?(10)	1) 연간, 월간, 주간, 일일 계획의 목표, 활동, 내용 간에 연계성이 있다.
			2) 교육내용 및 활동은 교육과정에 근거하여 유아의 연령별 발달 수준에 적합하게 선정하고 있다.
			3) 일일 교육계획안에는 당일 소주제, 목표, 내용, 준비물 및 방법, 평가 등이 포함되어 있다.
	교육활동 및 평가의 실시 · 활용 (25)	3. 일과는 통합적이며 균형 있게 운영되고 있는가?(10)	1) 생활주제 및 일일주제에 따라 이야기나누기, 자유선택활동, 환경구성 및 교재 · 교구 등이 연계성 있게 통합 · 운영되고 있다.
			2) 일과 중 자유선택활동과 바깥놀이 활동이 충분히 지속적으로 포함되어 있다.
			3) 다양한 교육활동 유형들 간에 균형을 이루고, 활동량이 적절하다.
		4. 교수-학습방법은 교육내용 · 활동에 적합하며, 교사는 질적인 상호작용을 유도하는가?(10)	1) 교육내용 및 활동에 적합한 교수-학습방법과 자료 및 매체를 다양하게 사용하고 있다.
			2) 교사는 유아의 호기심과 동기/참여를 유발하는 발문을 하고 있다.
			3) 교사-유아, 유아-유아, 유아-교구 간의 질적인 상호작용이 활발하다.

평가 영역 (배점)	평가 항목 (배점)	평가지표(배점)	평가요소
I. 교육 과정 (40)	교육활동 및 평가의 실시 · 활용 (25)	5. 교육 평가가 타당하고 신뢰롭게 이루어지고 적절하게 활용되는가?(5)	1) 교육과정 운영 개선을 위한 평가를 실시하고 활용한다.
			2) 평가에 사용하는 방법과 도구는 유아의 발달수준 및 유아교육 특성에 적합하다.
			3) 유아 발달상황을 지속적으로 점검 · 기록하고 그 내용을 교육과정 운영과 학부모 면담에 활용한다.
II. 교육 환경 (15)	실내 · 외 교육환경의 구성 및 관리 (5)	6. 실내 · 외 공간 구성 및 시설 · 설비가 유아 및 유아교육 특성에 적합한가?(5)	1) 실내 공간에는 흥미 영역의 구성이 적합하며 전시 및 게시가 교육적이다.
			2) 실외 공간에는 각종 놀이기구를 비롯하여 다양한 활동 영역이 있다.
			3) 실내 · 외 시설 및 설비가 유아의 발달수준 및 유아교육 특성에 적합하다.
	교재 · 교구의 구비 및 제공 (10)	7. 유아의 발달수준과 주제에 적합한 교재 · 교구를 충분히 제공 · 관리하고 있는가?(10)	1) 교재 · 교구가 유아의 발달수준과 주제에 적합하다.
			2) 다양한 교재 · 교구를 충분하게 구비하여 제공하고 있다.
			3) 교재 · 교구의 사용이 용이하도록 정리 · 관리하고 있다.
III. 건강 및 안전 (15)	유아의 건강관리 및 지도 (10)	8. 유아의 건강관리와 교육을 실시하고, 시설 · 설비를 청결하게 관리하고 있는가?(5)	1) 유아를 대상으로 청결 · 위생지도 등 건강교육을 실시하고 있다.
			2) 건강관리에 관한 정보를 가정과 공유하고 있다..
			3) 시설 · 설비를 청결하게 관리하고 있다.
		9. 유아의 영양관리와 교육을 실시하고, 식재료를 위생적으로 관리하고 있는가?(5)	1) 균형 있는 영양을 고려한 다양한 급 · 간식을 제공하고 있다.
			2) 유아를 대상으로 식습관 지도를 하고 있다.
			3) 신선한 식재료를 위생적으로 관리 · 사용하고 있다.

평가 영역(배점)	평가 항목(배점)	평가지표(배점)	평가요소
III. 건강 및 안전 (15)	유아의 안전관리 및 지도 (5)	10. 유아와 교사를 대상으로 안전교육을 실시하고, 시설·설비를 안전하게 관리하고 있는가?(5)	1) 유아와 교사를 대상으로 안전교육을 실시하고 있다.
			2) 유아, 교사 및 시설에 대한 보험에 가입하고 있다.
			3) 사고 발생에 대비한 적절한 대비책을 마련하고 있다.
			4) 실내·외 시설 및 설비를 안전하게 설치·관리하고 있다.
IV. 운영 관리 (30)	교직원의 인사·복지 및 전문성 (15)	11. 교직원의 인사·보수·복지에 대한 규정이 있고, 전문성 제고를 위한 지원을 하고 있는가?(5)	1) 교직원 인사 규정이 있고, 이를 준수하고 있다.
			2) 교직원 보수 및 복지에 대한 규정이 있고, 이를 준수하고 있다.
			3) 교직원의 전문성 제고를 위한 연수기회를 부여하고, 비용과 시간을 지원하고 있다.
		12. 원장은 리더십을 발휘하고 운영 개선을 위하여 노력하는가?(10)	1) 장기근속 및 경력 교사의 비율이 적절하다.
			2) 원장은 기관 운영과 관련한 교직원의 의견을 민주적으로 반영하고 공유한다.
			3) 원장은 자체평가 내실화 및 운영 개선을 위해 노력하고 있다.
	예산의 편성 및 운영 (5)	13. 예산을 합리적으로 편성하고 타당하게 집행하고 있는가?(5)	1) 예·결산서를 구체적으로 작성하고, 홈페이지 등에 탑재하여 공개하고 있다.
			2) 정부에서 지원하는 비용의 예산 편성 및 사용 내역이 타당하다.
			3) 입학금과 수업료 외의 기타 경비 관련 규정을 마련하여 준수하고 있다.

평가 영역 (배점)	평가 항목 (배점)	평가지표(배점)	평가요소
IV. 운영 관리 (30)	가정 · 지역사회 연계 및 종일반 운영 (10)	14. 다양한 부모교육 · 참여활동을 실시하고 가정 및 지역사회와의 연계를 위하여 노력하는가?(5)	1) 부모교육 및 참여 활동을 체계적으로 수립 · 운영하고 있다.
			2) 유치원의 교육활동 및 유아의 발달 상황을 학부모에게 안내하고 있다.
			3) 유치원의 활동을 지역사회에 홍보하고, 지역사회의 인적 · 물적 자원을 활용하고 있다.
			4) 학부모가 유치원교육에 만족하고 있다.
		15. 종일제 운영을 위한 자구노력을 하고 있으며, 프로그램과 시설이 적절한가?(5)	1) 국가 및 시 · 도교육청의 종일제 운영지침을 잘 따르고 있다.
			2) 종일제 활동 및 프로그램을 적절하게 계획하여 운영하고 있다.
			3) 종일제 운영을 위한 기본 시설 · 설비가 구비되어 있다.
			4) 종일반 전담교사가 배치되어 있다.

* 출처: 교육과학기술부(2011). 제2주기 유치원 평가 추진계획.

(3) 평가 영역별 내용

① 교육과정 영역

교육과정 영역에서는 적절한 교육내용 및 활동으로 교육계획을 수립하고 있는지, 균형적이고 통합적인 일과 운영을 하고 있는지, 교사-유아 간의 상호작용 및 교수-학습 방법이 적합한지, 교육과정 운영에 대한 평가를 하고 있는지를 점검한다.

② 교육환경 영역

교육환경 영역에서는 실내 · 외 교육환경 구성이 적합한지, 교재 · 교구의 선정 및 활용이 적절한지, 실내 · 외 시설 · 설비가 적합하고 안전한지를 점검한다.

③ 건강 및 안전 영역

건강 및 안전 영역에서는 건강관리, 영양관리 및 안전관리가 적절하게 이루어지고 있는지를 점검한다.

④ 운영관리 영역

운영관리 영역에서는 교직원 인사관리 및 복지가 적절한지, 기관 운영의 책임을 맡고 있는 기관장의 전문성과 리더십이 바람직한지를 점검한다.

참고 문헌

강문희 외 9인(2002). 21세기 유아교육. 서울: 학지사.

강문희 외(1999). 유아교육기관 운영관리. 서울: 학지사.

강숙현(1994). 유아교육프로그램 평가척도의 이해와 활용. 서울: 동문사.

곽덕영 · 김미화(1999). 유아교육기관 운영관리의 이론과 실제. 서울: 학문사.

곽병선 편저(1985). 한국의 교육과정. 한국교육개발원.

교육과학기술부(2012). 3-4세 연령별 누리과정 지원을 위한 시도(교육)청 강사요원 중앙연수 자료집.

교육과학기술부(2012). 유아교육법. 교원자격검정령 시행규칙.

교육법전편찬회(1996). 교육법전, 서울: 교학사.

교육부(1999). 유치원교육과정 해설. 서울: 대한교과서주식회사.

교육부(2007). 제 7차 유치원 교육과정.

교육부(2008). 유치원 교육과정 해설

구경선(2008). 유아교육사상사: 이해를 돕기 위한 역사와 사회적 접근, 서울: 교육아카데미.

국립교육평가원(1996). 유치원교육평가. 국립교육평가원.

국립특수교육원(2009). 특수교육학 용어 사전, 서울: 도서출판 하우.

김경철(1997). 유아교육 평가의 새로운 대안 -포트폴리오-, 열린유아교육연구 제2권 2호. 109-22.

김광웅 · 박인전 · 방은령(1997). 영유아보육론. 서울: 중앙적성출판사.

김명준(2000). 실외놀이환경의 질적 수준과 유아의 놀이행동에 관한 연구. 동아대학교 석사학위 논문. 미간행.
김선옥(1997). 유아교육 프로그램 모형에 따른 물리적 학습환경에 관한 연구. 성신여자대학교 석사학위 논문.
김숙자(2001). 영유아 교육프로그램. 서울: 문음사.
김순란(1985). 유아의 인지발달을 위한 놀이. 한국교육학연구. 23권 2호. pp.99-115.
김옥련(1992). 유아교육사. 파주: 정민사.
김옥련(1993). 유치원 경영관리. 파주: 교육과학사
김옥련 · 박찬옥(1990). 유아교육개론. 파주: 교육과학사.
김재건(2004). 듀이의 경험론에 기초한 교수-학습과정의 대안 모색. 한독교육학연구. 제 9권. 1호. pp. 1-20.
김주건(1997). 유아교육기관의 경영관리, 서울: 창지사.
김주아 · 류현수(2009). 영유아 교육프로그램 및 평가. 서울: 동문사.
김춘경 · 민하영 · 송규운 외(2012). 유아교육개론. 파주: 양서원.
김혜경(2006), 평가인증 이렇게 준비하세요, 서울: 창지사.
나정(2001). 유아교육정책, 어디로 어떻게 가야 하는가?. 파주: 양서원.
노진호(1998). 듀이의 교육이론에서 반성적 사고의 위상. 교육철학 19권. pp. 145-164.
레비(1978). 놀이와 비놀이.
문미옥(2008). 유영아 교육과정. 서울: 창지사.
박영충(1997), 포트폴리오의 유아교육현장 적용 효과. 숙명여대대학원 박사학위논문.
박은혜(1996). 유아교사론. 서울: 창지사.
방인옥, 박찬옥, 이기현, 김은희(1999). 유아교육과정. 파주: 정민사.
보건복지가족부(2010). 2010년도 보육사업안내.
보건복지부(1999). 보육사업지침. 보건복지부.
보건복지부(2001). 2001년도 보육사업안내, 보건복지부.
보건복지부(2012). 영유아보육법 시행령.
보육사업지침(1999). 보건복지부.
서영숙 · 김경혜(1996). 보육학 개론. 파주: 양서원.
서울대교육연구소(1998), 교육학 대백과사전, 서울: 도서출판 하우.
송진숙 · 권희경 · 김순기(2006). 결혼과 가족 그리고 부모됨. 서울: 창지사.
신화식(2004). 영유아교육 프로그램. 경기: 교문사.
심성경 · 조순옥 · 이정숙 · 이춘자 · 이선경 · 이효숙(2011). 유아교육개론. 서울: 창지사.
양옥승 외(1990). 유치원 교사 자질에 대한 부모들의 기대와 평가. 숙명여대 교육대학원 석사학위 논문.
양옥승 외(2003). 유아교육개론. 서울: 학지사.

어린이집 평가인증 지침서(2006), 21인 이상어린이집, 여성가족부 육아정책개발센터.
여성가족부(2007). 2007년도 보육사업안내. 여성가족부.
연미희 · 김진숙. 부모교육 이론과 실제(2010). 서울: 동문사.
오영희 · 김경희(1999). 유아교육개론. 서울: 동현출판사.
오영희 · 신명숙 · 이성세 · 최선희 · 박미경(2006). 유아교육의 이해. 서울: 동문사.
우수경 · 김현자 · 신선희 · 유영의 · 김호 · 김현정(2012). 유아교육개론. 서울: 학지사.
육아정책연구소(2011), 5세 누리과정 해설서 개발, 교육과학기술부, 보건복지부
이경화 · 김동춘 · 김정원 · 조화연 · 전선옥 · 이연규 · 이문정(2011). 유아교육개론. 파주: 양서원.
이기숙 외(1995). 효과적인 영유아 교육 어떻게 할 것인가. 이화여자대학교출판부.
이기숙(2008). 유아교육과정. 경기: 교문사.
이기숙, 장영희, 정미라, 엄정애(2002). 유아교육개론. 파주: 양서원.
이기숙 · 이연섭 · 이영자(1986). 유아교사 양성대학의 교육과정 모형에 대한 이론적 고찰. 유아교육연구, 6, 30-50.
이기숙 · 장영희 · 정미라 · 엄정애(2011). 유아교육개론. 파주: 양서원.
이기숙 · 홍용희 · 박은혜 · 김희진(2002). 유아교육기관 인정제 모형, 교육과학연구소 2002-03, 이화교육총서, 이화여자대학교 사범대학 교육과학연구소.
이대균 · 송정원(1998). 유아교육기관의 운영관리. 파주: 양서원.
이상금(1987). 한국 근대 유치원 교육사. 이화여자대학교 출판부.
이상희(1998). 교사의 언어형태에 따른 유아의 언어 및 사고능력의 차이. 숙명여대 교육대학원 석사학위논문.
이순형(2005). 영유아 보육교육 프로그램의 이해. 서울: 학지사.
이연섭 · 강문희(2010). 부모교육. 파주: 정민사.
이영석(1997). 유아교육론. 서울: 형설출판사.
이영석(1998). 유아교육개론, 파주: 교육과학사.
이영석 · 박재환 · 김경중(1992). 유아교육개론. 서울: 형설출판사.
이영자(2002). 유아교육의 전문화, 무엇을 준비해야 하는가?, 한국유아교육의 과제와 전망, 한국유아교육학회 연차 학술대회, 99-132.
이영자 · 권영례(1997). 유아교육기관의 운영관리. 서울: 창지사.
이영자 · 이기숙 · 이정욱(1999). 유아 교수 · 학습 방법. 파주: 양서원.
이윤경 · 김선영 · 김성희 · 김지은 · 나종혜 · 문혁준 · 신인숙 · 안선희 · 천희영 · 최은미 · 황혜신 · 황혜정(2008). 유아교육개론. 서울: 창지사.
이은해(1990). 탁아기관종사자의 자격과 양성과정에 대한 토론. 한국 탁아사업의 어제, 오늘, 내일. 전국탁아세미나 자료집.

이은해(1992). 아동연구방법. 경기: 교문사.
이은해(1999). 아동발달의 평가와 측정. 경기: 교문사.
이은해 · 이기숙(1996). 유아교육프로그램 평가척도 : 교사를 위한 활용지침서. 서울: 창지사.
이은화(1985). 유아교육교사의 역할과 자세. 유아교사연수 교재. 새세대육영회 부설 유치원교원 연수원.
이은화, 이정환, 이경우, 이기숙, 홍용희, 김희진(2001). 유아교육개론. 이화여자대학교출판부.
이은화 · 배소연 · 조부경(1999). 유아교사론. 파주: 양서원
이인원(2007). 두레 정신에 기초한 유아교육프로그램 개발. 한국교원대학교 박사학위 논문.
이인학(2003). 교육적 가치의 준거로서 J. Dewey의 반성적 사고 : 아동교육론을 중심으로. 아동교육 제12권 제2호. pp.251-268.
이재연 · 김경희(1993). 부모교육. 파주: 양서원.
이정환 · 박은혜(1996). 교사를 위한 유아관찰 워크북 Ⅱ. 한국어린이육영회(1997). 교사를 위한 유아관찰지침서. 한국어린이육영회.
이현섭 외(1997). 유아교육개론. 서울: 학지사.
임인제(1976). 절대기준평가의 원리와 실제. 서울: 배영사.
임재택(1983). 유아교육환경 평정척도의 표준화를 위한 예비연구. 교육논문(부산대학교, 사범대학). 10, 107-133
임재택(1990). 유아교육기관 운영관리. 파주: 양서원.
정미라 외(2006). 자녀양육과 부모. 파주: 양서원.
정옥분(2004). 영유아발달의 이해, 서울: 학지사.
정은경(2000). 유치원 유아들의 실외놀이에 관한 문화 기술적 연구. 유아교육연구 20권 3호. pp. 125-143.
조복희(1996). 유아발달. 파주: 교육과학사.
조복희(2010). 아동발달. 파주: 교육과학사.
중앙보육정보센터 홈페이지(http://www.educare.or.kr/)
차호일(1988). 소파 방정환의 아동교육관 연구. 한국교원대학교 석사학위 청구논문. 미간행.
최외선 외(2006). 부모교육. 파주: 양서원.
최은숙(1999). 유아를 위한 자기주도적 교육과정, 서울: 지선사
최은숙(2009). 유아교육개론, 서울: 창지사.
한국아동학회 · 한솔교육문화연구원(2002). 아동발달백서 2001. 서울: 한솔교육.
한국유아교육학회(2007). 유아교육백서(개정). 파주: 양서원.
한미라 외(2009). 유아교육개론. 파주: 양서원.
한임순 외(1994). 새유아교육개론. 서울: 동문사.
한임순(1999). 최신유아교육개론. 서울: 동문사.

허혜경 · 박인숙(2012). 유아교육개론. 서울: 동문사.

Abbott-Shim, M & Sibely, A(1987). Assessment Profile for Early Childhood Program. Atlanta, GA : Quality Assist.

Almy, M.(1975). The early childhood education at work. N.Y. : Mcgrow Hill Book Co.

Arter, J. A.(1990). Using portfolios in instruction and assessment. Eric Document Reproduction Service No. ED 328-586.

Benson, T. R.(1995). Portfolios in first grade classrooms : Examining an alternative assessment. Unpublished doctoral dissertation, The University of Memphis.

Bredekamp, S. and C. Copple (Eds.). 2009. Developmentally Appropriate Practice in Early Childhood Programs, 3rd Edition. Washington, D.C.: National Association for the Education of Young Children (NAEYC).

Decker .C. A., & Decker, J. R.(1997). Pianning and adiministering early childhood programs(6th ed.). Columbus, Ohio:Charles, E. Merrill.

Decker, C. A. & Decker, J. R.(1992). Planning and administering early childhood program (5th Ed.). N.Y. : MacMillan Publishing Co.

Dewey(1916). Democracy and Education. New York; The Macmillan Company.

Dewey(1933). How We Think. Lexington: D. C. Heath and Company.

Dewey(1938). Logic : The theory of inquiry. Henry Holt & Co.

Duvall, E. M.(1977). Marriage and family development(5th ed). Philadelphia: J.B.: Lippincott.

Feeney, S. F. & Freeman, N. K.(1999). Ethics and the early childhood educator: Using the NAEYC Code. Washington, DC: NAEYC.

Fine, R.(1980). Handbook on Parent Education. N.Y. : Academic Press.

Frost & Klein(1979). 놀이와 일.

Gardner, H.(1993). Fundamentals of the Reggio Emilia approach to early childhood education. Young Children, Vol. 49, No. 1. November, 4-8.

Gardner, H.(1993). Multiple Intelligence: The Theory in Practice. N.Y:Basic Books. 김영희 · 이경희 역(1998). 다중지능의 이론과 실제. 파주: 양서원.

Glaser, R.(1963). Psychology and instructional technology. In R, Glaser(Ed.), Training research and education. Pittsburg : University of Pittsburg Press.

Hildebrand, V.(1993). Management of child development centers. N.Y. : MacMillan Publishing Co.

Katz, L. G.(1970). Teaching in preschools: Roles and goles. Children, 17(2), 42-48
Kohlberg, L. & R. Mayer(1972). Development as the aim of education. Harvard Educational Review, 42, 449-496.
Le Masters, E. E. & De Frain, J.(1983). Parents in contemporary America(4th ed). Homewood:The Dorsey Press.
Meisels, S. J.(1993). Remaking classroom assessment with the work sampling system, Young Children, 48(5), 43-49.
Mills, L.(1994). Yes, it can work ! : Portfolio assessment with preschoolers. Eric Document Reproduction Service No. ED 372-857.
Morrison, G. S.(1998). Early childhood education today(7th ed.). New York: Macmillian.
Morrison, G. S.(2007). Early childhood education today(10th ed.). New York: Macmillian.
NAEYC(1991). Guidelines for appropriate curriculum content and assessment in programs serving children ages 3 through 8 Young children. 30, 21-38.
National Association for the Education of Young Children(1986). Position statements on developmentally appropriate practice in early childhood programs serving shildren from birth through age 8. Young Children, 41(6), 3-29.
Peters, D. L., Neisworth , J. T., & T.D. Yawkey(1985). Early childhood education: From theory to practice. Monferey, CA: Brooks/ Cole.
Popham, W. J.(1993). Circumventing the high costs of authentic assessment. Phi Delta Kappan, February, 470-473.
Schubert, W. H.(1986). Curriculum perspective, paradigm, and possibility. New York: Macmillan
Schwab. J. J.(1973). The Practical 3: Translation into curriculum. School Review, 81, 501~522.
Schwartz, S. L., & Robison, N. F.(1982). Designing curriculum for early childhood. Boston, Mass. : Allyn & Bacon.
Spodek, B. & Saracho, O. N.(1997). 유아교육개론(이윤경 외 역). 서울: 창지사.
Spodek, B.(1985). Teaching in the Early Years. Englewood Cliffs. N. J. : Prentice-Hall, Inc.
Taylor, B. J.(1979). Eary childhood program management : people and procedures. Columbus : Merrill Publishing Company.
Thomas, R. M.Comparing theories of child development(3rd Ed.). Balmont,C.A: Wadsworth Publishing Co.

Thomson, S. D.(1980). Teaching : Foundation for the Principalship. NASSP Bulletion.

Valsiner, J.(1997). Culture and the development of children's action(2nd Ed.). New York: John Wiley & Sons, Inc.

Veevers, J.(1973). Voluntarily childless wives: An exploratory study. Sociology and social Research, 57, 356-366.

Vygotsky. L. S.(1978). Mind in Socity: The Development of Psychological process. Cambridge, MA: Havard University Press.

Wolf, E. W.(1996). A report on the reliability of a large-scale portfolio assessment for language arts, mathematics, and science. Paper presented at the Annual Meeting of the National Council for Measurement in Education in New York. NY(April).

저자 소개

✍ 김연진

숙명여자대학교 아동복지학과 졸업
숙명여자대학교 대학원 박사학위(아동복지 전공)
현, 상지영서대학 유아교육과 교수

✍ 박해미

이화여자대학교 유아교육학과 졸업
이화여자대학교 대학원 박사학위(유아교육 전공)
현, 대원대학교 유아교육과 교수

✍ 연미희

경희대학교 가정관리학과 졸업
경희대학교 대학원 박사학위(아동학 전공)
현, 명지전문대학교 유아교육과 교수

✍ 최은숙

덕성여자대학교 유아교육과 졸업
성균관대학교 대학원 교육학박사(유아교육과정 전공)
현, 강릉영동대학교 유아교육과 교수

✍ 한은경

숭의여자대학교 유아교육과 졸업
한국교원대학교 교육대학원 석사학위(유아교육 전공)
현, 두일유치원 수석교사

유아교육개론

초판발행 2013년 2월 25일
6판발행 2018년 2월 20일

저 자 김연진 · 박해미 · 연미희 · 최은숙 · 한은경
발행인 김현태
발행처 태영출판사

2018. 2.

주 소 (08301) 서울 구로구 구로동 104-10 동남오피스텔 201호
전 화 02 · 839-3757, 839-3752
팩 스 02 · 837-3754
등 록 2005년 5월 30일 제12-421호
http://www.taeyeongbook.co.kr
E-mail tys2005@hanmail.net
ISBN 978-89-91777-116-4 93370
정 가 18,000원

* 잘못 만들어진 책은 교환해 드립니다.

NAVER 태영출판사